ESSAI HISTORIQUE

SUR

YOLANDE DE FLANDRE

COMTESSE DE BAR ET DE LONGUEVILLE

BARONNE DE MONTMIRAIL ET D'ALLUYE

DAME DE CASSEL

Dame de Dunkerque, Bergues, Gravelines, Bourbourg, Warnêton,
Nieppe, et d'autres châtellenies
et seigneuries des Flandres orientale et occidentale,
du Barrois, du Perche, de l'Auxerrois, etc.

(AVEC 14 PLANCHES)

XIVe SIÈCLE. — 1326 à 1395

PAR

M. le Dr P.-J.-E. DE SMYTTERE

OFFICIER DE L'INSTRUCTION PUBLIQUE

LILLE
IMPRIMERIE DE LEFEBVRE-DUCROCQ
Rue Esquermoise, 57

ESSAI HISTORIQUE

SUR

IOLANDE DE FLANDRE

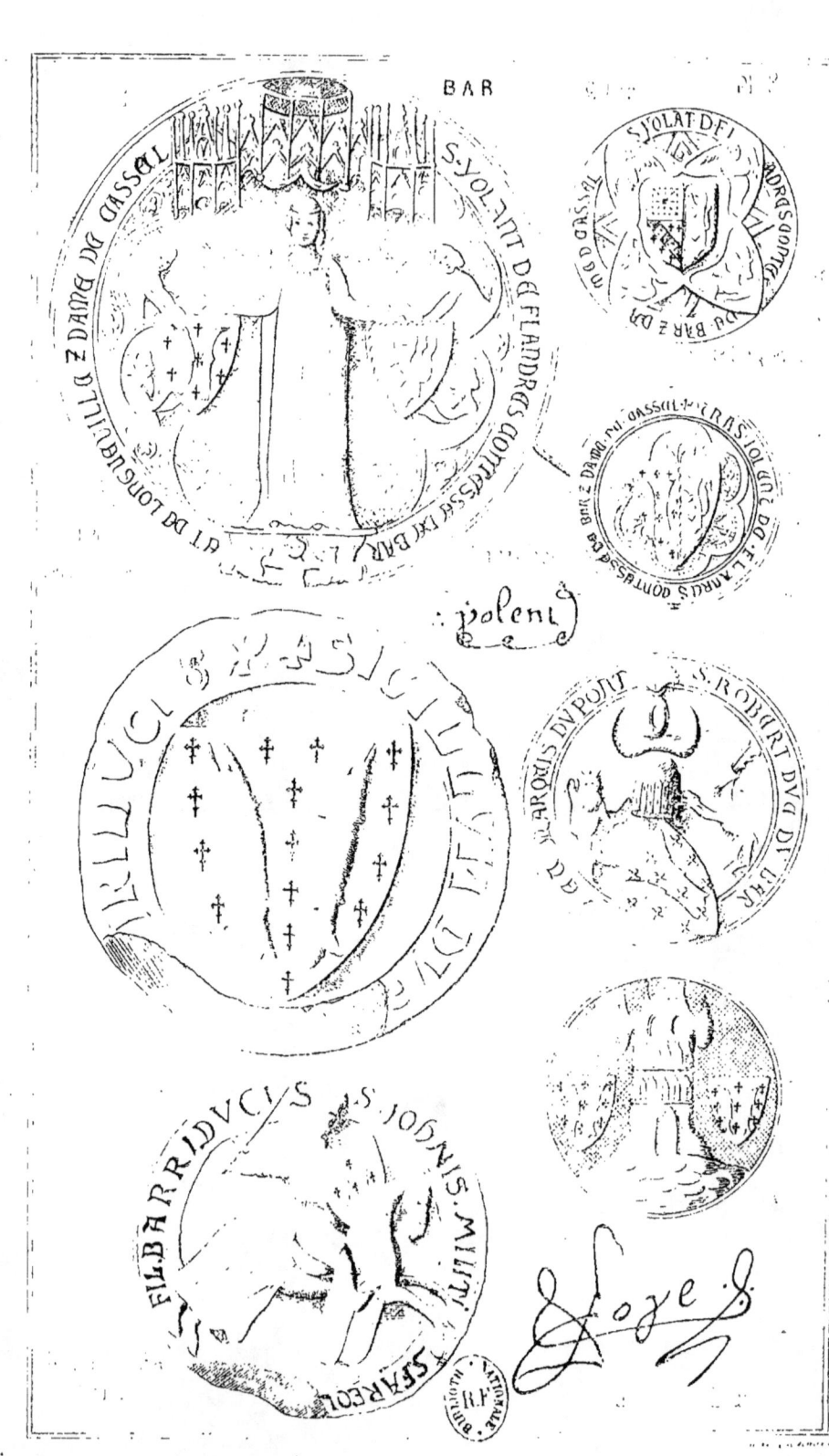

ESSAI HISTORIQUE

SUR

IOLANDE DE FLANDRE

COMTESSE DE BAR

Dame de Cassel, Dunkerque, Bourbourg, Warnêton, et d'autres châtellenies ou seigneuries de Flandre, du Barrois, de l'Auxerrois, du Perche; Baronne de Montmirail, etc.

(AVEC 14 PLANCHES)

XIVe SIÈCLE. — 1326 à 1395

PAR

M. le Dr P.-J.-E. DE SMYTTERE

MÉDECIN EN CHEF HONORAIRE, OFFICIER DE L'INSTRUCTION PUBLIQUE,
MEMBRE TITULAIRE DE LA COMMISSION HISTORIQUE DU NORD,
MEMBRE DE L'INSTITUT DES PROVINCES ET D'AUTRES SOCIÉTÉS SAVANTES

LILLE
IMPRIMERIE DE LEFEBVRE-DUCROCQ
Rue Esquermoise, 57
1877

GOUVERNANTS DE FRANCE ET DE FLANDRE

DU TEMPS DE LA COMTESSE IOLANDE

Rois de France (Branche des Valois) :

    Philippe VI, *de Valois* . . . . Roi : 1328 à 1350.
    Jean-le-Bon. . . . . Roi : 1350 à 1364.
    Charles V, dit *le Sage* . . . . Roi : 1364 à 1380.
    Charles VI. . . . . Roi : 1380 à 1422.

Comtes de Flandre :

    Louis de Nevers, dit *de Crécy* . . . . 1322 à 1346.
    Louis de Mâle . . . . 1346 à 1383-84.
    Philippe-le-Hardi (duc de Bourgogne). . . . . 1384 à 1404.

INTRODUCTION.

Iolande de Flandres, dame de Cassel, Dunkerque, Bourbourg et autres localités importantes de la Flandre occidentale, comtesse de Bar et de Longueville, etc., était fille de Robert de Flandres, dit de Cassel.

Ce Robert, sire de Cassel depuis 1320, époque du partage fait par Robert de Béthune entre ses deux fils, avait épousé, en 1323, Jeanne de Bretagne [1], fille d'Artus ou Arthur II, duc de Bretagne, et d'Yolande, duchesse de Dreux. Jeanne était donc petite-fille d'Iolande, reine d'Ecosse et sœur de Jean IV de Bretagne, dit de Montfort, duquel descendit Anne de Bretagne, reine de France.

Du mariage de Robert et de Jeanne naquit, en 1324, Jean de Flandre ou de Cassel, qui mourut à l'âge de neuf ans. En septembre 1326 eut lieu la naissance d'Iolande, qui devait être la seule héritière des vastes domaines de son père. Elle reçut le jour au château d'Alluye au Perche.

A la mort de Robert de Cassel (1331), Jeanne de Bretagne fut instituée tutrice de ses enfants et fut

---

[1] Nous n'avons pas à faire, ici, l'historique de *Robert de Cassel*. Ce travail de nous, couronné en 1870 par la Société des Sciences de Lille, sera édité à part, ainsi que ce qui concerne *Jeanne de Bretagne*, sa femme, réservé, de même, à une publication ultérieure.

reçue à faire foi et hommage à Louis de Nevers, son neveu, comte de Flandre. Malgré les dissentiments survenus l'année précédente entre Robert et le comte, la cérémonie eut lieu à Ypres, le 10 mars 1331 (v. s.).

Jean de Cassel étant mort en 1332, cet événement aviva les convoitises de Louis de Nevers, qui sollicita pour son fils Louis de Mâle, encore au berceau, la main de la riche héritière alors âgée de huit ans. Iolande fut fiancée à son cousin en vertu de dispenses du pape Benoît XII, données à Avignon le 14 mars 1335. Mais l'année suivante, Louis de Nevers ayant signé un traité de réconciliation avec le duc de Brabant, Marguerite, fille de ce dernier, fut à son tour fiancée à Louis de Mâle.

En butte à de nombreuses tracasseries de la part de son ambitieux suzerain, Jeanne, accablée de dégoût, demanda, en novembre 1337, l'émancipation de sa fille et la décharge d'une tutelle qui ne lui causait que des ennuis. Sa demande fut agréée grâce à la protection de Philippe de Valois, à la cour duquel Iolande séjournait alors, et où elle reçut une brillante éducation. La jeune princesse puisa le goût des études et des lettres auprès de la reine Jeanne de Bourgogne, qui avait eu pour cousine germaine sa grand'mère, Iolande de Bourgogne.

En janvier 1338 (v. s.), Philippe VI, roi de France, ordonna en Parlement qu'Iolande de Flandre, bien qu'émancipée, ne pourrait procéder contre Louis de Nevers avant d'avoir été mise en possession de ses biens par ce même comte, suivant la coutume de Flandre ; elle n'était donc pas encore reconnue sous le titre de dame de Cassel, Dunkerque, Bourbourg, etc.

Par suite de la rupture survenue entre Jeanne de Bretagne et Louis de Nevers, et des nouvelles fiançailles de Louis de Mâle, Iolande, débarrassée de tout engagement, fut fiancée à Henri IV, comte de Bar, et le mariage fut effectué probablement à la fin de 1339 (v. s.).

Cependant, le nom de la veuve de Robert de Cassel resta encore quelque temps attaché à ceux des jeunes époux, dans certains actes dont elle partageait la responsabilité. Ces actes et divers procès sont mentionnés dans l'historique qui lui sera consacré à la suite de celui de son mari.

La vie de la comtesse, dont nous allons retracer l'histoire, fut remplie de vicissitudes de tous genres, surtout pendant les cinquante années de ses administrations diverses. Les domaines considérables qu'elle tenait de ses ancêtres et ceux qui lui échurent à la mort de son premier mari, lui donnèrent de fréquentes occasions de conflits, dont elle fut souvent la cause. Son caractère indiscipliné, semblable du reste à celui de son père, révélait, à côté d'excellentes qualités du cœur, telles que la charité, la piété et la générosité, des dispositions à une violence irréfléchie, et une ténacité de volonté parfois aussi préjudiciable à ses intérêts qu'à ceux d'autrui. Aussi cette comtesse eut-elle une existence continuellement agitée : elle fut incarcérée plusieurs fois et frappée d'excommunication ; elle provoqua des hostilités ; elle eut des différends sérieux avec ses administrés comme avec ses supérieurs, avec le clergé comme avec le roi ; elle alla jusqu'à faire fabriquer de la fausse monnaie de France ; toutes choses, du reste, assez communes au moyen-âge.

Iolande se brouilla même quelque temps avec son fils Robert, après avoir mis ses joyaux en gage pour sa rançon.

A l'appui du texte de ce travail historique auquel nous avons apporté une scrupuleuse attention, en tout ce qui concerne l'administration féodale de la comtesse de Bar, nous reproduirons plus de quatre-vingts pièces officielles.

La longue administration seigneuriale de cette célèbre *dame de Cassel,* dont les cartulaires se trouvent aux archives du Nord, se prolongea depuis l'année 1337 jusqu'en décembre 1395, date de son décès qui eut lieu dans son castel de la Motte-au-Bois de Nieppe, dépendant de la châtellenie de Cassel.

TABLE DES CHAPITRES

DU TEXTE HISTORIQUE SUR LA COMTESSE DE BAR, IOLANDE.

Années.	Chapitres.		Pages.
		INTRODUCTION.	de I à IV
1326.	I.	Naissance d'Iolande	1
»	II.	Iolande avant son mariage. — Son nom.	3
1337.	III.	Comte Henri IV de Bar, et Iolande. — Leur mariage, 1340	7
»	IV.	Actes de Henri IV, comme seigneur de Cassel. . .	15
1345.	V.	Sa mort. — Régence de la comtesse et tutelle de ses fils	18
1353.	VI.	Philippe de Longueville, 2me mari d'Iolande. — Henri de Bar, etc.	27
1356.	VII.	Iolande à la majorité de son fils Robert	37
1364.	VIII.	La comtesse à partir du mariage du duc Robert .	46
1371.	IX.	Arrestation du duc de Bar par sa mère	53
»	X.	Incarcération d'Iolande. — Sa fuite et sa reprise .	55
1373.	XI.	Mise en liberté de la comtesse	59
1374.	XII.	Conduite et actes d'Iolande, après sa sortie de prison	64
1379.	XIII.	Séjour de la comtesse de Bar à Nieppe (Motte-au-Bois)	78
1382.	XIV.	Guerre de religion en Flandre. — Fuite d'Iolande.	84
1386.	XV.	Préparatifs d'hostilités contre l'Angleterre. — Querelles des Flamands et des Wallons.	91
1388.	XVI.	Différends entre Iolande et Philippe-le-Hardi. . .	101

Années.	Chapitres.		Pages.
1390.	XVII.	Piété et générosité d'Iolande. — Ses dernières années. — Son testament.	105
1395.	XVIII.	Décès et sépulture de cette comtesse.	113
»	XIX.	Les armes d'Iolande, ses sceaux, etc.	119
»	XX.	Scels et armoiries de Cassel au XIVe siècle. . . .	126
	XXI.	Observations supplémentaires sur la *maison de Bar*.	133

Obs. — Quant aux pièces justificatives et autres, ayant rapport à l'administration d'Iolande, etc., elles sont au nombre de 78, comprenant près de 200 pages : nous en donnons le texte et la table à la fin du présent travail.

IOLANDE DE FLANDRE

Dame de Cassel, Baronne de Montmirail et Comtesse de Bar, etc.

CHAPITRE I.

Naissance d'Iolande.

1326. — Robert de Cassel et Jeanne de Bretagne avaient pour résidence préférée le château de la Motte-au-Bois, au val de Cassel, dans la Flandre maritime [1], et les affaires politiques les empêchaient de s'en éloigner trop longtemps.

C'est là que devait être attendue la naissance de leur second enfant. Mais Robert de Flandre fut amené à se rendre dans le Perche pour y visiter des domaines dont il jouissait en vertu d'une donation faite par sa tante Marguerite de Bourgogne, comtesse de Tonnerre et ex-reine de Sicile. Jeanne de Bretagne accompagna son mari dans ces parages, et dut s'arrêter pour ses couches au château d'Alluye au Bas-Perche ou Petit-Perche, près de Montmirail, chef-lieu de la contrée

---

[1] Robertus Casletanus plurimum se in sylva Niepensi continuit. (Sanderus.) — Ter casteele van 't hout van Yepen (Niepen-Bosch).

(aujourd'hui département d'Eure-et-Loir), où Robert possédait également Brou et la Bazoche.

Jusqu'ici le jour de la naissance d'Iolande n'a pas été désigné d'une manière précise par les auteurs qui varient sur ce point. Mais un certificat demandé en vue de son mariage et délivré, en octobre 1337, par un chanoine de Nogent-le-Rotrou, l'évêque de Caen, un frère prêcheur et l'abbé de Saint-Florentin de Bonneval au Perche [1], en fait connaitre la date exacte. La fille de Robert de Flandre et de Jeanne de Bretagne est née au château d'Alluye, en 1326, le lendemain de l'Exaltation de la Sainte-Croix, c'est-à-dire le 15 septembre [2].

---

[1] Archives départementales de Lille, p. 87, n° 3583 et B. 750. — *Nota*. Dans la suite du présent texte, la lettre B, suivie du numéro du carton où se trouvent les pièces à consulter, indiquera toujours la série *Cour et juridiction*, des archives du Nord à Lille.

[2] Mêmes archives, p. 88, n° 3587. — Voir la pièce justificative n° I.

CHAPITRE II.

Iolande avant son mariage.

Le nom d'Iolande ne fut pas donné sans motif à la fille de Robert de Cassel : il avait été porté par ses aïeules. Ce fut le nom de sa grand'mère paternelle, Iolande ou Hyolenz de Bourgogne [1], comtesse de Nevers. Sa grand'mère maternelle, Iolande de Dreux, était fille de la comtesse de Montfort-l'Amaury, Iolande, veuve d'Alexandre III, roi d'Ecosse. La sœur même de Robert de Cassel, la deuxième fille de Robert de Béthune, issue de son second mariage, se nommait aussi Iolande, du nom de sa mère, Iolande de Dreux. Ce fut donc la tante de notre Iolande et peut-être sa marraine [2]. Tant de souvenirs expliquent le choix de ce nom assez répandu d'ailleurs à cette époque, surtout dans certaines maisons princières auxquelles celle de Flandre était alliée.

Dès la fin du XIe siècle, on trouve mentionnée une Iolant de Harnes, qui devait être sœur de Michel de Harnes, connétable de Flandre, quatrième seigneur de

---

[1] Fille d'Eudes, quatrième fils de Hugues IV, duc de Bourgogne, et de Mahaut de Bourbon, et sœur aînée de la reine Marguerite, comtesse de Tonnerre, et d'Alix, comtesse d'Auxerre.

[2] En 1289, elle était femme de Gauthier ou Wautier d'Enghien.

Cassel de ce nom et sire de Boulers. Au XIIe siècle, Pierre de Courtenay [1], devenu en 1192 veuf d'Agnès, comtesse de Nevers et d'Auxerre, épousa l'année suivante Iolande de Hainaut, sœur du comte Bauduin.

De plus, la mère d'Iolande de Bourgogne, Mathilde ou Mahaut de Bourbon, était elle-même fille d'Iolande de Châtillon, femme d'Archambaud de Bourbon, dès 1250.

Enfin, plusieurs descendantes d'Iolande portèrent également son nom [2], telles que la fille aînée de son fils Robert de Bar, qui devint reine d'Aragon ; puis la cinquième fille du même Robert qui fut mariée à Adolphe IX, duc du Mont ou de Berg. La reine d'Aragon, Iolande, eut elle-même une fille du même nom qui devint reine de Sicile, et son arrière-petite-fille, née du roi René, duc de Bar et de Lorraine et seigneur de Cassel (peu de temps), qui épousa Ferry II, comte de Vaudemont, fut connue sous le nom d'Iolande d'Anjou.

Quant à l'orthographe du nom (*Iolans* en latin [3]), elle diffère selon les temps, et souvent elle offre des variantes pour la même personne. Ainsi Iolande de Flandre, comtesse de Bar et dame de Cassel, dont nous allons nous occuper, est tour à tour désignée dans les écrits par les noms d'Iolande, Iolende, Yolent, Iolente,

---

[1] Pierre de Courtenay, fils de Pierre de France, qui était le septième fils du roi Louis-le-Gros, appelé à succéder, comme empereur de Constantinople, à son beau-frère Henri de Hainaut, fut fait prisonnier. Iolande, sa femme, gouverna pendant sa captivité. (P. Anselme, t. II, p. 725.)

[2] De même, de proches parents d'Iolande, collatéraux de la maison de Bar, se plurent à faire porter ce nom à leurs enfants. Ainsi nous voyons *Thibaut de Bar* donner le nom d'Iolande à l'aînée de ses filles, qui fut mariée vers l'an 1365 à Eudes, sire de Grancey.

[3] Robertus Casletanus, ex Joanna Arturi Britanniæ ducis filia, unicam reliquit filiam, *Iolans*. (Miræus, t. I, p. 309.)

Yolande, Hyolenz (comme son aïeule paternelle) et même Yole par abréviation.

Cependant, dans ses propres écrits, la fille de Robert de Cassel signait Yolent, et ses différents sceaux portent Yolant, ainsi qu'on peut le voir aux planches ci-jointes. A la suite du fac simile de sa signature (*a*), nous reproduisons ici celles de la reine de Sicile (*b*), Iolant d'Aragon, mère du duc de Bar, Réné d'Anjou, en 1417, et d'Iolande d'Anjou (*c*), la propre fille de ce prince-roi.

Après la mort de Robert de Cassel, les années de l'enfance d'Iolande qui précédèrent son mariage se partagèrent entre le séjour qu'elle fit à la cour de France, sous l'œil vigilant de la reine Jeanne de Bourgogne [1], et le temps qu'elle demeura près de sa mère. Quant à Jeanne de Bretagne, tutrice et gouvernante spéciale de sa fille, elle habitait souvent de préférence le château ou manoir fortifié de la Motte-au-Bois, l'une des propriétés les plus importantes de son domaine.

C'est là tout ce que nous pouvons dire concernant la jeune *dame foncière de Cassel* et lieux importants du

---

[1] Le père de la reine Jeanne était l'oncle de la grand'mère d'Iolande de Flandre, c'est-à-dire d'Iolande de Bourgogne.

voisinage, lorsqu'elle était encore sous tutelle [1]. Depuis sa majorité, elle joua un rôle politique, administratif et même guerrier, remarquable. Elle eut, à partir de son mariage avec le comte de Bar, Henri IV, une grande influence sur le Barrois, qu'elle gouverna en partie durant la minorité de son fils Robert, et particulièrement sur les diverses châtellenies et seigneuries de la West-Flandre dont elle était héréditairement la suzeraine.

A partir du mariage et du veuvage prématuré d'Iolande, les renseignements variés et curieux ne manquent plus.

[1] A l'article « Enfants de Jeanne de Bretagne et sa tutelle », au travail qui la concerne, et qui suivra l'historique de Robert de Cassel, se trouveront beaucoup de détails sur ce qui précéda le mariage du comte de Bar, Henri, avec Iolande de Flandre.

CHAPITRE III.

**Comte Henri IV de Bar et Iolande de Flandre.
Leur mariage.**

1337. — Pendant qu'Iolande habitait la cour de France, elle avait eu l'occasion d'y rencontrer un neveu du roi, Henri, fils du comte de Bar, Edouard I, qui avait pris parti pour le duc de Brabant contre le comte de Flandre. Ce jeune prince, qui devait bientôt succéder à son père, sut faire agréer des propositions qui le constituaient prétendu et défenseur de l'orpheline. Il fut accepté comme fiancé d'Iolande ; un document notarié, dressé vers le mois de janvier 1337 (v. s.), constate que le comte Henri et Iolande, sa future épouse, promettent de garantir Jeanne, dame de Cassel, de toutes les demandes que le roi de France ou le comte de Flandre pourraient lui faire, si elle consent à leur mariage [1]. Ces futurs s'engagèrent aussi à entretenir les articles de leur contrat de mariage et à maintenir le douaire de Jeanne de Bretagne.

1339. — A l'approche de l'époque du mariage, retardé pour cause de parenté et surtout par suite de la

---

[1] Archives départementales de Lille, série B, carton 759.

jeunesse de la fiancée, car elle avait alors à peine quatorze ans, Henri et Iolande ratifièrent les promesses qu'ils avaient faites à Jeanne, de la garantir du trouble que pourraient causer le roi et le comte Louis, au sujet du mariage de sa fille, projeté avant l'âge de douze ans [1]. Enfin les dispenses de consanguinité au quatrième degré furent envoyées de Rome, 24 juin 1339, par l'entremise de Henri d'Apremont (selon Demaillet), évêque de Verdun, diocèse du mari, et Iolande étant devenue nubile, les dernières dispenses pour la bénédiction nuptiale arrivèrent à la fin du mois de décembre 1339, sous le sceau d'un autre prélat, Etienne, évêque de Noyon [2]; de sorte que le mariage put s'accomplir en l'année 1340 [3].

[1] Série B, 773, carton.

[2] Archives départementales, carton B, 9, supplément.

[3] Le Père Anselme dit, dans son *Histoire généalogique et chronol.*, qu'Yolande de Flandre épousa son cousin, le comte Henri, avant 1340, mais il n'a pas voulu dire par là que ce fut en vertu de cérémonies religieuses; celles-ci ne suivirent pas immédiatement les épousailles civiles.

On voit que les auteurs ne sont pas d'accord sur l'époque précise du mariage du comte Henri avec Iolande de Flandre. Ainsi *Faulconnier*, l'historien de Dunkerque, rapporte l'événement à l'année 1332, mais cette date ne saurait même être celle des fiançailles, puisque cette princesse avait à peine huit ans, en 1332, *un an* après la mort de son père; et surtout parce qu'elle fut d'abord fiancée, en 1335, avec le fils du comte de Flandre Louis, par dispenses du pape Benoît XII, du 2 des ides de mars, à Avignon, l'an deux de son pontificat. Henri n'hérita du comté de Bar qu'en 1337, année où *Dom Calmet* fixe la mort de Edouard I, son père.

Selon l'auteur de l' « Essai chronologique sur l'histoire du Barrois », de *Maillet*, l'union du comte Henri avec Iolande se fit en 1338. C'est aussi une erreur.

Quelques écrivains ont prétendu ensuite que la fille de Robert de Cassel se maria cinq années après la mort de celui-ci, ou bien en 1336, selon le « Mercure » de 1694, etc.

Dans l' « Art de vérifier les dates », il est dit que cette union matrimoniale eut lieu en 1340.

Il est même permis de supposer que le mariage du comte Henri IV avec

Ceux qui ont écrit que ce mariage eut lieu avant 1339 et même vers 1337, ont confondu l'époque des fiançailles avec celle du mariage religieux, ou bien ils ont pris pour les dernières formalités du mariage, la bulle de Benoît XII, datée du 8 des calendes de juillet 1339, qui levait les obstacles pour contracter l'union projetée, obstacles dus à une double consanguinité par la maison de Bourgogne et par celle de Dreux.

Pour établir cette consanguinité, il faut remonter à Hugues IV, duc de Bourgogne :

1° Hugues IV épousa en 1229 Iolande de Dreux, fille du comte Robert III et sœur de Jean Ier. Cette Iolande, qui mourut en 1255, fut la mère de Eudes de Bourgogne, qui fut comte de Nevers par sa femme Mahaut de Bourbon. Leur fille, Iolande de Bourgogne, comtesse de Nevers, épousa en 1271 le futur comte de Flandre, Robert de Béthune.

— 2° Robert II, troisième fils de Hugues IV, lui succéda, en 1272, dans le duché de Bourgogne. Sa quatrième fille, Marie, épousa vers 1310 Edouard Ier, comte de Bar, frère de notre Henri IV.

— 3° Robert IV, comte de Dreux et de Montfort-l'Amaury, était fils de Jean Ier. Ce Robert fut le père de la deuxième Iolande de Dreux, comtesse de Montfort, mariée en secondes noces à Arthur II, duc de Bretagne, auquel elle porta le comté de Montfort. Leur fille, Jeanne de Bretagne, épousa Robert de Cassel et fut mère de notre Iolande.

Iolande eut lieu à la fin de 1340, c'est-à-dire après la trêve conclue, en Flandre, le 20 septembre de cette même année, entre le roi de France et celui d'Angleterre, où le comte de Bar était avec l'armée de Philippe de Valois.

C'est ainsi que le duc Hugues IV fut le grand-père de la femme d'Edouard I*er* de Bar (voir 2º) et le grand-père d'Iolande de Bourgogne, mère de Robert de Cassel (voir 1º), et par conséquent bisaïeul de Henri IV de Bar et de Robert de Cassel. La fille de ce dernier avait donc pour trisaïeul paternel le duc de Bourgogne, bisaïeul de son mari.

D'autre part, ce même duc de Bourgogne Hugues IV, par son mariage avec Iolande de Dreux, fille de Robert III, fut, du chef de sa femme, l'oncle de Robert IV, comte de Dreux et de Montfort-l'Amaury, dont la petite-fille Jeanne de Bretagne (voir 1º et 3º) fut la mère d'Iolande, et il y avait également parenté au quatrième degré entre les deux époux, par la maison de Dreux.

Enfin, Robert III, comte de Dreux, fut, par le mariage de sa fille avec Hugues IV de Bourgogne (1º) trisaïeul maternel d'Iolande de Bar, et par son fils Jean I*er* (3º) trisaïeul de Jeanne de Bretagne, mère d'Iolande. Il formait ainsi un troisième lien de parenté entre les deux époux dont nous nous occupons et qui ont été la souche des ducs de Bar, des seigneurs de Cassel et de Puisaye et des barons de Montmirail de leur maison.

Par le fait de son mariage, Iolande, devenue comtesse de Bar, fut émancipée de toute tutelle. Elle put dès lors, de concert avec son mari, administrer ses domaines qui étaient en Flandre, la châtellenie de Cassel, Warnêton, Bourbourg, Bergues, Gravelines, Bornhem, etc., provenant de Robert, son père. [1]

---

[1] « *Robertus*, cognomento *Casletanus*, Robertis Bethuniæ Flandriæ
« comitis filius Junior pro sua portione hereditaria possedit Dunker-

— 11 —

Henri de Bar posséda par la même raison *la baronnie d'Alluye, de Montmirail* au Perche, etc. [1], échus autrefois à Robert de Cassel à la mort de Marguerite de Bourgogne, sa tante, comtesse de Tonnerre et reine de Sicile.

Le comte, s'il avait vécu, serait devenu aussi, plus tard, le chef de la baronnie et châtellenie de *Nogent-le-Rotrou* et dépendances, qui arrivèrent à Iolande par Jeanne sa mère ; c'était une partie de son douaire que celle-ci garda jusqu'à sa mort (1355).

Le Barrois ou comté de Bar, que possédait Henri IV après la mort d'Edouard Ier, comte de Bar, son père, survenue en Chypre l'année 1337, était divisé en mouvant et non mouvant [2]. Le premier, situé sur la rive gauche de la Meuse, dépendait de la France ; l'autre partie (*pays par de lay*, au delà) relevait de l'empire.

« cam, Gravelingam, Burbugum, Watines, Casletum, ornhem et War-
« neston... Ex Joanna Arturi Britanniæ ducis filia, unicam reliquit
« filiam, Henrico comitis Barrensi nuptam, oppida ista post modum per
« connubia ad familiam sunt devoluta.» (A. Miræus, t. I, p. 309, continué par J.-F. Foppens.)

1 Anno MCCCXLII, comes Barri ad causam uxoris suæ filiæ et heredis defuncti quondam *Roberti de Flandria* dominus castrorum et castellaniarum, d'Alluye, de Brou, de Monsmirabili, de Authone et de Basochia-Goethi (Perche-Gouêt.) — (A. Duchesne, *Preuves de Bar.*) — Extrait des registres du Parlement et A. Duchesne, *Histoire générale.*

2 C'est dans les ouvrages des historiens du comté de Bar, de la Lorraine, du pays Messin et du Verdunois que l'on pourra surtout puiser des connaissances sur ce qui regarde le *Barrois.*

Dufourny (Inventaire de la Lorraine) en donne aussi des notions étendues. Tous ces détails ne peuvent entrer dans le plan du présent travail : les Annales de M. V. Servais en ont profité : elles sont à consulter.

Le savant bénédictin Dom Calmet et l'historien Dorival en 1753 en ont traité, *in extenso*, mais cependant presque toujours pour faire ressortir les faits qui ont particulièrement trait à ce pays situé loin de la Flandre, et dont les intérêts ne furent qu'accidentellement liés aux nôtres pendant un court espace de temps.

Le comte de Bar possédait en outre la terre de *Puisaye,* contrée située en grande partie à l'ouest de l'Auxerrois. Ce fut en sa faveur que Philippe IV de Valois, son oncle maternel [1], érigea cette terre en seigneurie, par lettres données au château de Raiz, le 22 septembre 1344 [2].

Le 3 décembre 1341, les époux promirent par lettre de rendre à Jeanne, leur mère, deux couronnes d'or qu'elle leur avait prêtées lors de la cérémonie nuptiale [3].

Avant son mariage, le comte Henri s'était trouvé en hostilités avec le duc de Lorraine pour le refus de prestation d'hommage (1337); mais une trêve ménagée par le roi les avait suspendues la même année.

Sur la fin de juillet 1340, Henri s'unit à Philippe de Valois pour repousser le roi d'Angleterre qui avait fait une descente en Flandre, à l'effet de soutenir la révolte fomentée par lui-même contre Louis de Nevers. Le comte de Bar était avec l'armée entre Lille et Douai, en compagnie des rois de Bohême, de Navarre, du duc de Lorraine, du duc de Bretagne et des évêques de Verdun et de Metz. On allait vider la querelle par une bataille générale, lorsque l'intervention de Jeanne de Valois, sœur du roi et belle-mère du roi d'Angleterre, fit conclure une trêve le 20 septembre 1340 [4].

---

[1] Ce roi avait épousé Jeanne de Bourgogne, fille de Robert II, duc de Bourgogne, et sœur de Marie, mère d'Edouard. comte de Bar.

[2] Voir nos « Recherches historiques sur cette contrée, ou pays de Puisaye, XIIIe, XIVe et XVe siècle », insérées dans le *Bulletin des sciences historiques et naturelles de l'Yonne,* 1869.

[3] Chambre des Comptes de Lille, Inventaire des chartes, t. VIII.

[4] « Histoire des comtes de Flandre », par Ed. Le Glay, t. II, p. 403 et suiv.

Le roi de Bohême dont nous venons de parler était Jean-l'Aveugle, comte de Luxembourg, dont la fille avait été fiancée en 1223 à Henri de Bar. Leur amitié avait persisté malgré l'inexécution de ce projet de mariage, et, le 9 mars 1342, Jean-l'Aveugle se trouvant à Verdun avec Henri IV, ces deux princes conclurent un traité par lequel ils s'engageaient, pour trois ans, à frapper monnaie à frais et profits communs, à leurs deux noms et à leurs armes [1]. Les espèces d'argent et de billon frappées en vertu de cette convention portent d'un côté les noms des deux princes, et de l'autre, l'inscription : MONETA SOCIORUM [2]. Dans les collections de numismatistes de la Flandre on trouve des monnaies ainsi frappées.

De l'union du comte de Bar et de sa femme, qui dura à peine quatre années, naquirent deux fils, Edouard et Robert, dont il sera question au volume suivant, qui sera édité à part.

Quoique sa mort fut prématurée, Henri avait pressenti la fin de ses jours, et le 30 novembre 1344, il appela par testament à la tutelle de ses deux fils, la reine de France (sa tante), le duc de Normandie (Jean-le-Bon), le duc de Bourgogne et Philippe, son fils, en leur laissant la faculté de déléguer leurs pouvoirs à qui bon leur semblerait.

Henri mourut à la cour de France, le 24 décembre 1344 ou le 3 février 1345. L'incertitude causée à cet égard provient de ce que c'est le 24 décembre que

---

[1] En nom de nous et de nos armes, pour le commun profit de nous et de notre pays, dit l'acte d'association entre ces princes.

[2] « Recherches sur les monnaies des comtes de Bar », par F. de Saulcy, 1843.

le chapitre de Saint-Maxe célébrait dans son église, où ce prince fut enterré, l'obit anniversaire qu'il y avait fondé par testament et que, dans un passage des registres de la Cour du Parlement, cité par A. Duchesne, à propos de certaine lettre de Philippe de Valois, on lit : « Iolend, veuve de nostre féal nepveu le comte de Bar, naguerre trespassé le III février l'an MCCCXLIV... » [1]

Quoi qu'il en soit de ces variantes, le comte Henri de Bar mourut à Paris, à l'hôtel dit de Cassel ou du Colombier, au sud et dans le voisinage de l'église Saint-Germain-des-Prés, et non, comme le dit l'historien récent du Barrois, M. V. Servais, à l'hôtel Perrin ; car la maison lez-Pont-Perrin, avec ferme, au faubourg Saint-Antoine [2], avait été donnée en 1341, par Henri IV de Bar et sa femme, à leur mère et belle-mère, Jeanne de Bretagne qui l'habitait alors et y demeura jusqu'à sa mort, survenue après celle de son gendre [3].

Le corps du comte fut transporté, peu de temps après à Bar, et enterré dans l'église collégiale de Saint-Maxe, dépendant du château comtal. On lui érigea un mausolée qui subsistait encore au siècle dernier, à côté du tombeau élevé à la mémoire de sa femme par leur fils Robert, duc de Bar.

---

[1] C'est donc à tort que Bonami parle de septembre et que A. Duchesne lui-même dit : *Incontinent après le 24 septembre*.

[2] Le Pont-Perrin, selon *Sauval* (*Histoire des antiquités de Paris*, t. I, l. III) était une espèce de canal souterrain très long, le plus ancien des égouts de Paris (et appelé plus tard le *Grand-Egout*). Il aboutissait de la Culture-Sainte-Catherine à la porte Saint-Antoine. Ce canal voûté passait non loin de l'hôtel royal de Saint-Pol et de l'hôtel du Pont-Perrin, habité par Louis, fils ainé du roi.

[3] Voir l'historique de *Jeanne de Bretagne*, à son article *Hôtels*. Cette partie, qui concerne la famille de Robert de Cassel, sera prochainement publiée à la suite d'un travail que nous avons terminé depuis quelques années, sur la biographie de ce prince de Flandre.

CHAPITRE IV.

Sommaires d'actes concernant particulièrement le comte Henri IV comme seigneur de Cassel.

Pendant les quatre années que dura l'alliance matrimoniale du comte Henri avec Iolande, la Flandre fut en proie aux désordres suscités par Jacques Van Artevelde. On sait que l'agitateur trouvait dans les intérêts du commerce flamand avec l'Angleterre le moyen d'exciter le peuple contre Louis de Nevers, toujours fidèle au roi de France [1]. Voici les sommaires de deux traités conclus à cause de ces événements :

1340, mars-avril (v. s.). — Edouard III, roi d'Angleterre *et de France,* accorde des priviléges pour le commerce au pays de Flandre et de Brabant, et permet de ne faire ni paix ni trêve avec Philippe de Valois, sans y comprendre les Flamands. (B. 778.) [2]

1340, mars-avril (v. s.). — Les bourgmestres, échevins et conseils des villes de Gand, Bruges et Ypres promettent de ne causer aucun dommage à Henri, comte de Bar, et de le laisser jouir paisiblement de ses biens

---

[1] Voir « Histoire des comtes de Flandre », par Ed. Le Glay, ch. X et XI.

[2] Archives du Nord. — Pour ce sommaire et les suivants, répétons ici que la lettre B indique la série des *Cours et juridictions,* et que le chiffre est le numéro du carton où repose le titre.

situés en Flandre, tant que durera la guerre entre les rois de France et d'Angleterre. (B. 778.)

Pendant que le comte de Bar signait les stipulations ci-dessus, il avait des contestations au sujet de la juridiction de ses domaines. A quatre reprises différentes, Philippe IV ordonna d'en référer au Parlement, et donna des lettres de surséance dont voici les sommaires :

1341, mars (v. s.). — Philippe VI, roi de France, ordonne de tenir en état, jusqu'au prochain Parlement, toutes les causes de la dame de Cassel et du comte de Bar. (B 784.)

1344, avril-mai. — Philippe VI, roi de France, mande de nouveau de tenir en état, jusqu'au prochain Parlement, toutes les causes d'Iolande, dame de Cassel, et du comte de Bar. (B. 795.)

Le même mandement avait été donné en 1342. (B. 785.)

1344, décembre. — Même mandement. (B. 797.)

1341-1342. — Regnault de Valmers, lieutenant du gouverneur de Vermandois, déclare avoir vu les lettres dudit gouverneur qui lui mande d'exécuter celles de Philippe VI, roi de France, par lesquelles il ordonne de remettre le comte de Bar, son neveu, en possession de l'avouerie de Montfaucon, acquise sur le chapitre dudit lieu. (B. 783.)

En juillet 1336, le roi de France avait mandé aux baillis d'Orléans et de Chartres, de décider les difficultés survenues entre le prévôt d'Yeuville et Jeanne, dame de Cassel, au nom d'Iolande, sa fille, au sujet de la juridiction du ressort de la ville de la Ferté (couverte de fer), d'une part, et Jeanne de Beaugency, dame de ladite ville, d'autre part. (B 742.)

Ce différend n'était pas encore terminé six ans après.

1342, décembre-janvier (v. s.). — Robert Pasquier, lieutenant d'Alexandre de Crèvecœur, bailli d'Orléans, et Simon Druet, lieutenant de Vincent Michiel, bailli de Chartres, commissaires du roi, assignent à comparaître par-devant lesdits baillis, le procureur de Jeanne, dame de Cassel, du comte de Bar et d'Iolande, sa femme, d'une part, le procureur de Jeanne de Beaugency, dame de la Ferté, et le procureur du roi, d'autre part. (B. 788.)

1343, juin-octobre. — Henri, comte de Bar, mande aux receveurs de ses renenghes de rendre leurs comptes par-devant lui, en la ville de Dunkerque, au jour fixé. (B. 790.)

1343, février-mars (v. s.). — Henri, comte de Bar, affranchit de servitude et de toutes impositions Herbelet Belier, sa femme, leurs enfants et leurs successeurs nobles et non nobles. (B. 793.)

1345, août-novembre. — Iolande de Flandre, comtesse de Bar, dame de Cassel, confirme la donation en fief et hommage faite par Henri, comte de Bar, son mari, à Jean de Houtkerque, bourgeois d'Ypres, pour le récompenser de ses services, de la seigneurie de Croix, en la châtellenie de Warnêton, que ses successeurs pourront racheter moyennant paiement audit Jean de la somme de 300 livres parisis. (B. 800.)

CHAPITRE V.

Régence d'Iolande et tutelle de ses fils.

1344. — Iolande, devenue veuve à l'âge de dix-huit ans, prit en main la régence des Etats gouvernés par son mari [1] et conserva près d'elle ses deux fils Edouard et Robert, dont le premier était né en 1341 et le second le 8 novembre 1342.

1345. — Mais elle eut pour compétiteur Pierre de Bar, cousin au cinquième degré des princes mineurs [2]; elle fit alors avec le duc de Lorraine accord et alliance contre Pierre de Bar et autres qui voudraient *l'empêcher et la molester au gouvernement et bail de ses deux fils* [3]. Malgré ce puissant appui et les précautions prises par Henri dans son testament, Iolande eut à déployer toute son habileté, sa prudence et son courage pour soutenir ses droits contre les convoitises que lui suscitait l'exercice du pouvoir.

En effet, Thibaut de Bar, évêque de Liége, quoique ayant reconnu Iolande comme gouvernante, se ligua

---

[1] « La comtesse douairière Iolande fut habile dans l'art de gouverner, hardie, entreprenante et capable des plus grandes choses », dit Dom Calmet, « Histoire de Lorraine », t. II, p. 530.

[2] Ce Pierre était le père de Henri de Bar, qui fut plus tard arrêté à Vincennes par ordre d'Iolande.

[3] Extrait des registres de la chancellerie de France. (A. Duchesne.)

en 1345 avec Pierre de Bar, pour lui contester sa qualité et prétendre au droit de la régence. Quoique l'évêque eût employé la violence et soutînt ses prétentions les armes à la main, la comtesse parvint à s'arranger avec lui à prix d'argent.

1346. — Le roi n'abandonna point sa nièce. Il fit défense aux officiers de son royaume de se mêler des affaires de la comtesse Iolande et de Pierre de Bar. Il donna même l'ordre, par lettre du 10 mai 1346, de laisser la « régente de Bar et mainbourg [1] » librement réprimer et corriger civilement et criminellement Pierre de Bar et tous ses adhérents, au nom des deux mineurs, souverains seigneurs légitimes du Barrois. Enfin, au mois de février suivant, le jugement arbitral du roi, concernant la régence de la comtesse, fut confirmé dans une lettre adressée à sa *chière et redoubtée* dame Iolande de Flandre, comtesse de Bar et dame de Cassel [2]. La décision royale accordait 2,000 livres tournois à Pierre de Bar et 200 livrées de terre à Henri, son fils [3].

1346. — La Flandre était encore plus agitée que le Barrois. En 1346, Guido de Nesle et ses amis vinrent piller les environs de Mont-Cassel, mais Edouard de Renti les en chassa. A cette époque, il n'y avait pas dix ans que Robert d'Artois, poursuivi après la bataille dite de Saint-Omer, était venu se réfugier à Cassel, lorsqu'il fut encore défait à la tête des Flamands. La garnison française de Saint-Omer, faisant des courses dans les plaines de la châtellenie, avait lancé dans Cassel

---

[1] Maintburnus : tutor, gubernator.
[2] Comitissa Barri et domina de Cassello.
[3] Dom Calmet, t. II.

des projectiles incendiaires qui détruisirent une partie de la ville.

1347. — L'année suivante, Jean de Normandie (depuis le roi Jean-le-Bon [1]), envoyé par le roi son père au secours de Louis de Mâle contre les Anglais et les Gantois, n'avait pas de forces suffisantes pour débloquer Calais. Il tenta de diviser les troupes anglaises en mettant le siége devant Cassel, récemment fortifié par les Flamands. Mais son espoir fut trompé : malgré les ravages qu'il exerçait dans tous les lieux circonvoisins, les Anglais restèrent devant Calais, et la garnison du fort de Cassel, composée de troupes flamandes, étant sortie de la place sous la conduite de Giles de Ripergherste, tisserand de Gand, repoussa et mit en déroute les Français qui laissèrent sur le terrain 1,300 morts ou blessés. « Au moyen de quoy, dit Oudegherst, le « dict duc de Normandie retourna à Paris inglorieux et « sans autre chose faire. Et Calais après long siége fut « ensuite délivré aux Anglais. » En 1349, les Flamands du parti des Anglais contre la France, appuyés par Edouard III, fortifièrent Cassel, et les troupes de Philippe de Valois, malgré leurs assauts réitérés, ne purent se rendre maîtres du château-fort de Cassel [2].

Entre temps, la comtesse Iolande était venue en Flandre et s'était occupée de ses châtellenies. En 1347 (v.s.),

---

[1] On lit dans des « Analectes de la Flandre maritime » publiés par M. de Coussemaker : « Des désastres advinrent aussi à ceux de Cassel « du temps que le roy de France, venu au secours de Loys de Male, contre « les Anglais et Gaulois, vint assiéger ladite ville bruslant et ravageant « tous les lieux circonvoisins. » — Voir l'« Histoire des comtes de Flandre », de E. Le Glay, t. II, p. 486 et suiv., pour ce qui concerne en ceci le comte de Flandre Louis.

[2] Voir la pièce justificative 31 *bis* pour la reconstruction des fortifications de Cassel que des attaques avaient en partie dégradées.

elle confirma la *franche-fête* du samedi après la Pentecôte jusqu'au samedi suivant, qu'elle avait précédemment octroyée à la ville de Cassel [1]. Cette confirmation, donnée à Dunkerque, le samedi après le jour de la mi-carême, porte cette stipulation : « Sauf-conduit est ac-
« cordé pendant la foire et quinze jours après, excepté
« aux ennemis et fugitifs d'elle et à ceux qui se sont
« obligés ès foires de Champagne et Roye [2] ou Brie ? »

1349. — Iolande, affermie dans la possession de son pouvoir, montra à découvert son caractère remuant et indiscipliné. Dès l'année même où le roi donna au jeune comte Edouard une dispense d'âge (22 ou 27 juillet 1349) en le déclarant *aagié pour gouverner ses Etats,* Iolande se révolta contre son bienfaiteur le roi de France, et son suzerain le comte de Flandre [3]. Le bailli de Sens étant venu à Bar (1349), envoyé par Sa Majesté, pour y faire exécuter certaines ordonnances royales, la comtesse Iolande se rebella et provoqua ses officiers à l'injurier et à désobéir. Philippe de Valois, instruit des mauvais traitements infligés à son envoyé, condamna le Barrois à une forte amende et se disposa

---

[1] Une autre pièce, postérieure de trois ans, a trait à la châtellenie de Bourbourg :
1350, août-septembre. — Demandes formulées en présence des hommes de fief de la châtellenie de Bourbourg, par Robert, sire de Fiennes, châtelain de Bourbourg, à la comtesse de Bar, dame de Cassel, et à ses receveur et bailli de Bourbourg, à effet d'être maintenu dans le tiers des amendes et forfaitures échues et à écheoir en cette châtellenie, et dans la jouissance des héritages provenant des bâtards. B. 823.

[2] Extrait du registre aux priviléges de la ville de Cassel.

[3] Iolande se rebella en 1349 (février, v. s.) contre le comte de Flandre. — On trouve aux archives départementales de Lille des lettres d'André Le Chausse, receveur de Flandre, contenant l'accord fait au nom du comte avec la dame de Cassel, touchant les désobéissances et refus de service par elle faits contre Louis de Måle. B. 820.

à châtier sévèrement sa nièce. Elle prévint le coup en venant demander pardon au roi qui se laissa fléchir et lui accorda des lettres de rémission qui furent enregistrées à la chancellerie de France [1].

L'année suivante, Philippe VI de Valois étant décédé, Iolande se rendit à Reims au sacre du roi Jean-le-Bon [2], dont la fille, Marie de France, devint plus tard la femme du duc de Bar, Robert.

1352. — L'émancipation accordée par le roi au comte Edouard II ne l'arrachait pas à la tutelle de sa mère ; elle avait pour effet de lui permettre de participer aux actes souverains de sa mère et d'y apposer le scel à ses armes. C'est de cette manière qu'Edouard, âgé de dix à onze ans, prit part à un acte d'alliance

---

[1] « L'Art de vérifier les dates » cite deux lettres différentes et dit qu'Iolande fut retenue quelque temps en prison ; mais le fait est douteux. Voici l'extrait tiré par A. Duchesne des registres de la Chancellerie : « Lettres du roy Philippes par lesquelles il octroye rémission à sa niepce « Ioland de Flandres, dame de Cassel et comtesse de Bar, de ce qu'aucuns « de ses officiers et familiers de la comté de Bar avaient fait plusieurs « désobéissances, despiz et injures à son bailif de Senz et à ses sergents « de sa baillie et à ceux qui étaient envoyés à Bar de par ledit roy pour « exécuter audit lieu et autre part en la terre de la contrée de Bar. « A Saint-Légier en Yveline (forest), le xxii d'octobre l'an MCCCLIX. »
(Preuves de la maison de Bar-le-Duc, p. 48.)

[2] On trouve aux archives départementales de Lille l'état de la dépense de bouche faite par Madame de Cassel (Iolande) pendant son voyage à Reims pour le sacre du roi. — B. 824, et t. VIII de l'inventaire, p. 261 (1350 environ).

Obs. Dans le même tome, d'autres pièces, au nombre de 18, concernant la *dame de Cassel*, sont à consulter : leur sommaire ne peut prendre place ici.

— De même, au t. XI de l'inventaire des archives du Nord, il y a l'énumération de nombreuses affaires concernant la comtesse Iolande : trois grandes pages de texte y sont consacrées ; notre éloignement de Lille ne nous a pas permis de les consulter pour en tirer profit en temps. — Avis à ceux qui voudraient continuer cette étude intéressante, dont le présent travail n'est qu'une ébauche.

conclu entre sa mère et Marie de Blois, devenue veuve du duc de Lorraine. Les deux princesses, sentant le prix de l'union, désignèrent des juges pour entretenir la paix et pour arranger toutes les affaires qui pourraient survenir entre elles et leurs sujets respectifs. Cet acte commence ainsi :

« Nous, Marie de Blois, duchesse de Lorraine (Loherenne), marchise et mainbour de la dite duchié, nous Iolens de Flàndres, comtesse de Bar et dame de Chastel (Cassel) et nous Eddouars cuens (comte) de Bar ses fils faisons savoir à tous... »

Il finit par ces mots : « En tesmoing de véritei nous Marie duchesse, Iolens comtesse et Edouard cuens dessusd. avons fait mettre nos grands scels en ces présentes lettres qui furent faittes l'an mil trois cens et cinquante dous, le second jour du mois de may. » Les sceaux des princesses mainbours sont en cire rouge, celui du comte Edouard est en cire verte (Dom Calmet). Il porte : *Sigillum Edvardi comitis barrens*. — Cet acte fut passé l'année même de son décès.

Déjà le même comte avait pris l'année précédente deux engagements personnels envers un des officiers de sa maison. Le jeudi 28 avril 1351 (après Quasimodo), il avait promis de payer à Monsr Jean de Chauffour, chevalier, la somme de *huit vingts* florins à l'écu d'or, parce que ledit Jean doit le servir pendant un an, lui troisième, de bons compagnons montés en chevaux [1]. Puis, il avait fait au même Jean la promesse de l'indemniser pour vente et livraison d'un cheval à Geoffroi de Ramières, écuyer. (B. 825.)

---

1 Inventaire départemental de Lille, t. VIII, p. 263.

C'est à Saint-Mihiel que les comtes de Bar exerçaient depuis longtemps le droit de battre monnaie. Iolande y fit frapper, au nom de son fils Edouard, des monnaies qui se reconnaissent à l'écu écartelé de Bar et de Flandre [1], et d'autres, en son propre nom, aux mêmes armes [2]. Le revers porte : MONETA SANCTI MICHAELIS, autour d'une croix cantonnée de quatre couronnes : On en a trouvé au bois de Nieppe, près de Cassel [3]. Iolande demeurait alors d'ordinaire au château comtal de Bar, ou à son hôtel du Colombier à Paris [4], d'où furent datées beaucoup de ses lettres, de 1340 à 1350, comme l'attestent les *cartulaires dits de la dame de Cassel* conservés aux archives du Nord.

Mais le veuvage pesait à Iolande ; elle avait agréé les propositions matrimoniales d'un de ses cousins, Philippe de Navarre, comte de Longueville et de Valois. Aussitôt ce projet divulgué, Jeanne de Bar, comtesse de Garennes, fille du comte Henri III, éleva des prétentions à la régence de ses petits-neveux. Elle soutint ses droits avec énergie et persévérance [5], et se vit appuyer par l'évêque Thibaut de Bar, (toujours jaloux du pouvoir exercé par Iolande), et Henri de Bar, seigneur

---

1 De Saulcy, *loco citato*. Pl. II, n° 1.

2   Id.   id.   Pl. III, n°s 4 et 5.

3 Voir à notre planche I des figures de ces monnaies marquées n° 1, avec la légende : IOLANDIS COMITISSE BARRI. Le revers porte : *Moneta sci* (sancti) *Michaelis*.

4 Cet hôtel donna son nom à la rue du Colombier, près de Saint-Sulpice. L'une des rues adjacentes porta les noms de Cassel et Cassette, à cause de Robert de Cassel et de ses descendants qui en héritèrent. (Voir aux preuves.)

5 1351, avril. — Jeanne, comtesse de Garennes (*sic*), mainbourg et gouvernante du comte de Bar, promet payer à Jean de Chauffour, chevalier, une somme pour l'avoir servie contre la comtesse de Bar, Jean d'Apremont et leurs aidants. (B. 825).

de Pierrefort. Il se produisit dans le Barrois une infinité de désordres, sous le prétexte que le jeune comte n'avait pas encore le discernement nécessaire pour user du droit de gouverner. La dame de Cassel, tout entière à ses projets de mariage, parut d'abord consentir à prendre un arrangement avec la comtesse de Garennes. A cet effet, un traité, cité par André Duchesne, fut fait au mois de juin 1352. Iolande céda la régence du Barrois à la comtesse Jeanne qui, après avoir juré les obligations imposées pour remplir cette mission, reçut les foi et hommages des notabilités du Barrois.

Sur ces entrefaites, l'aîné des fils d'Iolande était mort. Le roi Jean-le-Bon, désigné par le testament de Henri IV comme l'un des tuteurs de ses fils, prit à cœur les intérêts de son pupille [1]. Le 27 juillet 1352, il donna à Robert, devenu le seul héritier du comte défunt, des lettres de bénéfices ou de dispense d'âge, comme Philippe de Valois l'avait fait en 1349 pour son frère. Robert de Bar, à peine âgé de dix ans, se trouva ainsi appelé à gouverner le Barrois, et le bailli de Sens fut chargé par le roi des soins de l'administration [2].

Cependant, Iolande se repentit bientôt de ce qu'elle avait fait. Elle regrettait l'autorité sortie de ses mains, et elle entreprit par voie de fait de se remettre en possession du gouvernement. Elle s'empara par force de plusieurs places du pays de Bar, saccagea et brûla les lieux qui voulurent lui résister, n'épargnant aucun

---

[1] Ce fut en qualité de tuteur de Robert, et non en vertu de son pouvoir royal, selon M. V. Servais, que le roi Jean fut appelé, en 1352, à prononcer sur les différends qui s'élevèrent alors entre la comtesse de Bar Iolande et les parents paternels de Robert, au sujet de la régence du Barrois.

[2] Pièce justificative n° 6.

moyen de violence pour arriver à son but. Ces hostilités, commencées en octobre 1352, se prolongèrent et furent cause de calamités qui pesèrent sur la province jusque dans le courant de l'année suivante.

CHAPITRE VI.

Philippe de Longueville, Iolande et Henri de Bar.

1353. — Dans les premiers mois de 1353 [1] eut lieu le mariage d'Iolande avec Philippe de Navarre, comte de Longueville et de Valois, deuxième fils de Philippe d'Evreux [2] et de Jeanne de France, reine de Navarre.

Le second mari d'Iolande avait pour armes avec Navarre [3] : Semé de France avec bâton componné d'hermines et de gueules mis en bande (P. Anselme, t. I, p. 282) [4].

On trouve ce blason dans les armoiries de sa femme la comtesse, durant cette union de dix années, comme on peut le voir aux planches, pour ses sceaux de cette

---

[1] Le P. Anselme dit 1352 (t. I bis, p. 283), mais il a omis d'ajouter vieux style.

[2] L'année même de son mariage (1328), ce prince, surnommé le Bon, ou le Sage, laissant sa femme dans ses Etats, était venu se joindre en Flandre à Philippe de Valois, son cousin, et se trouva à la bataille de Mont-Cassel (23 août). Il y contribua à sauver le roi, car après la bataille, Philippe VI, en l'embrassant, confessa qu'il lui devait la victoire et la vie. (P. Anselme, « Histoire généalogique de la maison de France ».)

[3] Navarre, composée de deux croix, au sautoir et orle (ourlet, bordure), de deux pièces de chaines d'or en champ de gueules (Palliot).

[4] Les armes de la maison d'Evreux diffèrent de celles de Longueville en ce que le bâton est componné d'argent et de gueules sans hermines.

époque [1]. Elles y sont accolées à celles de Robert de Cassel, c'est-à-dire de la branche cadette de Flandre. Mais après la mort de ce second mari, survenue en 1363, Iolande reprit pour ses nouveaux scels les armes de la maison de Bar, écartelées avec les siennes (voir aux planches).

Philippe de Longueville eut à son tour et de droit, le titre de seigneur de Cassel et des environs, par sa femme qui en était la dame titulaire [2]; il jouit des prérogatives de ce titre, comme d'autres domaines seigneuriaux, et rendit hommage des terres qu'il tenait du comte de Flandre, à cause de la comtesse sa femme. Les témoins de cet acte d'hommage furent les évêques de Chartres et d'Evreux, Jean de Melun, etc. [3].

1353. — Dès le premier temps de son mariage, Philippe de Longueville, quoique entré en paisible jouissance des domaines de sa femme, partagea ses regrets au sujet de la perte de la prédominance sur le Barrois. Il prit des mesures militaires défensives et suscita de nouvelles difficultés à Jeanne de Garennes qui, avec

---

[1] Pendant son second mariage, Iolande prend, dans plusieurs de ses actes, le titre de comtesse de Longueville, dame de Cassel, sans ajouter celui de comtesse de Bar (du Fourny, pièces justificatives, t. II). Cependant le comté étant dévolu au connétable Duguesclin, après la mort de son mari Philippe, Iolande reprit le titre de comtesse de Bar.

[2] C'est ainsi que furent seigneurs de Cassel, par alliance, le premier Michel de Harnes (1072), — Gilles de Transignyes, deuxième mari d'Alix, veuve de Philippe de Harnes (a), — les deux maris de la comtesse Jeanne de Flandre, — celui de sa sœur Marguerite, — le comte de Bar Henri IV; — puis enfin plus tard, Louis de Luxembourg, époux de Jeanne de Bar, comtesse de Marle, etc., à qui ce domaine seigneurial appartint successivement.

(a) Voir notre travail historique sur les *Sires de Harnes*, châtelains-seigneurs de Cassel, connétables de Flandre.

[3] Inventaire de la Chambre des Comptes de Lille, t. IX, p. 140.

Jean de Bar, prétendait Iolande déchue de tous droits à la tutelle, par suite de son deuxième mariage [1]. Les deux rivales s'adressèrent au roi pour décider de leurs droits au sujet de la régence. Jean-le-Bon en référa au Parlement de Paris. Jean de Bar vint y plaider la cause de la comtesse de Garennes et réfuter l'argumentation d'Iolande, qui s'était également rendue à Paris à cause du procès qui fut jugé le 13 juin 1353. Mais, selon M. Servais [2], l'état de son instruction ne permit point au monarque de résoudre définitivement la difficulté, et Jean-le-Bon, en maintenant la saisie du comté de Bar, faite en son nom l'année précédente, exclut les deux prétendantes de sa possession, se réservant le droit de le faire gouverner, et de pourvoir à l'entretien du jeune comte dans la proportion de la part de ses domaines, qu'il s'était adjugée jusqu'à l'émancipation de Robert. Dans cet état, Yolande put encore agir comme mère et tutrice naturelle du comte mineur.

1354. — Le 22 février 1354, l'empereur Charles IV accorda à Robert une dispense qui lui donnait le droit de majorité pour gouverner la partie de ses Etats qui relevait de l'empire, au-delà de la Meuse, puis, par condescendance pour Iolande qui était venue lui faire visite à Metz pendant son séjour, il érigea en marquisat la seigneurie de Pont-à-Mousson [3]. Le roi de France ne voulut pas se laisser dépasser en générosité par l'empereur, il mit bientôt le comble à la joie d'Iolande et à

---

[1] Certains documents font supposer que ce n'étaient encore alors que les fiançailles.
[2] « Annales historiques du Barrois », t. I, p. 16.
[3] Ville bâtie par les comtes de Bar, au bord de la Meuse.

l'honneur de la maison de Bar, en conférant au nouveau marquis du Pont le titre de *duc de Bar* (1355). L'affection de ce jeune prince pour sa mère le portait à s'aider de ses conseils ; mais il repoussa l'ingérence du comte de Longueville qui déjà avait négocié à Foug, avec le duc de Lorraine, comte de Vaudemont, un traité d'alliance du Barrois et de la Lorraine (15 novembre 1354). Dans cette circonstance, il s'était fait accompagner d'Iolande (le jeune duc *étant en eage*), prétendant agir avec la comtesse comme *gouverneur du duchiei de Bar*, avec la participation de Robert.

Les princes de la famille de Bar continuaient de considérer comme usurpés, par une étrangère, la participation d'Iolande au pouvoir ducal et le partage qu'elle en faisait avec son deuxième mari, qui pouvait ainsi disposer du duché contrairement à ses intérêts. Lorsque le jeune duc fut officiellement installé, il assembla les Etats à Bar-le-Duc, et, de concert avec eux, chargea son cousin messire Henri de Bar, chevalier, seigneur de Pierrefort, des fonctions de gouverneur et lieutenant-général du Barrois, avec mission *de garder et de défendre ce duché et d'y faire régner la justice* (du Fourny). Celui-ci ne tarda pas à se liguer avec les siens contre Philippe de Longueville qui, quoique étranger, semblait s'emparer sérieusement du gouvernement ducal, comme il l'avait fait à Foug. Le changement de politique introduit par Philippe pouvait, par voie indirecte, faire perdre au Barrois une alliance qui lui était chère. Ce duché était étroitement lié d'amitié avec la France, et les divisions survenues entre Jean-le-Bon et Charles-le-Mauvais, frère du comte Philippe, rendaient imminentes des hostilités où le Barrois se serait trouvé entraîné à prendre fait et cause contre le parti qui avait ses préférences.

Henri de Bar s'assura donc bientôt de la personne du comte de Longueville : il le fit arrêter et incarcérer au château de Nonsard (10 avril 1355). De là, le captif fut transféré le 31 mai à la grosse tour de son propre château de Pierrefort où Iolande se rendit plusieurs fois, ainsi que le lieutenant-général du Barrois, pour conférer avec lui et le décider à ne plus s'occuper du gouvernement du duc son beau-fils.

Dans cet intervalle et jusqu'à la fin de l'année, le roi de Navarre s'occupa activement de la délivrance de son frère. Il mit tout en œuvre auprès du roi de France et du duc de Lorraine avec lequel il fit alliance.

1356. — Philippe de Navarre dut céder à la force. En vertu des arrangements qu'il fit vers le 12 janvier 1356, il donna des ôtages, fournit la caution de grands personnages et prit l'engagement de quitter le Barrois. Mais ce prince violent et audacieux, aussi irrité que Iolande de sa captivité et de l'humiliation qu'il avait subie, songea bientôt à se venger. Il n'aurait pu, du reste, se livrer au repos dans un moment où Charles-le-Mauvais et l'Angleterre soufflaient la discorde et la guerre par toute la France. Il prit ouvertement la cause de son frère tombé récemment entre les mains de Jean-le-Bon. S'étant mis à la tête du reste des troupes de Charles, il se jeta sur la Normandie où ce dernier possédait le comté d'Evreux et désola cette province par toutes sortes de ravages.

Ce fut quelques mois après que fut livrée la désastreuse bataille de Poitiers (19 septembre). Le dauphin Charles, lieutenant-général du royaume, pendant la captivité de son père, sentit la nécessité de se prémunir contre les intentions notoirement hostiles d'Iolande et de son mari. Celui-ci s'était déjà approché de la capitale et cherchait à tirer du Barrois des troupes et des approvisionnements. Comme Iolande y intriguait soit secrètement, soit ouvertement pour faire appuyer le parti du roi de Navarre, le dauphin s'assura auprès du duc Robert et de ses sujets, de leur adhésion à la cour. Il en exigea un serment solennel qui fut prêté le 18 janvier 1357, dans les principales villes du Barrois [1]. Les représentants du duché s'engagèrent, jusqu'à l'époque où Robert aurait atteint l'âge de majorité naturelle, à ne donner aux ennemis du royaume et à Philippe de Navarre en particulier, aucun secours en armes, en argent ou en vivres, et à ne les souffrir ni sur les terres du duc, ni dans ses forteresses, même celle de Clermont, douaire d'Iolande.

Jean de Luxembourg, châtelain de Lille [2], se rendit avec d'autres seigneurs, garant des engagements du prince Robert. Son sceau, en cire verte, aux armes de Luxembourg, se trouve appendu à cet acte, à côté de celui du duc de Bar.

Quand la paix fut signée entre la France et l'Angleterre, à Brétigny, non loin de Chartres, le 8 mai 1360, le roi Edouard fit stipuler dans le traité que Philippe de Navarre serait remis, au plus tard dans l'année, en jouissance de toutes les terres qu'il avait possédées dans

---

[1] V. Servais, d'après Thierry Chaudron, « Annales historiques du Barrois, » t. I, p. 56.

[2] Jean de Luxembourg, fils de Valeran II et de Guyotte, châtelaine de Lille, épousa en 1320 Alix de Flandre, dame de Richebourg, fille unique de Gui.

le royaume, tant en son nom qu'en celui de sa femme. C'est ainsi que le comte de Longueville resta en possession des domaines seigneuriaux de sa femme dans la West-Flandre, après l'amnistie générale qui lui fut accordée pour tout ce qu'il pouvait avoir fait contre le roi.

Des historiens disent que Charles-le-Mauvais, par lettres du 5 octobre 1361, avait nommé son frère Philippe, lieutenant-général au gouvernement des terres qu'il avait en France et en Normandie. Cependant, le comte de Longueville avait réclamé du roi la délivrance de son frère ; mais ce dernier fut retenu comme vassal félon, et Philippe, en remettant l'hommage qu'il devait pour ses propres domaines, menaça son suzerain de lui porter préjudice [1]. Il continua les hostilités jusqu'au moment où tombé malade à Vernon, il y mourut le 30 août 1363 [2]. Il fut enterré dans l'église des Cordeliers à Paris. Iolande, dont il n'avait pas eu d'enfants, se fit autoriser par le Parlement à renoncer à la communauté des biens de son mari ; elle en obtint la faculté par une sentence rendue l'année du décès [3].

Il est souvent question d'un nommé Lancelot, bâtard de Philippe de Longueville à qui le Roi, son frère, donna en 1371, 150 livres par an, tant qu'il demeurerait en la compagnie du duc de Bretagne. — Phi-

---

[1] Archives du Nord. B. 850.

[2] Inventaire des archives départementales, t. VII.

[3] Les circonstances diverses et curieuses auxquelles donna lieu le testament de Philippe de Navarre, et les débats qui s'ensuivirent entre la comtesse Iolande et les exécuteurs testamentaires, puis les questions regardant le douaire de cette veuve, sont relatés sous forme de sommaires aux pièces justificatives ci-jointes.

lippe de Navarre avait aussi une bâtarde nommée Robine, dont parle le P. Anselme.

L'agitation dans laquelle avait vécu Philippe de Longueville avait souvent amené du désordre dans l'état de ses finances, et il dut, à plusieurs reprises, contracter des engagements dont nous allons produire des sommaires :

En 1354, le 5 février (v. s.), promesse de Philippe de Navarre, comte de Longueville, de payer à Guyot Villain, orfèvre, bourgeois de Paris, la somme de 43 flor. à l'écu qu'il lui devait pour ouvrages d'argenterie [1].

En 1357, Philippe de Longueville emprunte à Humblot de Gondrecourt, receveur du duché de Bar, la somme de 1,155 flor. de Florence en bon or [2]. Regnaut de Trye, sire de Mareuil, s'oblige comme caution. (B. 856.)

En 1362, 14 juillet, Iolande déclare, au château de Nieppe, avoir entendu le compte de l'orfèvre Guyart de Paris, et lui devoir une certaine somme. Mais elle laisse à Monsieur la charge de payer 40 écus de Jean, pour la façon d'un chapeau d'argent. (Orig. en parch. Inv. t. IX, p. 241.)

Cette restriction ne peut faire supposer que la bonne intelligence entre les époux fût altérée, car la pièce suivante prouve le contraire :

1362, juillet-août. — Sohier de Calkyn, chevalier, déclare être devenu homme d'Iolande de Flandre, dame de Cassel, à cause d'une rente viagère à lui donnée par

---

[1] Archives du Nord, carton B. 842, pièce en papier, liste étendue d'achats.
[2] Archives du Nord. Original en parchemin ; scel de la Cour de Verdun.

la dite dame, sur la ville de Nogent-le-Rotrou, en récompense des services rendus à Philippe de Navarre, son mari. (B. 876.)

Cependant les dettes de ce comte furent si considérables à sa mort, qu'Iolande fut obligée d'abandonner sa succession, et qu'en octobre 1363, à peine un mois après son décès, les meubles qu'il avait laissés furent saisis à la requête du comte de Flandre, après renonciation préalable de la comtesse qui fit divers accords avec les exécuteurs testamentaires du défunt [1].

Voici deux actes de la gestion administrative et seigneuriale du comte de Longueville, dans l'intervalle de ses longues et fréquentes absences.

1355, juillet-août. — La comtesse de Bar et Philippe de Navarre, son mari, confirment la vente faite par Jean Duchesne, au profit de Jean le Matre, écuyer, et Perette Duplessis, sa femme, d'une rente viagère sur les héritages de feu Pierre de Saint-Nicolay, sis en la châtellenie de Bourbourg. (B. 846.)

1361, décembre. — Philippe de Navarre rend hommage pour les terres qu'il tient de Louis, comte de Flandre, à cause de la comtesse Iolande, dame de Cassel, sa femme. (B. 873.)

1364. — Le comté de Longueville n'avait pas été affecté tout entier au douaire de la comtesse. La partie disponible avait été donnée à la mort de Philippe, par son frère le roi de Navarre, à Jean de Grelly ou Grailly, captal de Buch, qui commandait ses armées. Mais après la défaite du captal à Cocherel par Bertrand

---

[1] Pièces justificatives, n° 71. Invèntaire des archives, t. VII et IX.

Duguesclin, le roi, qui avait confisqué le comté, le donna au vainqueur, par lettres du 27 mars 1365.

Plus tard fut faite une détermination des lots dont fut composé le comté de Longueville, pour effectuer le partage entre Iolande et Olivier Duguesclin, titulaire du comté comme héritier de son frère Bertrand, (B. 1330.).

CHAPITRE VII.

Iolande à la majorité de son fils Robert.

Nous avons déjà noté le soin que prenait Iolande de mentionner dans ses actes sa qualité de dame de Cassel, et d'agir tant en son nom propre qu'en celui de ses enfants. Il en fut ainsi, même du vivant du comte de Longueville, dans les traités de paix qu'elle conclut, le premier, par ordre de l'empereur, avec ceux de Metz et de Luxembourg (1352); un deuxième, alliance défensive avec le duc de Luxembourg (août 1355), traité dans lequel Iolande et son fils déclarent qu'ils n'entendent secourir leur allié contre le roi des Romains, le roi de France, le comte de Flandre ni le duc de Lorraine [1]; un autre enfin, traité de paix perpétuelle entre les Messins, les Lorrains et les Barrisiens jusqu'à l'émancipation définitive du duc Robert (27 juillet 1357).

L'atelier monétaire de Saint-Mihiel était toujours en pleine activité. On y avait frappé, au nom de Robert, comme comte de Bar, des *plaques* de billon, au revers desquelles les quatre couronnes, qui se remarquent sur la plupart des monnaies émises précédemment, sont remplacées par des BARS.

---

[1] Du Fourny, « Inventaire de Lorraine », t. VII.

Dès la nomination de Robert au titre de marquis du Pont, obtenue pour lui par Iolande, en mars 1354, mais mentionnée dans les actes seulement à la fin de l'année, on frappa une jolie monnaie portant d'un côté l'écu penché de Bar surmonté d'un heaume orné d'un panache, et de l'autre, autour d'une croix cantonnée de quatre roses, l'inscription : DEI· GRA· ET· MARCHIO· PONTIS [1]. L'année suivante (1355), la comtesse douairière de Bar et le duc Robert firent un nouveau bail avec le monnoyeur de Saint-Mihiel. Les lettres de bail disent : *Pour monnoies blanches que on forgerat en la duchié de Bar et autres monnoies noires au fuer et à la vallue,* etc. Nous donnons quelques spécimens de ces monnaies à l'une de nos planches. On les appelait, selon leur valeur, gros, demi-gros, haulmes, plaques, etc.

1356. — A la majorité de Robert [2], Henri de Bar dut résigner le pouvoir suprême qui lui avait été confié l'année précédente. Iolande reprit alors sur son fils l'ascendant que lui avait fait perdre le lieutenant-général qui s'était servi de son autorité provisoire pour faire incarcérer le comte de Longueville et lui imposer de dures conditions.

A peine la comtesse eut-elle fait sentir sa participation aux affaires administratives, qu'elle eut un différend avec l'évêque de Verdun. Son caractère impérieux indisposa contre elle le clergé et le peuple de la ville. Dès le mois de mars 1357 commencèrent les hostilités qui se

---

[1] Voir de Saulcy, « Recherches sur les monnaies des comtes et ducs de Bar », pl. III et IV, et les planches qui reproduisent les monnaies de Robert dans l'ouvrage récent de M. V. Servais, de Bar.

[2] L'âge de majorité des princes était fixé à quatorze ans.

— 39 —

prolongèrent pendant plus de deux ans, au grand dommage de la contrée. Iolande leva des troupes de toutes parts ; elle en fit venir de Flandre [1] où elle avait séjourné quelque temps avec son fils, avant de se mettre en marche contre ses ennemis ; elle prit à son service un corps de Polonais (Poullenoix), auxquels les comptes du temps relatent un paiement de 50 écus d'or (27 juin 1358), et fit avec Winceslas, roi de Bohême, contre la ville de Verdun (13 avril 1358), un traité d'alliance qui fut contracté en son nom et en celui de son fils, le duc Robert. Elle n'épargna rien pour assurer le succès de ses armes [2], fit forger de la fausse monnaie de France et ne recula devant aucune espèce de violences. Elle fit mettre le feu au village d'Auzeville, et si les détails manquent sur l'accueil qu'elle fit à deux chanoines députés vers elle par le chapitre de Verdun, pour l'exhorter à réparer le dommage sous peine des censures de l'Eglise, on ignorait ce qu'il advint de ces deux ecclésiastiques, mais ils n'avaient point reparu à Verdun.

Le bruit se répandit, nous apprend M. Servais, que la comtesse de Bar les avait fait jeter dans un puits qu'on

[1] Quittance de Jean de Berghes, dit Flament, chevalier, sire d'Estainfert (Steenvorde, près Cassel), de la somme de 224 moutons d'or, pour laquelle somme il s'est obligé de soutenir la dame de Cassel pendant un mois, en sa présente guerre, avec quatre glavez (lances) à trois chevaux, deux glavez à deux chevaux et six archers à cheval. (22 avril 1358. — Archives du Nord ; original en parchemin ; scel perdu.)

[2] 1358, septembre-novembre. — Mémoire de ce qui a été délivré à la garnison de Clermont par la comtesse de Bar, dame de Cassel, pendant la guerre contre l'évêque et la ville de Verdun. (B. 860.)

1359, mai-novembre. — Iolande, comtesse de Bar, dame de Cassel, mande à son chapelain de payer plusieurs sommes à Ferry et Jacquet de Fenestranges, pour services rendus en la guerre contre l'évêque et ceux de Verdun. (B. 862.)

1359, août. — Elle met en gage des bijoux et des meubles précieux, afin de réaliser 2,900 petits florins de Florence, dont le duc de Bar avait besoin.

appelle la *Fosse-aux-Chanoines*, au-dessous du château de Clermont-en-Argonne [1], fortifié par ses soins. Iolande nia le fait et se disait ainsi injuriée dans sa dignité.

En même temps qu'elle repoussait cette accusation plus ou moins fondée, elle résistait encore à Henri de Bar qui aurait voulu la contraindre de renoncer à l'administration du duché. Ce fut en vain. En 1359, on vit la comtesse et le duc de Bar déclarer conjointement [2] qu'ils ont pris sous leur sauvegarde la ville et la mairie de Béthonville, moyennant une redevance annuelle d'avoine et de cire. (B. 682.)

Si l'on ne pouvait rien préciser alors au sujet des chanoines disparus, il n'en était pas de même du meurtre commis par les ordres d'Iolande sur la personne de Raoul de Bonny, prêtre-chanoine de l'église de Verdun. Le pape Clément VII, averti de ce crime et de l'incendie dont la comtesse ne pouvait se disculper, reçut une supplique de Bertrand de Germigny, doyen de l'église de Verdun, exposant la perte des fonds de l'église arrivée pendant cette guerre [3]. Il interposa son autorité et Iolande fut excommuniée.

Le caractère de cette princesse lui ôtait toute pru-

---

[1] *Argonne*, partie de la Champagne et du Barrois, pays montagneux et boisé, surnommé les Thermophyles de la France, s'étendait entre la Meuse, la Marne et l'Aisne. Chef-lieu : Sainte Menehould ; autres villes : Clermont, Beaumont, Villefranche, Varennes, Grand-Pré et Montfaucon.

[2] La comtesse fit encore preuve de zèle pour la cause de son fils, en l'aidant à se libérer envers des créanciers. Elle mit en gage des bijoux et de la vaisselle contre la somme de 1,590 petits florins de Florence, et fit faire, pour 1,400 florins, le rachat de sa couronne comtale engagée précédemment. (V. Servais).

[3] « Histoire ecclésiastique et civile de Verdun », par un de ses chanoines. 1745.

dence : bien des actes de sa vie dénotent autant d'ardeur que d'irréflexion. C'est ainsi que, vers le temps où elle exerçait toutes ses violences contre l'évêché de Verdun, elle fit un vœu dont elle n'avait pas calculé toute la portée. Elle avait promis de donner à une église ayant un autel dédié à sainte Anne, une image (statue) de cette sainte, en argent, du poids de son fils au jour où elle la ferait exécuter. Il aurait fallu y employer 194 marcs de métal, et les ouvriers et orfèvres demandaient 600 écus d'or et une année entière pour y travailler. Comme il aurait pu arriver dans l'avenir que les seigneurs du lieu où se serait trouvée la statue la fissent enlever pour convertir l'argent à un autre usage, le cardinal François, du titre de Saint-Marc, fut chargé par le pape d'accorder à Iolande une dispense pour la commutation de son vœu. Elle fut autorisée (16 juin 1358) à faire une *image* du poids de dix marcs et à consacrer la valeur du surplus en fondations de chapelles ou en acquisition d'héritages pour les églises et leurs ornements [1]. La petite statue de sainte Anne fut remise, de la part d'Iolande, par Jean de Fains, son chapelain, au chapitre de Saint-Maxe, le 29 mars 1362.

1359-1360. — Lorsque Iolande se vit frappée des foudres de l'Eglise, accumulées sur sa tête pour incendie, meurtre et fabrication de fausse monnaie, elle revint au sentiment de la justice. Pour racheter ses fautes par des actes de bienfaisance et de piété, elle érigea des chapelles, fit des donations aux églises de Bar et y fonda des messes annuelles à perpétuité. Elle

---

[1] Du Fourny, « Inventaire de Lorraine », t. III, fol. 87.

fit un don au chapitre de la collégiale de Saint-Maxe et en reçut l'engagement de célébrer, après sa mort, deux anniversaires le jour de son inhumation [1].

La mort de Mahaut de Flandre, femme de Mathieu de Lorraine, souleva en ce moment des contestations, au sujet de sa dot et de sa succession, entre sa nièce Iolande et Robert de Namur, en faveur de qui la défunte avait testé. (B. 865.)

1360. — L'excommunication pesait encore sur Iolande, qu'elle éprouva en voyage un désagrément sensible pour une femme. Elle se rendait dans son douaire de Clermont en Argonne, lorsqu'en traversant le bailliage de Vermandois, entre Espe et Vaux-sous-Laon, elle fut attaquée et dévalisée par Pierre dit Clignet de Brabant, écuyer, et ses affidés [2].

Les effets enlevés par le ravisseur furent déposés entre les mains de Raoul de Coucy, et un état en fut dressé en mars 1362 (B. 874 et 880), de sorte qu'ils purent être rendus intacts à Iolande [3], lorsque Clignet

---

[1] M. Servais, t. I, p. 88.

[2] NOTA. — Pour ne pas interrompre l'ordre chronologique, nous croyons pouvoir citer ici quelques actes émanés du comte Louis de Mâle, et datés de la ville de Cassel où il séjourna, à différentes reprises, en 1359 et 1360.

1359, septembre. Le comte fait don au seigneur Riffiard, le bâtard, son frère, de tous les biens appartenant à Jean Lombard, banni de Flandre pour assassinat. — Inventaire VIII des archives de Lille.

1360, août. Collation d'une prélude de l'église de Tenremonde, en faveur de Pelloot, chapelain du comte. Reg. IX, p. 41, N° 4801.

1360, 8 septembre. Deux commissions sont données à Cassel, par le même comte Louis, aux bailli et receveur du Rethelois. Reg. IX, p. 43, N° 4812.

1360, 8 septembre. Une autre commission est nommée pour enquêtes sur les troubles de Cassel, Bailleul et Watenes. Id., p. 44.

Sans date. Mention en flamand de lettres de non préjudice accordées aux villes et châtellenies de Cassel, Bailleul et Watenes. Id., p. 80, N° 4932.

[3] Déclaration de Dronars de Hainaut, garde du scel du bailliage de Vermandois, établi à Laon, concernant Clignet de Brabant qui reçut de Raoul de Coucy, les objets enlevés à la comtesse. B. 884

le Brabant se fut réconcilié avec elle, après avoir obtenu du roi Jean des lettres de grâce [1] qui furent entérinées (août-septembre 1362) par sentence du bailli de Vermandois (B. 877). Ces effets furent restitués en février 1363 (B. 884), comme le constate une déclaration de Drouars de Hainaut, garde du scel du bailliage de Vermandois établi à Laon.

1363. — En même temps que s'opérait la réconciliation de la comtesse avec son voisin, elle eut le bonheur de voir lever l'excommunication dont elle était frappée depuis trois ans. Le 23 mars 1363, sous le pontificat d'Innocent VI, le cardinal-diacre Guillaume donna pouvoir, à l'évêque de Térouanne, d'absoudre Iolande, comtesse de Bar et dame de Cassel, à cause d'une sentence d'excommunication par elle encourue pour avoir fait forger, dans ses domaines, de la fausse monnaie de France. Le 25 du même mois, il adressa un semblable pouvoir à l'évêque de Tulles ou Toul pour absoudre Iolande et les personnes de sa maison de l'excommunication lancée pour crimes contre des clercs, églises et autres. (B. 879.)

1363. — En cette même année, il arriva au duc Robert une aventure de voyage analogue à celle de sa mère. Il avait eu un démêlé avec le sénéchal de Hainaut. Plein de ressentiment, ce dernier dressa une embuscade au duc et l'arrêta, avec sa suite, sur les frontières de Flandre, dans les environs de Laon. Mais la justice devait bientôt intervenir. Le comte de Flandre

---

[1] Cependant, en 1364, juillet-septembre, Charles V, régent de France, commet le bailli de Vermandois pour informer de ces voies de fait commises à Espe et à Vaux-sous-Laon, par Jean Clignet, contre la dame de Cassel et ses gens. (B. 887.)

Louis de Mâle, ayant pris la cause en main, y vit une injure faite à la mère autant qu'au fils, et fit rédiger une sentence arbitrale qui fut prononcée solennellement le 11 mars 1364 (le lundy unsième jour de marchs), à Tenremonde, en présence de la comtesse de Bar Iolande, du duc de Luxembourg, du connétable de France et d'un concours de *princes, chevaliers, escuiers et autres bonnes gens.*

Ce traité d'accommodement, revêtu du scel de Louis de Mâle [1], porte entre autres clauses, que le sénéchal irait avec les cavaliers qui l'accompagnaient lorsqu'il arrêta le duc de Bar, tenir prison à Stenay, dans les prisons du duc Robert, et que tout ce qui avait été enlevé lui serait exactement rendu [2].

Ceci se passa peu de mois avant le mariage du duc de Bar Robert avec Marie, fille du roi Jean.

Il est à propos d'ajouter ici, pour mémoire, que Iolande, qui était dame de Gravelines en même temps que de Dunkerque, etc., avait eu, selon Guilbert [3], le projet de faire creuser à cette époque un canal de Gravelines à la mer, pour recevoir les eaux de l'Aa, avec

---

[1] Par le temoingnag de notre scel plakiet à cette cédule (termes de la sentence).

Voici le commencement de cette sentence, à cause de la prise et arrêt du duc de Bar et de sa suite :

« C'est lédit et ordonnance que nous Loys conte de Flandres, duc de
« Brabant, conte de Nevers, de Rhetel, et sire de Malines, avons dit et
« prononché, disons et prononchons sur tout le débat qui a été et peut
« estre, et le prise de notre très chier cousin le duc de Bar, d'une part ;
« et le senechal de Haynault et ses complices aidans, et ses gens, d'autre
« dont les d. parties sont demouré sur nous de tous.
« Premièrement disons et ordonnons, etc... »

[2] Du Fourny, t. II. Preuves, p. DCXLI.

[3] Guilbert, « Dictionnaire des villes de France ».

une écluse d'échappe et un bassin. Les travaux, suspendus à plusieurs reprises, ne furent terminés qu'au XVIIe siècle (vers 1638) par le roi d'Espagne, Philippe IV, qui possédait les Pays-Bas. Tous ces ouvrages furent détruits par les Français en 1644.

CHAPITRE VIII.

La comtesse douairière Iolande, à partir du mariage de son fils le duc de Bar.

1364. — La faveur dont la maison de Bar jouissait à la cour de France devait encore être confirmée par une éclatante distinction. Pendant son premier veuvage, Iolande avait assisté seule au sacre de Jean-le-Bon ; elle se rendit avec Robert à celui de Charles V (19 mai 1364). Le jeune duc y rencontra la filleule de son père, Marie de France, sœur cadette du nouveau roi, à peine arrivée à l'âge de vingt ans.

Robert venait d'entrer dans sa vingt-deuxième année ; une si belle alliance devait lui sourire autant qu'elle flattait l'ambition de sa mère. Iolande fit auprès du roi des ouvertures qui furent accueillies ; Charles V consentit à donner la princesse au jeune gentilhomme que son père avait fait duc, et le mariage, dont le contrat avait été signé le 4 juin 1364, fut célébré le 5 octobre suivant, avec dispense du pape Urbain IV.

Cette union combla de joie la comtesse douairière qui fit faire, pour le bonheur de ses enfants, les deux jeunes époux, des prières qui furent exaucées [1]. La

---

[1] 1367, mai-juin.— Bauduin de Hallines déclare que Jean Roillon, receveur, a payé des sommes à différentes personnes pour des prières faites à cause du mariage de Robert, duc de Bar, fils d'Iolande, avec Marie, fille du roi Jean.

bonne Marie de France eut une nombreuse et brillante postérité.

1365. — L'existence de cette excellente princesse ne devait cependant pas être exempte d'épreuves. Dans les premiers jours de mai 1365, sept mois après son mariage, le jeune duc tomba malade à Briey, et cela assez sérieusement pour qu'Iolande dût s'empresser de lui envoyer le médecin de la famille, Jean de Poligny. Ce physicien (ou *fusicien*, comme on appelait alors les hommes de l'art), chanoine de Verdun, se rendit en toute hâte auprès de Robert, avec Bauduin, chambellan, et Millet, bouteiller de la comtesse. — Ajoutons, par digression, à propos de ce fait, que M. V. Servais dit que ce physicien, Jean de Poligny, chanoine à Verdun, avait été attaché en 1346, en qualité de médecin, à la maison d'Iolande de Flandre, et qu'elle lui avait donné ce témoignage de confiance en considération des services qu'il lui avait rendus, ainsi qu'à ses enfants. Mais, selon nous, la chose ne s'est pas passée tout à fait ainsi. Il est prouvé que ce de Poligny était déjà médecin de Iolande de Flandre quelques années avant son mariage, en même temps qu'il était au service de sa mère Jeanne de Bretagne. Plusieurs documents prouvent que ce médecin-clerc succéda en 1335, en cette qualité, près de Jeanne de Bretagne, veuve de Robert de Cassel, à Richard de Vérone, Lombard. Des quittances signées de lui, à cette époque [1], pour sa pension annuelle montant à 100 livres tournois, se trouvent aux archives du Nord.

---

[1] Un autre Jean de Poligny, maître ès arts, également médecin des seigneurs et dames de Cassel, de la maison ducale de Bar, vivait encore en 1420, comme il sera démontré plus loin.

D'ailleurs, la dame douairière de Cassel, Jeanne, fit donation au même, le 13 mai 1338, d'une chapellenie dans le château de Nieppe, ainsi que cela est mentionné dans son cartulaire (B. 1573), aux archives départementales de Lille.

M. Servais ajoute (t. I, p. 165) que Jean de Poligny est qualifié de physicien du duc de Bar, dans les actes de 1399, 1403, 1405, et ailleurs : *maistre ès-arts et en médecine, fusecien des seigneurs et dames de Bar*, et enfin qu'il vivait encore au commencement de 1420 [1].

Il est impossible de croire, d'après ces dates, qu'il s'agisse ici d'un seul et même personnage. Celui qui fut médecin du duc de Bar, à la fin du XIVe siècle et au commencement du suivant, quoique portant aussi le nom de Jean de Poligny, ne peut être qu'un homonyme et, sans doute, parent du premier ; car, en supposant que celui-ci eût au moins 25 à 30 ans en 1335, lorsqu'il fut attaché, comme médecin, à la mère de la jeune Iolande de Flandre, il aurait eu, vers 1420 (époque où, selon le même auteur, il vivait encore à Bar-le-Duc) au moins 110 ans... [2]

En poursuivant notre narration, disons que, pendant que le duc revenait à la santé, sa mère continuait à résider au château du bois de Nieppe, où elle avait avec le clergé des difficultés sérieuses, au sujet de la juri-

---

[1] Voir à notre travail sur Jeanne de Bretagne, *article* EMPLOYÉS, pour les pièces justificatives qui concernent ce médecin.

[2] On voit le nom d'un maistre Jehan de Polligny, cirurgien et varlet de chambre, dans les comptes de Robert de Bailleux, receveur-général de 1411, pour 6 f. d'or. (Voir dans l'ouvrage sur les ducs de Bourgogne de M. le comte de Barante, t. I de la 2e partie, p. 27.) Ce médecin était-il passé alors au service des ducs, après la mort du duc de Bar, survenue cette année ?

diction ecclésiastique et des dîmes de plusieurs paroisses appartenant à l'évêque de Térouanne. Quoique ce dernier eût lancé un interdit sur l'abbaye de Bourbourg [1] dont la prieure (l'abbesse) avait pris le parti d'Iolande, et sur toutes les terres qui appartenaient à la comtesse de Bar (12 juin 1366), les gens du fisc, passant outre à la cessation des offices divins, avaient saisi, dans les villages payant la dîme au clergé, des blés, avoines, vesces, cervoises, bestiaux, herbes vertes et sèches. Un monitoire d'excommunication motivé fut publié (18 août 1366) dans les paroisses de Morbecque, d'Hazebrouck et de Wallon-Cappelle, situées dans la seigneurie de Cassel [2]. L'absoute de ces méfaits fut donnée en 1367. (B. 898, carton, et t. X de l'« Inventaire des archives du Nord ».)

1368. — C'est encore du château de Nieppe que Iolande fit délivrer, le 3 septembre 1368, à la requête du comte de Flandre, une commission [3] par laquelle elle délégua Jacques Houdain, son châtelain de la Motte-au-Bois, et Leurequin Lebeer, son huissier [4], pour recevoir de son fils, le duc Robert, un gentilhomme flamand, nommé Rifflard, bâtard de Mathieu de Hap-

---

[1] Voir au t. X de l'« Inventaire des archives du Nord » *l'interdit* mis sur les terres de Cassel et de Bourbourg appartenant, à Iolande. — 1365.

[2] D'autres actes constatent également la présence d'Iolande à la Motte-au-Bois : 1º une obligation qu'elle y souscrivit le 10 mars 1367, au profit de Thiébaut de Bourmont, son conseiller ; 2º une autorisation accordée à Iolande de punir les malfaiteurs, par droit de seigneurs pendant deux ans. (« Invent. du Nord », t. X.)

[3] Selon du Fourny, le sceau d'Iolande apposé à cette pièce était en cire vermeille, en losange, partie des armes de Navarre-Longueville et Flandre.

[4] L'année suivante, la mairie de Cassel lui fut donnée par Iolande pour en jouir à vie. (B. 923 et pièces justificatives nº 26.)

Eloi de Staple était en ce temps bailli de la dame de Cassel.

poulies, qui, échappé des prisons du comte de Flandre, s'était réfugié dans le Barrois [1].

La mort des trois chanoines précipités dans le puits de Clermont n'avait jamais été réparée par Iolande ; elle se fit autoriser par Jean de Bourbon, évêque de Verdun, à fonder trois chapelles en expiation de ce crime. L'une fut érigée dans la cathédrale de Verdun et les autres, au château de Clermont [2].

A l'époque de son mariage, Robert avait reçu des preuves du dévouement de son cousin Henri de Bar. Il s'était alors rapproché de sa famille, malgré l'animosité conservée contre elle par la comtesse sa mère. Henri fut appelé à partager, dans le conseil ducal, les soins et les travaux de l'administration. Mais en ce même temps, un autre cousin du jeune duc, Pierre de Bar, était en hostilité avec la ville de Metz, et Robert étant allé avec l'élite de sa noblesse dans les environs de Ligny, y tomba dans une embuscade dressée par Robert d'Hervilley (avril 1368), qui l'emmena à Metz avec sa suite et demanda 140,000 florins pour la rançon de ses prisonniers.

La captivité du duc se prolongeant, il fallut se résigner à fournir la somme exigée. Iolande souscrivit pour sa part une obligation de 11,000 florins [3], qui fut garantie par Thierry d'Hazebrouck, Jean de Winnezeele, Pierre de Nieppe, Eloi de Wallon-Cappelle et les bourgmaîtres et communautés de Dunkerque et de Gravelines (20 avril 1370). (B. 927.)

1 B. 911 et pièce justificative n° 25.
2 « Hist. de Verdun », nouv. édit., t. I, p. 388.
3 Cette obligation est de 6,000 florins d'or au coin du roi de Hongrie et de 5,000 florins de France.

La femme du duc Robert, Marie de France, s'obligea aussi pour une part de cette grosse rançon.

Les 11,000 florins furent empruntés à des Lombards de Bruges, et Iolande leur donna en gage, en avril même année, ses plus riches joyaux : il y avait alors grande crise financière dans le Barrois.

Voici la liste des nombreux joyaux engagés par Iolande : [1]

Premiers. *Sa bonne couronne* sans ce qu'il y faille aucune choise, en laquelle à vi grans flourons et six petits et avoit une carnière roumpue tant seulement, et aulcun autre deffaut n'y avoit.

Item. *Un bon chapel d'or* (chapeau, coiffure) à demi losenghé auquel a six euvres de perles, six euvres de baillais et six euvres de saphirs, auquel il fallait ii grandes esmeraudes et une petite, et aulcun autre deffaut n'y avoit.

Item. *Ung autre chappel,* qu'on dit le chappel de losenghes, ouquel a dix treches (tissus plats, entrelacement de cheveux, soie, etc.) et y faut ii balais, ii esmeraudes, et une trece de trois perles.

Item. *Un treschon d'or* [2] esmaillet d'Ynde ouquel a entre deux ballais une perle et y a surtout iii^{xx} et vi balais et y faut deux ballais et un anelet à l'un des beiots et y a iiii^{xx}vi perles.

---

[1] L'état des joyaux mis en gage par Iolande se trouve, en copie du du temps, à la Chambre des Comptes de Lille.

M. le D^r Le Glay, dans ses « Analectes historiques », de 1838, p. 151 et 152, en donne un extrait curieux. Dans le même ouvrage, ce savant et très-regretté ami, conservateur des archives départementales du Nord, a reproduit aussi, concernant Iolande de Flandre, dame de Cassel, diverses lettres et notes qui méritent d'être consultées.

[2] *Treschon*, ornement de tête pour femmes ; de tresche (tresse), ruban garni d'or et de perles.

Item. Un aultre *tresson d'or* auquel a vi^{xx}xiiii que esmeraudes que rubis d'Alexandre et xi^{xx}xiiii perles.

Item. Le piet d'un hanap (ou hennap, vase à boire, coupe, ciboire) *couvert*, à perles et à perrière, qui est de cristal, et un bon homme aveucque le dict piet.

Les dits joyauls furent delivré à Willaume Ramponde, ce vendredi xxvie jour d'avril l'an LXX qui les rechuit au nom des Lombards Couersins de Bruges, qui furent garants de cette obligation de 11,000 florins d'or, souscrite par la comtesse douairière Iolande.

On trouve, aux archives de la Chambre des Comptes de Lille, une pièce datée de 1370, 20 avril, concernant l'obligation souscrite par Iolande au château de Nieppe. (« Inventaire », t. X.)

Elle fut souscrite de concert avec des seigneurs flamands, comme il a été dit plus haut, et les bourgmaitres et communautés de Dunkerque et Gravelines, tous garants. Iolande promet d'indemniser les susdits de toutes pertes et dommages qu'ils pourraient souffrir, pour s'être obligés avec elle [1].

Cette *finanche* fut empruntée à Bruges, et les *joyaulx* y furent envoyés ès-mains des Lombards [2], prêteurs de cette somme, énorme pour l'époque.

---

[1] 1370, avril-juin. — La dame de Cassel promet d'indemniser les chevaliers, écuyers et villes ci-dessus de leur obligation envers lesdits Lombards pour la somme empruntée par elle pour la rançon de Robert, duc de Bar, son fils, prisonnier à Metz. (B. 927, carton.)

[2] *Lombards*, négociants étrangers qui tenaient des maisons de commerce et de banque. Ils étaient ainsi nommés, parce qu'ils étaient pour la plupart originaires de la Lombardie. Ils jouissaient d'exemption de batailles et de services; mais ils payaient annuellement au seigneur du lieu de leur résidence une licence désignée sous le nom de *censive*. (Servais, p. 10.)

CHAPITRE IX.

**Arrestation du duc Robert et de son conseiller,
Henri de Bar, par Iolande.**

1371. — Iolande, après avoir largement contribué à la délivrance de son fils, ne put lui pardonner de rester allié avec des cousins qui paralysaient son influence et contre qui elle nourrissait une haine invétérée. Incapable de maîtriser son ressentiment, elle fit d'abord arrêter Robert, vers le milieu de janvier 1371, *sans aucune cause raisonnable,* ainsi qu'il le dit lui-même dans sa plainte au roi son beau-frère. Charles V fit intimer à la comtesse l'ordre d'élargir le duc. Il fut en effet rendu libre peu de semaines après son emprisonnement.

L'animadversion d'Iolande pour Henri de Bar, sire de Pierrefort, datait de loin. Depuis vingt-cinq ans, la comtesse enveloppait dans la même haine la mémoire du père et la personne du fils qui avaient entravé sa tutelle et fait incarcérer son 2me mari. Elle se souvenait encore du château de Bourmont où, assiégée par Henri, elle avait failli tomber entre ses mains. De son côté, celui-ci ne lui avait en aucun temps ménagé les vexations. Iolande, exaspérée de nouvelles tracasseries et de récentes attaques, le fit arrêter près de Vincennes, sans y avoir été autorisée par le roi Charles, qui habitait alors ce château (8 mars 1371, n. s.)

De Vincennes, dit Dom Calmet, la comtesse fit conduire Henri, son cousin, en diverses prisons où elle le retint assez longtemps, sans se mettre en peine des ordres du roi de France qui lui commanda, à plusieurs reprises, de mettre le captif en liberté ou de le confier à sa garde.

Mais Iolande s'enhardissait dans le crime et la violence : elle osa même, dans les Etats du roi, faire périr avec son valet un sergent ou huissier, Colars de Marisy. Enfin, Louis de Berzus, chevalier, également arrêté en France, et un clerc marié, nommé Varnesson, reçurent la mort au château de Clermont-en-Argonne. (V. Servais, Annales du Barrois.)

CHAPITRE X.

Incarcération d'Iolande, sa fuite et sa reprise.

1371. — Cependant, pour punir la témérité de la comtesse de Bar qui, sans égard pour le souverain, avait commis cet attentat presque sous ses yeux, le roi chargea le seigneur de Loup-voix (Louvois), assisté de Jean d'Arrentières et quelques autres chevaliers, de s'emparer de la personne d'Iolande. La comtesse fut arrêtée avec sa suite [1] à Bar, au château du duc son fils (26 avril 1371, n. s.)

Le roi la fit enfermer dans la forteresse d'Arrentières d'où, séparée des siens [2], elle fut transférée seule

---

[1] Outre le clerc et conseiller de la comtesse, Thiébaut de Bourmont, on cite les personnes suivantes originaires de la Flandre occidentale : Jean de Winnezeele, chevalier ; Marie, sa femme ; Wauthier de Bousies, chevalier ; Wauthier de Hondescote, écuyer ; Leurequin Leber, huissier ; Béatrix de Hane, demoiselle d'honneur ; Amélie ou Emelinette, femme de chambre.
On lit dans le registre X de l'inventaire des archives du Nord que, à la prière de la comtesse, Thiébaut de Bourmont, son cosequestré, obtint du roi Charles V, le 16 juillet 1372, un sauf-conduit pour la durée d'un mois. D'après ces lettres, datées du bois de Vincennes, il put emmener avec lui jusqu'à vingt personnes, pour aller pendant ce temps sous la sauvegarde d'un sergent d'armes. (B. 937.) Thiébaut était l'intime de la comtesse ; en mars 1362, elle s'était constituée caution pour lui envers son fils Robert, qui l'avait élargi de prison sur sa demande. (B. 874.)

[2] Les personnes de sa suite furent enfermées à Maignéville, puis à Bar-le-Duc d'où elles s'échappèrent.

au château de Bar-sur-Aube, puis à Sens où elle demeura quinze mois prisonnière dans la tour (Dom Calmet), et à Paris dans une tour du Temple dont elle occupa les deux premiers étages. On fit des prières pour sa délivrance [1]; d'abord elle trouva moyen de s'échapper au bout de quelques mois (septembre 1372) et se dirigea en toute hâte vers son domaine du bois de Nieppe.

Le secret dont il fallait entourer la fuite d'Iolande retarda probablement sa marche. Un chambellan du roi, le sire de Longueval, avait, sur les frontières de l'Artois, une terre seigneuriale traversée par la Lys et la Nieppe, et où se trouvait un passage menant au bois de Nieppe, par un pont dit alors Haeseken-Brugghe. Ce chemin permettait à Iolande d'arriver à son manoir féodal, en évitant les grandes villes où elle aurait pu être inquiétée par les gens de Madame d'Artois. Soit cupidité, soit ambition ou obéissance, le sire de Longueval [2] se rendit vers ce point, guettant le passage présumable de la comtesse de Bar dont il se saisit près des Fossés-Neufs et de Haveskerque, sur des terres de ce seigneur [3]. De là, il la ramena à Paris, où elle resta au Temple jusque vers le mois de novembre 1373. Sur ces entrefaites, le roi avait confisqué, comme lui appartenant par suite de forfaiture, les meubles et autres objets qu'elle avait abandonnés au Temple lors de sa fuite.

---

[1] Une pièce, émanée du procureur général des Frères ermites de l'ordre de Saint-Augustin, prouve qu'Iolande fut associée, pendant sa captivité, aux prières des religieux de cet ordre. (B. 922.) Il en était de même au chapitre de Saint-Pierre à Cassel qui, en 1373, donna quittance d'un à-compte de la rente due par la dame de Cassel, pour la fondation d'une messe solennelle par semaine. (B. 940.)

[2] Voir à la fin des pièces justificatives ce qui concerne ce de Longueval.

[3] Pièce justificative n° 74 et suivante à consulter pour d'autres détails

Le garde de la prévôté de Paris, Hugues Aubriot, en fit dresser un inventaire dont l'original est conservé aux archives de la Meurthe [1].

L'arrestation d'Iolande avait inspiré de l'inquiétude au comte de Flandre. Lorsqu'il sut que le roi avait fait opérer la saisie des terres du pays chartrain, de Puisaye et du Perche dont Iolande avait le douaire, il mit le sequestre sur ses domaines de Flandre. Pour les soustraire aux éventualités d'un coup de main, lors de la seconde captivité de la comtesse, il ordonna, par lettres datées de Gand (10 novembre 1372), de reconstruire solidement le fort de Cassel (son château) et les remparts de cette ville qui avaient beaucoup souffert de 1340 à 1350 [2]. Enfin, pour ôter au roi tout sujet ou prétexte de mécontentement, il se défendit d'avoir participé à l'arrestation de la comtesse, faite au mépris de Madame d'Artois, dans les terres de son comté. Louis de Mâle accusait même Longueval d'avoir offert à Iolande des facilités d'évasion moyennant 400 francs d'or à son profit, et sollicitait l'indulgence du roi en faveur de son fils naturel, Louis de Haze, et de plusieurs gens de l'hôtel de Flandre qui, pour punir Longueval comme félon, avaient cru pouvoir, de leur propre mouvement, mettre le feu à quelques-uns de ses biens.

Dans la châtellenie de Cassel, on se cotisa pour obtenir la délivrance de la comtesse. Il lui fut accordé par *les gens de son domaine de Flandre* une assiette

---

[1] A. Digot et V. Servais.

[2] Lettres en flamand sur parchemin. (B. 944.) — Pièces justificatives, n° 31 *bis*, dont l'original est en notre possession. Il y est dit : « De poort van Cassel bedelven, bevesten, begraesen ende fortifieren. »

(impôt) d'une taille de 18,000 livres parisis [1] dont le compte-rendu fut fait par Ghilbert de Winnezeele, le 30 novembre 1373. (B. 946.) Par réciprocité, Iolande accorda un octroi pour l'aide que Nieppe lui avait donnée en vue de sa délivrance de prison. (Inventaire des archives, t. XI.)

[1] On a dit par erreur qu'Iolande avait accordé une taille à la châtellenie de Cassel, pour l'avoir aidée à payer sa délivrance : Michel Anselin dut la prier de faire contraindre au paiement du premier terme de la subvention qui lui a été accordée, pour sa liberté, par la châtellenie de Cassel. (B. 946.)

CHAPITRE XI.

Mise en liberté d'Iolande.

1373. — Iolande ne se résignait pas à la captivité ; mais le roi, justement irrité contre une cousine qui, sans hésitation et sans mesure, jetait le trouble et le désordre jusqu'aux approches de sa résidence et dans le Barrois, ne se pressait pas de la relâcher. On pouvait tout craindre de cette femme audacieuse et vindicative, et la conduite qu'elle avait tenue récemment envers son fils et ses adhérents, n'était pas de nature à rassurer Charles V sur le sort d'une famille qui lui était unie par les liens du sang [1].

Il imposa à sa prisonnière toutes les conditions capables d'arrêter l'essor de son ressentiment. Tout d'abord elle dut accorder aux sires de Louvois et de Longueval, ainsi qu'aux autres personnes qui avaient participé à son arrestation à Bar, en 1371 et l'année suivante, lors de sa fuite du Temple, des lettres portant décharge de toutes poursuites et recherches à cette occasion. Elle promit, sous peine d'excommunication, de ne chercher aucun prétexte, ni de solliciter aucune aide de la part

---

[1] Ce n'est donc pas tout à fait à tort que des historiens ont représenté Iolande comme femme impérieuse, ambitieuse et parfois méchante. (« Essai chronologique sur 'histoire du Barrois », de Maillet.)

de pape, empereur ou roi, pour se délier de l'engagement qu'elle prenait sous les verroux et devait faire ratifier par le comte de Flandre (28 août 1373). Louis de Mâle y adhéra aussitôt par lettres du 10 septembre.

Pour la délivrance de la comtesse, on rédigea, *selon l'ordonnance et plaisir du roi,* un mémoire minutieusement élaboré. La première condition fut l'élargissement préalable d'Henri de Bar [1] et l'entrée en prison de sept ou huit des plus notables qui l'avaient arrêté et retenu par l'ordre d'Iolande. La deuxième fut la remise au roi de la châtellenie et de la forteresse de Clermont, du fief de Cumières et de Vienne-le-Château, qui devaient rester entre ses mains aussi longtemps qu'il le jugerait convenable [2].

La comtesse dut s'obliger, par lettre et par serment, à ne point disposer de ses terres de Flandre, au préjudice des droits du duc de Bar et de ses héritiers, et à laisser sa succession sans partage à ce prince ou à son fils aîné, à la réserve de 3,000 livrées de terre dont on lui laissa la faculté de disposer à sa volonté, *à mort et à vie*. Elle promit de ne vendre, changer, aliéner ni engager aucune portion de ses biens et de ne faire aucun acte qui pût en diminuer l'étendue ou la valeur. Le roi exigea de plus que cette promesse fût ratifiée par le comte de Flandre qui devait s'engager, sous peine de

---

[1] Thiébaut de Bourmont, clerc et conseiller d'Iolande, se rendit à Gand en vertu d'une procuration passée le 4 octobre devant quatre notaires du roi, au Châtelet de Paris (*a*), et reçut des mains du comte de Flandre le chevalier Henri de Bar, retenu prisonnier à la prière de la comtesse. (B. 939, 3 pièces.)

a) Original en parchemin, scellé du sceau de la prévôté de Paris.

[2] Raoul de Louppy en fut le gouverneur au nom du roi.

200,000 francs d'or, au profit de Robert, à ne point souffrir qu'elle y contrevînt.

Il voulut en outre que la comtesse de Bar assurât immédiatement à son fils la propriété des terres qu'elle possédait en France, tout en laissant à la mère le soin de le faire recevoir en foi et hommage des seigneurs dont les biens relevaient, d'en faire confirmer la cession par ceux-ci et de prendre les mesures nécessaires pour que les détenteurs de fiefs fussent admis à entrer en l'hommage du duc de Bar. Une réserve introduite dans le programme assurait cependant à Iolande la jouissance viagère de ses terres de Flandre et de France, ainsi que de leurs revenus, à charge toutefois de ne rien faire de contraire aux droits successifs de son fils.

Toutes ces conditions ont été recueillies, ainsi que d'autres documents, aux archives de l'Etat [1], avec une liste de treize personnages désignés comme garants (pleiges) d'Iolande, et la nomenclature des *bonnes villes du comté de Flandre qui ont fait requête pour la délivrance de ladite comtesse et aussi des bonnes villes et châtellenies des plus notables de la terre de la comtesse, étant en Flandre.* Louis de Mâle figure en tête des pleiges ou cautions de la comtesse. Les autres semblent également appartenir à la Flandre. (V. Servais, t. I, p. 277.)

Malgré le mécontentement que Robert devait éprouver de son arrestation en 1371, il avait travaillé avec ardeur, ainsi que la duchesse sa femme, à la délivrance

---

[1] Provenant d'un mémoire contemporain tiré de l'ancien trésor des chartes du roi, dont voici le titre : *C'est li mémoire de la délivrance de comtesse de Bar selon l'ordonnance et le plaisir du roy.*

d'Iolande ¹. Les peines qu'ils se donnèrent pour obtenir qu'elle sortît honorablement de sa fâcheuse position, furent, suivant ses lettres, une des considérations qui la déterminèrent à leur assurer la jouissance des biens qu'elle possédait en Flandre et dans le royaume. La comtesse donna à ses promesses un caractère solennel et religieux, en les faisant sur serment, la main sur les saints évangiles, en présence du corps de Jésus-Christ, après une messe célébrée exprès dans l'église du Temple, et sous l'obligation du paiement de 300,000 francs d'or, au profit du duc de Bar et de ses enfants, si elle venait à y manquer.

M. V. Servais dit que, afin de procurer au duc de Bar de nouvelles garanties de l'exécution de ses promesses du 28 août, relatives à sa succession, Iolande prit, le 26 octobre, jour de sa libération, l'engagement de faire dans l'année les démarches et les actes nécessaires à leur entier accomplissement. On lui fit jurer de retourner dans la tour du Temple ou dans toute autre prison, à la disposition du monarque, dans le mois après l'expiration de l'année, si elle n'avait pas rempli ses engagements dans le délai convenu.

Ce fut le 24 octobre que le roi, en résidence au château de Vincennes, octroya rémission à Iolande de Flandre, et deux jours après, la comtesse sortit de prison munie de lettres royales de pardon ².

---

1 « Es quelles prisons du roy, Iolande avoit été détenue moult longue-
« ment et desquelles aujourd'hui le roy la délivre à la supplication de son
« fils. » — Lettres datées du château de Vincennes, le xxive de novembre.
(*Extrait des registres de la chancellerie de France.*)

2 Registres de la chancellerie de France et Inventaire des chartes du trésor du roi, p. 49.

Mais le sequestre mis sur ses biens lui suscitait des embarras. Les intrigues qu'elle avait nouées pour consommer sa fuite, et diverses obligations qu'elle avait contractées, la contraignirent tout d'abord à contrevenir à ses engagements envers son fils. Le premier usage qu'elle fit de sa liberté fut d'aliéner un héritage patrimonial, son hôtel de Cassel à Paris, dans le faubourg Saint-Germain, et la maison du Pont, qu'elle avait donnée en 1340 à sa défunte mère. Par égard pour la gêne où se trouvait Iolande, le duc Robert consentit à cette vente, en accordant que le produit n'en serait pas imputé sur les 3,000 livrées de terre que sa mère s'était réservé d'employer à sa volonté.

Au moment de se mettre en route pour le Barrois, elle engagea quelques bijoux pour réaliser un emprunt de 900 francs dont 500 lui en coûtaient 30 par mois. Elle en signa la reconnaissance à Revigny, près de Bar-le-Duc [1], et résida quelque temps dans la famille de son fils. Le 14 novembre 1373, le comte de Flandre donna main-levée de la saisie faite sur les terres, biens et seigneuries de la dame de Cassel (B. 944), et la comtesse rentra en possession de ses revenus.

[1] Original en parchemin, signé et scellé. Archives du Nord. Dans cette curieuse pièce à consulter, il est particulièrement question de Cassel, etc.

CHAPITRE XII.

Conduite et actes d'Iolande après sa sortie de prison.

1374. — Ce fut alors que la comtesse Iolande retourna en Flandre, où elle habita son château de la Motte-au-Bois. Elle y exerça les fonctions seigneuriales, ainsi que le constate une commission de bailli de Dunkerque, donnée le 11 mai 1374 à François le Cupre [1]. En mars, pour nantissement d'un emprunt de 1,050 francs d'or au coin du roi, qu'elle devait rembourser dans l'année, elle avait donné des bijoux et joyaux à Bernard Gared, marchand à Lille [2].

C'est encore à Nieppe qu'elle rentra en possession du signe ou cachet d'or orné d'une pierre gravée représentant une tête, dont on l'avait dépouillée au moment de son arrestation, et que son fils s'était chargé de tenir en dépôt (24 août). Elle était alors sur le point de faire un voyage auprès du roi, sans doute à cause des difficultés qu'elle éprouvait, à faire accepter en Flandre les dispositions relatives à la transmission de la propriété de ses terres au duc Robert. La loi et la coutume de Flandre s'opposaient à ce que le duc de Bar en fût investi personnellement.

[1] Deuxième cartulaire de la dame de Cassel.
[2] B. 945 et pièce justificative n° 40.

Iolande venait de faire lever chez son receveur, par son clerc d'hôtel Leurequin Lefebvre, une somme qui devait être employée à ce voyage[1], quand le roi lui envoya le 29 juillet un sauf-conduit de deux mois.

Aux prises avec tant de difficultés, astreinte à de telles précautions, Iolande avait le cœur froissé et ulcéré. Injustement soupçonneuse, elle accusa Robert d'avoir participé à son arrestation faite au château de Bar ou d'en avoir été cause ; elle se plaignit du peu de diligence qu'il avait dû mettre à obtenir son élargissement, tandis que le duc n'avait ménagé ni les frais ni les démarches pour obtenir la libération de sa mère, et que Marie de France, s'associant aux intentions de son mari, avait, de son côté, fait tous ses efforts auprès de son frère, afin d'assurer le succès des négociations.

Robert se montrait cependant animé des dispositions les plus bienveillantes ; au lieu de se prévaloir des engagements pris par sa mère l'année précédente, il consentit, le 4 novembre, par lettre donnée à Bar, à ce qu'elle assurât la propriété de ses domaines à Henri de Bar, son fils aîné, et à ses héritiers directs ou à celui de ses autres enfants qui serait l'aîné au moment où la cession s'accomplirait, ou encore à l'aînée de ses filles alors vivantes, à la condition toutefois que si celui ou celle qui en serait investi venait à mourir sans héritiers directs, les biens retourneraient au plus âgé de ses fils, et que toutes les conventions portées au traité du 26 octobre 1373 recevraient d'ailleurs leur exécution. Le nouveau traité portait encore qu'aussitôt après qu'Henri

[1] B. 948.

de Bar serait en l'hommage, alors *en souffrance,* du comté de Flandre, Iolande se trouverait affranchie des engagements qu'elle avait pris à cet égard, tant envers le roi qu'envers le duc de Bar et tous autres ; que celles de ses lettres qui se trouvaient entre les mains du monarque et du comte de Flandre seraient annulées, à l'exception de celles concernant les terres de Clermont, Vienne-le-Château et Cumières, et sans préjudice à la retenue des 3,000 livrées dont elle s'était réservé la faculté de disposer *à la mort et à la vie* [1].

Le roi intervint de nouveau pour rétablir la bonne harmonie dans la famille ; il rappela (24 novembre) que c'était sur sa volonté expresse et sur son commandement que la comtesse avait été prise en un des châteaux de son beau-frère le duc de Bar et retenue longtemps en prison ; il affirma n'avoir délivré la comtesse que par égard pour sa supplication et celle de son fils, et il obtint d'Iolande, pour le duc de Bar, un pardon déclaré volontaire et solennel [2].

Ainsi le voyage de la comtesse avait eu pour résultat sa réconciliation avec son fils et la dispense de retourner au Temple. Elle se prévalait de l'opposition du comte de Flandre à l'investiture de Robert, et Charles V trouva juste de suspendre l'exécution d'une clause trop rigoureuse.

1375. — De retour au bois de Nieppe [3], elle s'occupa de ses domaines de West-Flandre, portant son attention

---

[1] Du Fourny, « Inventaire de Lorraine », t. VI, p. 487.

[2] 33ᵉ recueil de Colbert, p. 267, et pièce justificative nᵒ 39.

[3] Wautier de Halewin était alors châtelain et garde de ce château. Le chevalier Thierry d'Hazebrouck, sire de Holland, en fut aussi alors quelque temps le gouverneur.

même aux choses secondaires, aux détails domestiques [1] et à toutes sortes d'affaires d'intérêt. Ainsi, en 1375, Jean de Créqui fut nommé bailli de Cassel; il existe encore de lui une promesse à la dame Iolande de bien servir ce bailliage. (B. 952.) Elle rendit, la même année, entre les habitants du Vieux-Berquin et ceux de la tenance du *Bois-Sec* [2], de la paroisse dudit Berquin, une sentence portant que ces derniers paieront leur part de toutes les tailles qui seront imposées en la châtellenie de Cassel. (B. 952.) Elle fit aussi dresser un état de ce qui lui était dû par les fermiers du tonlieu de Gravelines depuis 1369. (B. 953.)

1376. — Dans le courant de l'année suivante, elle fait un compromis avec le chapitre de Saint-Pierre de Cassel; donne une commission de bailli de Cassel à Wyt-le-Ram (2e cartulaire, p. 36); adresse des commissions aux receveurs des épiers de Saint-Omer, Cassel, Hazebrouck, etc., pour tenir les Renenghes (2e cartulaire, p. 44), et, par commission du 16 juillet, nomme Jacques Houdain châtelain de Nieppe [3].

1 Elle s'occupa même des *provisions* pour le château de Nieppe, etc., ainsi que l'attestent un grand nombre de quittances. (B. 952. [a]) Le registre X de l'inventaire de Lille signale pour le dimanche 2 juillet 1374, un mandement d'Iolande de délivrer au valet Colinet des objets pour des chevaux. En même temps, elle mande à Jean le Smet, clerc, receveur de Warnêton, de délivrer au varlet du syn (saindoux) pour graisser les ambes d'un roussin ou rocin (cheval épais) malade; une pinte de vin blanc par jour pour laver la jambe d'un cheval qui boite, et d'y mettre, en le chauffant, un peu de graisse, afin que le varlet ne le boive, mais de ne dire mot de cela, parce que les chevaux en souffriraient. (B. 948.)

[a] Il y a aux archives du Nord un petit cahier oblong, en papier, de dix feuillets, relatif à Iolande; c'est un mémoire des dépenses de cuisine de la comtesse, depuis le lundi après la Saint-Laurent jusqu'à la veille de la Nativité Notre-Dame en septembre.

2 En flamand *Drooghenhout*. Hameau distinct de celui du *Vert-Bois*, rapproché de Merville.

3 Toutes les permissions de la dame de Cassel de porter des couteaux dans diverses localités de West-Flandre, émanent de cette époque, ainsi

Certaines réclamations avaient dû parvenir à Iolande de la part des habitants de l'Argonne [1], au sujet des **vexations** que leur faisaient subir les capitaines des châteaux, forteresses et terres de Clermont [2], Vienne et Cumières. Le roi Charles V défendit (mars 1376) à ces capitaines de vexer les habitants des châteaux situés dans le duché de Bar, *dont la comtesse a droit*, écrivait-il, *de jouir pour son douaire et qu'elle a a remis entre nos mains*. (B. 953.)

1377. — Iolande, continuant d'administrer ses domaines, donna, en août 1377, à la ville de Dunkerque le pouvoir de lever certains droits d'accises sur les boissons et les harengs. (B. 960.)

Cependant l'affaire de l'hommage au comte de Flandre restait toujours en suspens. Iolande se rendit avec son fils, et quelques conseillers du roi, au château de Vincennes, où elle justifia, en présence du monarque, qu'elle n'avait rien épargné pour remplir ses engagements. Le roi, ne pouvant forcer légalement Louis de Mâle à consentir aux conditions du traité passé, avec son assentiment, entre Iolande et le duc de Bar, dut se résoudre à obtempérer aux sollicitations légitimes de de Robert. Par lettres datées de Melun, 25 septembre

---

que le droit accordé à Hennequin-le-Grave (1375) de porter un gantelet de fer pour remplacer la main gauche qu'il avait perdue. (Deuxième cartulaire, p. 110.)

1 *Argonne*, pays très boisé s'étendant partie dans la Champagne et partie dans le Barrois, entre la Meuse, la Marne et l'Aisne. — Sainte-Menehould en est le chef-lieu ; Clermont, Beaumont, Villefranche, Varennes, Grand-Pré et Montfaucon sont les autres villes de ce pays mixte enclavé, dont il est parfois parlé dans ce texte, à cause des domaines que la comtesse de Bar y possédait ainsi que ses descendants.

2 *Clermont-en-Argonne*, autre douaire qu'Iolande avait fait précédemment fortifier, ainsi que son château, en un temps antérieur.

1377, il affranchit officiellement la dame de Cassel de l'obligation de retourner en prison [1].

En échange de cette gracieuseté du souverain, Iolande dut consentir à la délivrance d'un prisonnier coupable de chevauchée et de dégâts dans la châtellenie de Vienne en Argonne. Le 28 septembre, Jean de Lor et Guyot de Vaux, son complice, sortirent de prison, après avoir promis, sous la foi du serment, d'apporter dans un mois, à la dame de Cassel, en son château de Nieppe, leurs lettres scellées contenant oubli et pardon de ce qu'eux-mêmes avaient souffert de sa part et de celle de ses gens [2].

Iolande réclamait maintenant la reddition de la forteresse de Clermont et des châteaux de l'Argonne que le roi avait retirés, le 14 octobre, à Raoul de Louppy, pour en donner le gouvernement à Eudes de Savoisy, bailly de Vitry. En rappelant toutes les conditions à remplir quand le comte de Flandre consentirait à l'adhéritance et l'investiture, le roi se déclara prêt à remettre la comtesse en possession de ses forteresses. Celle-ci dut faire, sur le livre des évangiles, le serment de veiller à y maintenir tous les droits de ses enfants, de vivre en bonne intelligence avec son fils et la famille de ce prince, de prévenir le retour de difficultés qui pourraient compromettre la paix et la tranquillité dans ses Etats ; enfin de soumettre à une commission spéciale *tous* les différends qui pourraient surgir pour violence ou fait de guerre (5 décembre 1377).

1378. — Dès ce moment, Iolande put se croire sortie

---

[1] Inventaire de Lorraine, t. VI, p. 488.
[2] Ibid., t. VI, p. 489.

d'embarras politiques. Les difficultés, sans être complètement aplanies, avaient perdu à son égard leur caractère restrictif et comminatoire. Elle passa une année de tranquillité dans son château de Nieppe-au-Bois, veillant à réparer l'état de ses finances et à ramener la prospérité dans son vaste domaine. La ville de Cassel, impuissante à se relever des maux de la guerre, s'était trouvée dans l'impossibilité de remplir ses devoirs envers la comtesse. Touchée des sollicitations de l'Échevinage, et prenant en considération la pauvreté des habitants, ainsi que le peu d'activité de l'industrie dans le chef-lieu de sa châtellenie, Iolande accorda à cette ville deux faveurs spéciales extraordinaires (6 août 1378). La première fut le privilége de *droit d'issue* [1] tel qu'il existait en plusieurs villes de Flandre; la seconde, l'autorisation d'établir une draperie, c'est-à-dire de se livrer à la fabrication des *sayettes* ou *saies* [2] dans ladite ville et le métier d'icelle (Cassel-Ambacht). [3]

Ces lettres-patentes d'Iolande sont datées de son castel de Nieppe, du 6 août 1378. Il y est dit entre autres considérants *que les bonnes gens de sa ville de Cassel ne pouvoient faire pardevers elle ce que sujets font et doivent faire à leurs seigneurs et dames*, etc.

En effet, c'était à peine si on avait pu y offrir à la dame de Cassel le vin d'honneur comme autrefois.

[1] Analogue au droit d'enregistrement des successions

[2] Ces lettres furent confirmées par Louis de Mâle le 28 août 1378, et par Charles-Quint en 1517. — Voir aux pièces justificatives.

[3] Le *Métier de Cassel* dit *des Onze-Paroisses*, ou *Cassel-Ambacht* était l'une des subdivisions de la châtellenie, il comprenait Oxelaëre, Terdeghem, Arnèke, Hardifort, Oudezèle, Zermezèle, Peene, Zuytpeene, Wemaers-Cappel, Quadestraete, Godevaert'sveldt et Eecke *(pars)*. *Sanderus*, t. III, p. 73, 1re colonne.

Nous avons reproduit ces chartes *in extenso* aux pièces justificatives (46 et 49), avec deux titres de l'Échevinage portant promesse d'exécuter et de faire observer le règlement reçu de la comtesse, surtout pour le métier dit les *Onze-Paroisses* (7 septembre), ainsi que pour le droit d'issue [1]. Ces deux titres originaux en parchemin sont revêtus du grand scel au château crénelé de la ville [2]. (B. 967.) On dressa alors un état des arrérages dus par Cassel à sa dame (septembre). (B. 967.)

En ce même temps, Iolande prit pour conseiller Chrétien Leca, écolâtre de Saint-Pierre d'Aire, qui promit de la bien et fidèlement conseiller, excepté contre certaines villes et églises. (B. 967.)

Mais Iolande ne devenait pas endurante : elle était déjà en contestation avec la comtesse d'Artois au sujet des terres du Neuf-Fossé qui lui appartenaient, et d'exploits de justice indûment faits par les officiers de l'Artois, sur ses terres, et particulièrement au Neuf-Fossé. (B. 963.) A la requête de la comtesse de Bar, le roi ordonna de faire ajourner la comtesse d'Artois (B.965), et au mois d'août, Iolande nomma des procureurs pour comparaître devant les commissaires du comte de Flandre, arbitre du différend soulevé entre les deux comtesses. (B. 966 et « Inventaire de la Chambre des Comptes de Lille », t. X.)

Cette affaire était à peine terminée que, par le fait d'Iolande, il en surgissait une autre dont les consé-

---

[1] Voir pièce justificative n° 52.
[2] Reproduit dans notre travail historique sur « *les armoiries, scels et bannières de Cassel et de sa Châtellenie* ».

quences pouvaient lui devenir plus préjudiciables. Deux jours après l'acte de restitution des forteresses (7 décembre 1377), le roi avait donné l'ordre de remettre entre les mains de la comtesse les châteaux séquestrés en 1370 [1]. Mais le capitaine Jean des Forges, chargé par le sire de Louppy de la garde du château de Cumières, refusait, depuis plus d'un an, de quitter le poste qui lui avait été confié. Iolande, irritée de son refus et fatiguée de sa persistance, le fit arrêter et conduire au château de Clermont [2]; mais elle le mit en liberté dès qu'elle fut rentrée en possession de Cumières. Comme l'arrestation avait eu lieu sur la frontière de France, la comtesse, pour éviter les conséquences fâcheuses d'une violation de territoire, réclama de suite avec instance une amnistie, qui lui fut accordée par le roi, le 6 avril 1379 (n. s.), en vertu de lettres adressées au bailli de Sens [3].

Cette condescendance de Charles V, pour la belle-

---

[1] « Pour certaines causes, ces forteresses avoient été saisies et mises en nostres mains. » (Lettres du roi. — V. Servais, t. I, p. 330.)

[2] Nous voyons, par un acte de septembre 1386, que ce Jean de Forges avait été chambellan de Henri de Bar, sire d'Oisy, l'aîné du duc Robert.

[3] « Annales historiques du Barrois », t. I, p. 33, et « Histoire de Lorraine », Preuves, IIe vol., p. DCLXIV. — Le roi Charles écrivant de Paris à sa *très chière et amée cousine Ioland*, dit : « *Notre dite cousine dolente* « *et courroucée de ce que Jean de Forges fut refusant et délayant depuis* « *notre commandement...* Par occasion duquel fait (la saisie de de Forges). « notre *dite cousine doute que de ce par nos gens et officiers ne soit faite* « *poursuite*, dont elle et ses serviteurs pourraient encourir un grand dom- « mage, si sur ce ne leur était par nous pourvu de notre grâce si comme « l'on dit, nous considérons les choses dessus dites : Avons pardonné, « quitté et remis... Si donnons en mandement par ces présentes au bailli « de Sens que notre dite cousine et les dessus nommés... usent paisible- « ment de notre présente grâce, etc.

« Donné à Paris, le sixième jour d'avril avant Pasques, l'an de grâce « mil trois cents soixante dix et huit. »

mère de sa sœur, s'accorde du reste avec l'esprit de bienveillance dont il avait fait preuve récemment à son égard. Le 17 décembre 1377, il avait mandé à ses généraux, conseillers des aides pour la guerre, aux gardes des ponts et portes, etc., de laisser passer, sans exiger aucune imposition, cent pièces de vin qu'il accorde à Iolande, dame de Cassel, pour les provisions de son château de Nieppe. (B. 961, archives départementales du Nord.)

Le lendemain, un autre mandement royal, adressé à la Chambre des Comptes, prescrivait le paiement des arrérages dus à la comtesse de Bar, de 2,000 livres de rente sur le trésor royal, qui lui ont été assignées pour partie de son douaire par Philippe de Navarre, son dernier mari [1].

C'est donc par erreur que Dom Calmet fait durer la captivité d'Iolande jusqu'en mars 1378, en ajoutant que la comtesse eut beaucoup de peine à obtenir son élargissement [2]. Ce que nous venons de signaler prouve que depuis trois ans la comtesse avait recouvré sa liberté.

Des documents propres à faire connaître des faits obscurs de cette époque étaient restés enfouis dans les poussières d'archives, d'où M. Servais et d'autres auteurs zélés ont eu le mérite de les exhumer.

1379. — Lorsque les difficultés qui intéressaient personnellement notre héroïne furent aplanies, elle put s'occuper de faire régner entre ses sujets le calme dont

---

[1] Inventaire de la Chambre des Comptes, t. X.

[2] Dom Calmet, t. III, p. 290. — Les faits ainsi avancés par cet historien de Lorraine firent dire par les savants religieux bénédictins de Saint-Maur, dans l'*Art de vérifier les dates* : « Incapables de suppléer au silence de nos « historiens, nous aurions besoin d'un Œdipe pour apprendre la cause, la « durée et le lieu de cet emprisonnement de la comtesse Iolande. »

elle jouissait. C'est ainsi que sa médiation fut acceptée dans plusieurs affaires graves. Elle fut d'abord prise pour arbitre au sujet d'une contestation qui trainait en longueur entre deux familles parentes autrefois liées d'amitié : celles de la Bourre ou Borre et de Morbecque. Il y avait dix ans que, dans la querelle survenue entre ces familles, le seigneur de Morbecque, Jean son fils et Guillaume de la Bourre avaient péri. Le corps de ce dernier avait été restitué par Iolande à son père, Jean de la Bourre, qui l'avait réclamé pour le mettre en terre sainte (1369). Mais violence n'est pas justice. La mort de trois personnes n'avait point écarté la cause du litige [1]. En janvier 1379, le vieux Jean de la Bourre offrit à ses contradicteurs, Wautier et Roger de Morbecque, écuyers, de s'en référer à la médiation d'Iolande (B. 969), et lorsque la sentence fut rendue (mars 1379), il s'engagea à se soumettre au jugement de la dame de Cassel. (B. 971.)

On doit supposer que le conseiller Chrétien Leca ne fut pas étranger à cette heureuse solution, non plus qu'à une autre sentence, rendue également en janvier, sur un débat arrivé en son *hôtel des Dunes*, entre Clais le Mattre et Colin Loinis. (B. 970.) Le 31 mai, Iolande donna des lettres de rémission en faveur de Thomas Fournant, qui avait tué une vieille femme pendant que le roi de France tenait en sa possession le douaire du duché de Bar [2]. L'église de Cassel figurait-elle au nombre des exceptions prévues par Chrétien Leca?

---

[1] En 1370, Iolande avait prolongé un sauf-conduit délivré au sire de la Bourre et à ceux qui viendraient avec lui, armés ou non, à pied ou à cheval, pour aller la trouver en quelque lieu que ce fût. (B. 925.)

[2] Deuxième cartulaire de la dame de Cassel, p. 95.

Intervint-il dans un différend survenu entre le clergé et l'échevinage ? Nous l'ignorons ; mais l'évêque de Térouanne et ses officiaux (juges ecclésiastiques) avaient fait cesser l'office divin dans la ville. Sur appel de cette sentence adressé à l'official de Reims, les exercices du culte furent rétablis à Cassel en vertu de lettres du 20 mai. (B. 972.) [1]

Quelque temps après (juillet), le maire et les échevins de Saint-Omer ayant informé le receveur d'Iolande que Jean, seigneur de Sainte-Aldegonde et d'Oxelaere, n'oserait aller à Warnêton, où devaient se tenir les renenghes de Cassel, à cause de guerre entre ses amis et du péril que pourrait encourir sa personne, la comtesse manda aussitôt à ses baillis, bourgmestres, échevins et autres officiers de son pays de Flandre, de faire crier et publier la promulgation des nobles trèves [2].

Elle partit en ce temps-là pour Clermont et passa avec son fils (16 juillet) une transaction au sujet des 3,000 livrées de terre dont elle devait disposer en vertu des traités de 1373. Elle prit la terre de *Warnêton* pour 400 livres 3 sols 6 deniers ; celles de *Rodes* et de *Windich* pour 800 livres ; celle de *Manicamp* pour 250 liv. ; celle de *Sauciel* pour 50 livres, et le complément, qui était de 1,499 livrées 16 soldées 5 denrées, fut prélevé sur les forêts de Nieppe. Ces arrangements, conclus en présence de Raoul, sire de Louppy et de Boursault,

---

[1] 1379, 20 mai (en latin). Lettres de l'official de Reims qui annulent la sentence de l'évêque de Thérouanne et de ses officiaux qui avaient fait cesser l'office divin à Cassel.
Archives du Nord, Inv. X, p. 476, n° 7020. (Original en parchemin, scellé.)

[2] Nous n'avons pas eu assez de loisirs pour chercher à approfondir cette question d'hostilités. (Voir aux archives départ. du Nord, B. 974, etc.)

d'André, abbé de l'Isle-en-Barrois, et de Humbelet de Gondrecourt, conseiller du duc de Bar [1], furent l'exécution loyale de la clause relative à ses propriétés personnelles.

Les archives du Nord signalent encore des actes d'administration financière d'un ordre inférieur, tels que des quittances de gages. Quelque infimes que soient ces documents, nous ne devons pas les négliger à cause des particularités qu'on y remarque. Soit avant son départ, soit à son arrivée à Clermont, Iolande donna (juillet) à Baudet le Mol, son valet de chambre, une somme à recevoir sur la vente des bois de la forêt de Nieppe. (B. 974.) Robin de Merville, clerc-juré des lois de la dame de Cassel, l'avait accompagnée dans son voyage; il reçut ses gages des mains du receveur de Clermont, Miles de la Motte, et lui en donna quittance. (B. 973.) Jean Hallin (ou Jean de Hallines), *haut-bailli* de la comtesse de Bar, dame de Cassel, *en la seigneurie du Pont-d'Estaires,* donna, au nom de ladite comtesse, quittance d'une somme due pour les dixièmes et reliefs des fiefs tenus dudit Pont-d'Estaires, vendus par Jeanne de Belleforière. (B. 793.) Enfin, Iolande s'occupait alors de choses que l'on pourrait croire incompatibles avec ses droits seigneuriaux. Dans le cartulaire II de la dame de Cassel, p. 104, on a noté un acte émanant d'elle et daté de Vienne, 20 août 1379, en vertu duquel il est permis à Jacquemin de porter tonsure.

Enfin en 1379 (sans date), un Mandement fut adressé par Iolande, aux doyen et chapitre de St-Pierre-de-Cassel, pour recevoir, en qualité de clerc et conseiller,

---

[1] Du Fourny, « Inventaire de Lorraine », t. V, p. 990.

Henri de Briart *(sic)*. (p. 105, 2ᵉ cartulaire de la dame de Cassel).

La dame de Cassel se souvenait, paraît-il, d'avoir vu servir sur sa table des poissons délicats de la Moselle, lorsqu'elle avait séjourné dans le comté de Bar ou dans son douaire. De Clermont, elle envoya son cuisinier à Pont-à-Mousson, pour se procurer des *petits saulmoney* et des truitelles. Mais ce serviteur, nommé Morant, ne fut pas heureux dans ses recherches : la note, qui porte à 24 sols tournois les dépenses du voyage, fait connaître qu'il ne trouva point les poissons désirés capricieusement par sa noble maîtresse.

CHAPITRE XIII.

Séjour de la comtesse et de sa famille à Nieppe.

1379. — De retour en Flandre, Iolande vécut tranquillement dans son château de Nieppe (le Castellum ter Wall, ou *Motte-au-Bois).* Elle retrouva, dans les parages délicieux où elle avait passé une partie de sa jeunesse, un calme dont elle n'avait point joui depuis longtemps, et s'occupa surtout de l'administration et de l'entretien de ses domaines. Nous la voyons d'abord donner, le 16 novembre 1379, commission de capitaine de la ville de Cassel à Willaume d'Ablighem *(sic,* pour Ebblinghem), puis user de clémence envers ses sujets. Le bailli de Dunkerque avait fait emprisonner, au nom de la comtesse, quelques bourgeois coupables de s'être emparés de plusieurs lagons [1] de mer. Regardant cette détention comme un attentat à leur liberté, une troupe d'habitants se transportèrent à la prison le jour de Noël 1379, et en enlevèrent par force leurs concitoyens. Mais des excuses furent bientôt adressées à la comtesse qui, le 21 janvier 1380, donna des lettres de pardon qu'elle confirma le 3 février [2]. Deux commissions de

---

[1] Lagons ou lagans, ce que la mer rejette.

[2] 2e cartulaire de la dame de Cassel, et « Inventaire des archives de Flandre à Gand », par le baron de Saint-Genois, p. 214.

sergent furent accordées en 1380, l'une à Kolves, l'autre à Winoc Ommelop [1], et l'année suivante, Jean Tain et Robert de La Haie furent investis de celles d'étendeurs (oiseleurs). (B. 987.)

Des réparations faites au château et les gages de la garnison de la Motte-au-Bois font l'objet de quittances données par Eloi Surieu au receveur général de la comtesse (juillet 1380); la vente des tailles de la forêt de Nieppe (B. 993) donna lieu à une ordonnance du mois de novembre, à la suite de laquelle il fut interdit à Firmin Picavet, receveur des trois tailles de la forêt de Nieppe, et aux marchands desdites tailles de vendre, à la dame de Saint-Venant et à Hutin de Haveskerque aucuns fagots, bois et plançons provenant de cette forêt, sans avoir mandement de sa part (janvier 1382). (B. 994.)

1381. — Tandis que la comtesse rétablissait l'ordre dans ses propres finances, Cassel ne parvenait pas à se procurer les ressources nécessaires à l'administration. Pour venir en aide à sa bonne châtellenie, Iolande autorisa la ville à lever des assis pendant six ans (19 janvier 1381), et acheta, sur le *marc* ou *marcghelt* de la sous-baillie de Cassel, une rente annuelle dont l'acte de vente fut délivré par le bailli et les hommes de fief de la cour de cette ville. En même temps, Jean de Mattere et sa fille vendirent à la comtesse une autre rente sur le même marcghelt, donnée autrefois par elle-même audit Jean et à Pirote Duplessy, sa femme, pour les secourir pendant leur mariage [2].

---

[1] 2e cartulaire de la dame de Cassel, p. 105.

[2] 2e cartulaire de la dame de Cassel, p. 138.

Pendant les quelques années de paix dont jouirent alors la comtesse et ses Etats, le château de Nieppe, précédemment agrandi et fortifié par Robert de Cassel, fut notablement embelli et s'accrut encore de constructions nouvelles. Iolande y fit ériger une chapelle dédiée à saint Denis (25 février 1381) ; on devait y célébrer les saints mystères exclusivement pour elle et pour ses parents Robert de Cassel et Jeanne de Bretagne [1]. Iolande affecta aux frais du culte les 40 livres de rente qu'elle venait d'acheter sur le *marcghelt* de la sous-baillie de Cassel. La tour dite de la Motte ou Walle [2], dont Sanderus a parlé, fut décorée d'une horloge que la comtesse avait commandée à l'avance [3]. On y plaça une cloche sur laquelle se lisaient l'année de son baptême et le nom de la dame de Cassel. La fondation de la chapelle fut confirmée le 13 janvier 1382 par l'abbé de Saint-Augustin-lès-Térouanne, ordre des Prémontrés [4].

Pour en finir avec les actes administratifs, ajoutons une nouvelle faveur accordée aux Cassellois. Par lettre du mois de mars 1382, ils furent autorisés à FAIRE LOI par la main de la dame de Cassel, comme par main souveraine, jusqu'à sa volonté et rappel [5].

Sur ces entrefaites, l'Europe s'agitait ; le grand schisme d'Occident mettait aux prises les Etats prenant fait et cause pour Urbain VI ou Clément VII, pendant

---

[1 et 4] Registres anciens d'inventaire, t. VII. — (B. 987 et 994.)

[2] Walle ou Wall, au territoire de Préavin, dit Prévine en flamand, non loin de Morbecque et d'Hazebrouck.

[3] « Flandria illustrata », t. III, p. 90 : *In arce Iolentidis à Flandria, comitissæ barensis, opus est horologium, campana annum proferente.*

[5] Registres anciens d'inventaire, t. XI, p. 40, n° 7174. — B. 997.

que les peuples, irrités contre la noblesse et le clergé, épiaient l'occasion de se soulever, comme les Flamands venaient de le faire contre leur comte Louis de Mâle. D'autre part, la mort prématurée de Charles V, qui devait être fatale à la France, fut aussi pour Iolande une cause prochaine de malheurs.

Mais au manoir d'Iolande on jouissait encore des douceurs de la paix, et la comtesse y savourait les plus pures joies de sa vie. Robert de Bar y était venu, pour l'inauguration de la chapelle, avec sa femme et plusieurs de ses enfants dont les aînés, Henri et Philippe, étaient déjà dans la fleur de l'âge. Le premier avait été armé chevalier à Reims avec Charles VI, le jour de son couronnement (4 novembre 1380) [1]. Des fêtes et des réjouissances princières furent données au château en l'honneur de Madame de France et de ses fils. La châtelaine s'y montrait avec sa robe d'apparat garnie, selon ses armes, de deux *royes*, et par-dessus une *couverture* d'hermines, dont le drap était d'or [2]. De belles et nobles dames, des seigneurs élégants contribuaient à l'éclat des réceptions, et des ménestrels et trouvères y ajoutaient le charme de la poésie en chantant des lais d'amour. Eustache Deschamps, surnommé Morel, poète favori de l'époque, gracieusement invité à ces fêtes, exprime sa gratitude en composant des vers en l'honneur des dames du Castel. Voici quelques passages d'une pièce intitulée « ballade », écrite par lui au château de Nieppe et découverte par l'auteur « d'Henry d'Oisy » à la Bibliothèque nationale [3].

[1] Servais, « Annales historiques du Barrois ».
[2] V. Derode, « Histoire de Lille », t. I, p. 356.
[3] Section des manuscrits, n° 7219, feuillet 167, p. 17.

Qui veult avoir vie et joye mondaine,
Et selon Dieu vivre pour Paradis,
Sans trop ne pou (peu) avoir repos ne paine,
Et pour avoir des chasses les déliz,
Boiz et forez et assez doulz pays,
Plaisant manoir, fort et puissant chastel,
Chappeles grans et la messe toudis [1]
A Nyeppe voit, près du Val de Cassel.

. . . .

Madame y est de ce lieu souveraine,
Jehanne de Bar [2] qui est des fleurs de liz
De Hazebrouck Yolent, ce m'est vis,
Et toutes ont gent corps et droit et bel ;
Dont qu'il d'amour vouldra estre ravis,
A Nyeppe voit, près du Val de Cassel.

Le quatrième couplet se termine par un hommage du poète, ainsi conçu :

Très doulces fleurs, d'amour puis et fontaine,
A vous se vient rendre Eustace Morel ;
Recevez lay (le), car qui veult vie saine
A Nyeppe voit, près du Val de Cassel [3].

Le séjour des jeunes princes aux lieux chantés par le poète, se prolongea, et Iolande se plaisait à procurer à ses petits-fils des distractions agréables et des exercices hygiéniques. Henri et Philippe se livraient à de *grands esbatements* sous l'ombrage des magnifiques arbres de la forêt, comme dans les grands et riches

1 Patois wallon : souvent, tous les jours.

2 Comme fille de Robert et de Marie.

3 Le poète flamand Jacques Sluper, né à Herzelle, près Wormout et Cassel, chanta aussi, vers le milieu du XVIᵉ siècle, la forêt de Nieppe et son manoir princier.

parcs du château. Ils visitaient avec leurs parentes les beaux sites des environs de Cassel et des châtellenies voisines. Du Mont-Cassel on contemplait le panorama qui se déploie sur la terrasse du château-fort, d'où l'œil plonge à perte de vue dans un horizon tout à fait circulaire de près de cinq cents kilomètres [1].

A Dunkerque, Gravelines et Nieuport, où les attendait un accueil empressé, le spectacle de la mer et les curiosités de la plage alternaient avec les hommages de la foule. Les Dunkerquois surtout tenaient à honneur de remercier Iolande de son pardon récent. Ils lui firent, ainsi qu'à sa famille, de somptueuses réceptions et lui offrirent des repas de cérémonie ; bourgeois et peuple s'empressaient à l'envi autour de leur bonne comtesse, à qui les honneurs seigneuriaux furent rendus par les autorités groupées autour du sire Jean Sporequin, gouverneur et regard ou *rewart* de la terre de Madame de Bar.

[1] Voir sa description et la carte du pays dans notre « Topographie historique, physique et médicale de Cassel et ses environs »; 1828.

CHAPITRE XIV.

Guerre de religion. — Fuite d'Iolande.

1382. — Tous ces plaisirs allaient bientôt trouver leur contre-partie ; la guerre menaçait encore de ses horreurs le pays dont la prospérité commençait à peine à renaître. Louis de Mâle, toujours pressé d'argent, continuait à mécontenter les bourgeois de la Flandre par son orgueil et ses prodigalités, par ses attaques renouvelées contre les priviléges et par des levées illégales de subsides. Depuis trois ans, il était lancé contre les Gantois dans une lutte où l'existence même de la société était remise en question. D'abord vainqueur à Nivelle, il s'était réfugié à Lille après la bataille de Bruges (3 mai 1382). Aussitôt la Flandre maritime avait fait cause commune avec les partisans d'Artevelde dont la tyrannique autorité s'étendit sur tout le pays. Bruges et Cassel se déclarèrent ouvertement pour les révoltés [1], et Iolande, restée fidèle au comte de Flandre, sentit bientôt l'instabilité de la faveur populaire.

Comme les mécontents de tous les pays avaient des intelligences avec les Flamands, le jeune roi Charles VI voulut étouffer le monstre naissant de l'insurrection, et

---

[1] B. 1000, carton. Archives de Lille.

vint en Flandre à la tête d'une nombreuse armée, déployant l'oriflamme comme dans les guerres contre les infidèles. Il s'empara, presque sans coup férir, d'Ypres et de toutes les villes de la Flandre maritime qui, n'étant pas prêtes pour la guerre, se trouvèrent incapables de résister et furent livrées au pillage et à la dévastation. Louis de Mâle saisit l'occasion favorable de se faire remettre, par chacune de ces villes, leurs chartes et priviléges et de les envoyer à la Chambre des Comptes de Lille [1]. Cette mesure rigoureuse fut mise à exécution contre les villes et châtellenies de Cassel, Warnêton, Bailleul, Poperinghe, Bourbourg, Dunkerque, Bergues, Mardick, Loo, Ypres, Nieuport et Furnes [2].

1383. — Cependant les Anglais, qui n'avaient point voulu seconder les efforts d'Artevelde, par crainte de soulèvements dans leur pays, changèrent d'avis après la bataille de Rosebecq (27 novembre 1382). Ils se laissèrent persuader par les prédications des Urbanistes contre les Clémentins, et se résolurent à faire une descente en Flandre où les deux partis s'agitaient [3]. Ils débarquèrent au printemps sous la conduite de l'archevêque urbaniste Norwich. Les douze mille Clémentins

---

[1] Inventaire, t. XI, p. 90, no 7312.

[2] B. 1004, et Inventaire, t. II, p. 90, 7e cartul. de Flandre.

[3] Voir A. Le Glay, dans sa publication de la « Chronique rimée des troubles de Flandre », 1842 ; J. Carlier, « Henry d'Oisy »; puis J. Meyer, sur les « Dévastations des villes du West-Quartier de Flandre ». — D'autres auteurs, tels que Froissart, T. Diacre, etc., en ont aussi parlé ainsi que nombre d'auteurs modernes auxquels nous renvoyons les lecteurs qui voudraient approfondir cette question historique non moins intéressante pour le pays flamand. Nous en donnons aussi quelques notes à la fin de nos pièces justificatives.

flamands-flamingants, commandés par Jean Sporequin, tous *apperts compaignons* de la terre de Madame de Bar, furent, malgré leur résistance, battus et dispersés, le jour de Saint-Urbain (25 mai), sur le territoire de Petite-Synthe et de Mardick, près de Dunkerque, dont les Anglais, semant partout le ravage et l'incendie, s'emparèrent ainsi que de Gravelines, Bergues et Cassel [1]. La déroute de leurs adversaires fut si complète et l'effroi si général qu'Iolande, pour échapper au sort qui la menaçait dans ce tumulte, dut quitter précipitamment son château [2]. Trois coffres remplis de joyaux et de vêtements précieux furent envoyés à Aire en toute hâte. Le clergé, poursuivi avec acharnement par les Urbanistes, dut abandonner la plupart des églises [3], et les offices divins furent suspendus. Jean de Châtillon, secrétaire de la comtesse, eut même tout à craindre pour les bijoux déposés au chapitre d'Aire ; il crut prudent de les en retirer et de les faire transporter par un charretier à la trésorerie de l'église de Tournai. (B. 1000.)

Pour mettre sa personne en sûreté, Iolande s'était d'abord réfugiée à Paris. De là elle se rendit dans le duché de Bar, auprès de Marie de France dont elle fut la conseillère. Cette princesse avait pris en main l'ad-

[1] La ville de Cassel ravagée et incendiée, fut reprise depuis par Olivier Clisson, général de cavalerie, envoyé par le roi au secours du comte de Flandre. (« Analectes sur l'histoire de la Flandre maritime ».) Voir aussi notre « Topographie de Cassel », aux pag. 14 et 15.

[2] Elle écrivit de Paris qu'on lui envoyât *son corset et ses cottes*.

[3] Un document de 1390 porte que le prévôt et le couvent de Watten certifient avoir toujours célébré la messe, pour la dame de Cassel, jusqu'en 1383, époque où, à cause des Anglais, ils ont été obligés d'abandonner leur église, et que depuis leur retour, ils se sont acquittés de cette obligation autant qu'ils l'ont pu. (B. 1096, carton.)

ministration des Etats de son mari, Robert, à son départ pour la guerre de Flandre. L'armée royale revint, avec un déploiement de forces considérable, au secours de Louis de Mâle, sous les ordres du roi et du connétable de Clisson. On commença par délivrer Ypres assiégé par les Anglais et les Gantois et défendu par une garnison franco-flamande. Bergues fut repris et traité de telle sorte qu'il n'y resta pas un vivant. Quand toute la Flandre maritime fut recouvrée, Louis de Mâle, qui se trouvait à Arras, leva la main qu'il avait fait mettre sur toutes les seigneuries et justices que la comtesse de Bar tenait de lui en Flandre (22 octobre) [1]. La saison étant devenue mauvaise, Charles VI commença à se lasser de cette guerre ; il entama des négociations et conclut une trêve avec les Anglais et les Gantois. On vit alors revenir en Flandre tous les habitants qui, par crainte de la fureur des Anglais, avaient été obligés d'abandonner leurs biens et leurs maisons pour se retirer dans les bailliages d'Amiens, de Tournai et du Vermandois. Le roi leur accorda des lettres de répit datées de Saint-Germain-en-Laye. L'original en parchemin se trouve aux archives du Nord.

1384. — En ce temps (janvier) mourut Louis de Mâle, et la Flandre passa sous la domination de son gendre, Philippe-le-Hardi, duc de Bourgogne. Malgré leur peu de sympathie pour un prince de la maison de Valois, les villes de la Flandre maritime, rudement éprouvées par la guerre et incapables de reprendre l'offensive, se résignèrent à reconnaitre le mari de leur légitime souveraine, Marguerite de Mâle. Elles firent des démar-

---

[1] B. 1008 et 1020. Inventaire, vol. XI, p. 168.

ches pressantes pour recouvrer leurs priviléges, et Philippe-le-Hardi, désireux de voir renaître la paix et le commerce dans ses nouveaux Etats, accueillit favorablement les ouvertures qui lui furent faites à ce sujet. L'échevinage et la commune de Cassel envoyèrent alors des déclarations par lesquelles ils se soumettaient (28 avril et 10 mai) à la grâce, pitié et ordonnance du duc de Bourgogne, pour tout ce qu'ils avaient fait contre le défunt comte de Flandre, pendant les derniers troubles [1]. Philippe-le-Hardi chargea Robert de Capple [2], rewart de Bergues, de s'entendre avec les villes et châtellenies de Bergues, Cassel, Bourbourg, Nieuport, Mardick et Gravelines (B. 1019), et rendit aux bourgeois et habitants de Dunkerque et de Cassel les lois, priviléges et coutumes dont ils jouissaient avant les troubles et rebellions.

1385. — Quant à Iolande, elle était revenue à Paris dans le courant de l'hiver, et de là avait fait, avec son fils Robert, un voyage dans le Perche, où elle possédait la baronnie d'Alluye, pour prendre les derniers arrangements relatifs à sa succession. Elle y conclut avec lui l'échange de quelques domaines (février 1385) et régla les conditions d'une rente viagère qui lui fut définitivement assurée à Bar-le-Duc, le 31 octobre suivant, avec l'assentiment de son petit-fils Henri d'Oisy [3]. Par le même acte, elle céda à son fils le douaire qu'elle prenait sur certaines terres du Barrois, selon le P. An-

---

[1] Inventaire des archives du Nord, registre XI, p. 90, n° 7312.

[2] C'est ce Robert, seigneur de Capple en West-Capple, dont notre estimé collègue M. Bonvarlet a donné l'épitaphe dans son « Epigraphie ».

[3] André Duchesne, « Preuves de Bar », p. 54.

selme, et son douaire de Puisaye en Auxerrois, en échange d'autres biens [1].

1385. — De retour en Flandre, au printemps, Iolande eut à rétablir l'ordre ébranlé par tant de secousses, comme à replacer ses partisans dans les emplois et les fonctions que leur avaient enlevés les rebelles. Le pape Clément VII lui fit parvenir, dans son manoir, une bulle datée d'Avignon, le 2 des kalendes d'avril, 6e année de son pontificat, lui donnant pouvoir de faire arrêter tous ceux qui suivraient le parti de Barthélémy, archevêque de Bari, anti-pape [2].

Les habitants de Cassel présentèrent à leur dame, la comtesse de Bar, une requête pour qu'il lui plût de rendre à cette ville la Loi que lui avaient fait perdre les hostilités, et Gui dit de Clarke, clerc et notaire apostolique, dressa le 20 août procès-verbal de la réponse et du consentement de la comtesse [3]. Quelques jours après (24 août), Iolande accorda des lettres de rémission pour les méfaits commis pendant les émeutes et commotions récentes en Flandre [4].

Après un séjour de plusieurs mois au château de Nieppe, Iolande était revenue près de sa famille. Ce fut alors qu'elle appela (10 octobre 1385) Jean de Lor, chevalier, à faire partie de sa maison et de son conseil, en lui assurant une indemnité de 3 francs par jour et un traitement de 100 florins par an. Les obligations de ce

---

[1] P. Anselme, t. II, p. 736, et notre « Travail historique sur *la Puisaye* et ses seigneurs de la maison de Bar, au XIIIe et au XIVe siècle, » (année 1869).

[2] Original en parchemin, scellé d'une bulle de plomb pendant à un cordon de ficelle.

[3] B. 1024.

[4] Inventaire XI des archives de Flandre à Lille.

gentilhomme consistaient à *aller, arrêter et séjourner par devers la dite dame, toutes les fois qu'elle le voudra mander ou envoyer en quelque pays que ce soit, pour la conseiller en toutes les causes et besognes et la servir bien et fidèlement, en armes et autrement, de tout son pouvoir.*

Par acte passé à Clermont, Jean de Lor en donna, le 11 octobre, une reconnaissance à la comtesse, promettant en même temps, *sur sa foi et son honneur,* de remplir tous les devoirs de sa charge [1]. Il était encore en 1395 au service d'Iolande, qui l'institua son exécuteur testamentaire.

Depuis longtemps déjà et malgré les agitations de la guerre avec les Anglais et les Flamands, nous n'avons eu à constater aucun acte d'Iolande qui se prêtât à la controverse ou à la critique; mais l'irritabilité de son caractère n'était pas éteinte, et l'impartialité historique nous fait un devoir de rapporter que cette princesse se porta, sur la fin de l'année, à de violentes extrémités contre Jean d'Arrentières, seigneur de Mognéville, à qui elle avait, à plusieurs reprises, inutilement réclamé 80 royaux d'or qui lui étaient dus par le père de ce gentilhomme. Irritée des refus qu'elle éprouvait de la part de son débiteur, elle envoya sur ses terres le prévôt de Clermont qui, à la tête d'une troupe armée, fit une irruption à Mognéville, se saisit de plusieurs habitants et de leurs chevaux et les emmena à Clermont [2].

[1] Du Fourny, « Inventaire de Lorraine », t. II, f. 33.
[2] V. Servais, « Annales historiques du Barrois ».

CHAPITRE XV.

**Préparatifs de guerre en Flandre contre l'Angleterre.—
Querelles des Flamands et des Wallons.**

1386. — L'apaisement des esprits s'était opéré graduellement dans toutes les parties de la Flandre maritime. La comtesse donna commission (avril 1386) pour établir, en son nom, échevins et cœurhers en la ville et châtellenie de Bourbourg. (B. 1048.) Elle s'occupa aussi de sa Cour souveraine. Le registre aux causes de cette Cour renferme beaucoup d'articles concernant Cassel ; nous ne croyons pas devoir les mentionner ici.

La Basse-Flandre fut en ce temps le théâtre de grands préparatifs de guerre pour une descente des Français en Angleterre. Philippe-le-Hardi, réconcilié avec les Gantois, voulait tirer vengeance des Anglais dont les manœuvres lui avaient toujours été hostiles. Il n'eut pas de peine à entraîner le roi dans une expédition qui promettait de grands avantages pour la couronne. Charles VI équipa une flotte de quinze cents vaisseaux qu'il fit rassembler aux ports de l'Ecluse, de Dunkerque et autres lieux maritimes et même dans le canal de Bergues.

De grands approvisionnements furent ordonnés pour cette expédition, tandis que le rassemblement précipité des troupes qu'il fallut loger dans les campagnes beaucoup plus longtemps qu'on ne se l'était proposé, amena la ruine des paysans. La contrée des environs de Cassel fut dévastée jusqu'à la mer [1].

Quoi qu'il en soit, Robert de Bar et ses fils aînés figurèrent dans la formidable armée que le monarque mit sur pied vers la fin de l'été et qui passa une bonne partie de l'automne en Flandre [2]. Le duc Robert se faisait remarquer dans le cortége du roi avec le duc de Lorraine, le comte de Saint-Pol, Guillaume de Namur et tous les plus grands seigneurs de France [3]. Ses deux fils faisaient partie des troupes du duc de Bourgogne. Il remit, le 15 septembre, une somme de 20 francs d'or à Thiébaut des Armoises, pour subvenir à la dépense qu'il ferait *en allant en Angleterre avec mons. Henri* [4], et donna, le même jour, 10 francs à Jennin, valet de chambre du même prince. Philippe, malgré sa grande jeunesse, était capitaine d'une compagnie de gens d'armes, à la tête desquels il assista à une revue passée à Arras, le 23 septembre, par Philippe-le-Hardi [5].

Il est à croire qu'un autre fils du duc de Bar, Charles, qui fut seigneur de Nogent-le-Rotrou, en vertu d'une donation d'Iolande, accompagna ses frères ou son

---

[1] Ce pays fut mangé par les nombreux Français, dit Froissart, et les maudissaient les pauvres gens, disant entre les dents : *Or, allés en Angleterre, que jamais n'en puisse-t-il revenir pièce*. — Peu de temps après, Iolande réclamait à Nieppe les rentes en gelines (poules) pour la provision de son hôtel, parce qu'on ne pouvait plus s'en procurer : elles se vendaient 5 gros la pièce. (Archives du Nord, à Lille.)

[2] Juvénal des Ursins, Mezeray, de Barante et J.-J. Carlier, p. 29, 30 et 32.

[3] Du Hainaut. Histoire de France, t. II, p. 418. — Extrait des Annales historiques du Barrois, de M. Servais.

[4] Fils aîné du duc de Bar, depuis Henri d'Oisy.

[5] Preuves des faits par les titres ; in-4o, p. 541.

père en Flandre à cette époque ; car ce petit-fils de la comtesse résida quelque temps avec elle à son château de la Motte-au-Bois, et y fit son testament le 20 octobre 1386.

La dame de Cassel, qui aimait beaucoup les enfants du duc son fils, s'occupa d'eux avec sollicitude. Au moment où l'expédition était sur le point d'être complètement organisée pour le départ, elle pria le bailli de Dunkerque (2 septembre) de faire une petite provision de poissons pour son petit-fils Philippe qui se disposait à passer en Angleterre avec les troupes du roi.

La comtesse douairière de Bar, en écrivant au Magistrat de sa bonne ville de Dunkerque, s'exprime en ces termes : « Lui acheter trois tonnelets de caques
« pleines de poissons sallez, c'est assavoir saumons,
« morues, makereaux et aultres... Ce qu'ils cousteront
« nous le ferons rabattre à vos comptes, et se vous
« n'avez tant d'argent des exploits de vostre office,
« faites-vous l'argent du vostre et nous vous ferons
« rendre compte... » [1]

On sait que le duc de Berry, impatiemment attendu par le roi qui ne voulait pas s'embarquer avant l'arrivée de son oncle, fit échouer par son retard le projet d'expédition. La saison devint si mauvaise qu'elle ne permit plus de mettre à la voile sans danger. On se dispersa après avoir fait d'immenses préparatifs en pure perte.

1387. — L'année suivante ne fut marquée que par un incident survenu à la suite de la mort du châtelain de Bourbourg, Robert de Fiennes, connétable de France. Iolande ne touchait que les deux tiers des revenus de

---

[1] V. Derode, « Histoire de Dunkerque », p. 87.

Bourbourg ; le reste était réservé au châtelain. La comtesse éleva des réclamations contre le droit transmis à son héritier, le comte de Ligny et de Saint-Pol. Commission fut donnée par les gens du Conseil du comte de Flandre au bailli de Bergues pour, à la requête du nouveau châtelain, ajourner devant eux Iolande, dame de Cassel, et voir maintenir ledit comte de Saint-Pol en tous ses droits de châtelain de la ville, terre et châtellenie de Bourbourg. (B. 1060.) Les difficultés élevées à ce sujet furent réglées par une transaction passée en 1391 entre Iolande et Walerand de Luxembourg, comte de Ligny. (B. 1126.)

1388. — Les malheurs dont le pays était accablé avaient pour chacun, petits et grands, des conséquences inévitables. Dans le comté du Perche, les diverses châtellenies appartenant à Iolande souffraient considérablement des guerres qui s'étaient succédé en France. Depuis nombre d'années, les revenus étaient réduits et la population diminuée, au point que la comtesse se trouvait hors d'état de faire face aux dépenses nécessaires pour la garde et la réparation de ses châteaux et forteresses. Comme le roi Charles V lui avait précédemment (1380) accordé un subside exceptionnel pour l'aider à entretenir et fortifier ses châteaux du Perche et de Puisaye (B. 980), Iolande crut pouvoir également recourir à la munificence de son successeur. Charles VI lui accorda, en 1388, le tiers des aides qui se levaient sur les terres du Perche qu'elle tenait en fief de lui, de l'évêque de Chartres et d'autres suzerains [1].

En cette année, une enclave située dans le voisinage

---

[1] Du Fourny, t. VI, fo 491, cité par M. V. Servais.

de la forêt de Nieppe fut le théâtre de troubles sanglants. Dans le récit des événements auxquels Iolande se trouvait mêlée, nous avons négligé jusqu'à ce moment de signaler les batailles ou guerres privées qui avaient troublé, à diverses reprises, le petit pays de l'Aleu [1]. Ces guerres locales se perpétuaient en raison d'un caractère particulier, conforme à l'esprit des lois germaniques, suivant lesquelles la réparation du meurtre d'un homme libre appartient à ses proches plutôt qu'à la puissance publique.

Déjà, en 1367, s'était livré à Laventie, entre Français et Flamands, une sanglante bataille dont Froissart a conservé le souvenir. Des querelles privées s'ajoutèrent à ces complications. Deux familles, les d'Englos, seigneurs originaires d'un village de la châtellenie de Lille, et les Neuve-Église, dont le nom rappelle celui d'un village situé dans la châtellenie de Bailleul, étaient en guerre ouverte, soit depuis, soit à cause de la bataille de Laventie.

Du vivant de Louis de Mâle, Jean d'Englos, coupable de violences, de mutilations et de meurtres commis contre les Neuve-Église, à l'aide d'embuscades et au mépris des trèves proclamées par Iolande, avait été banni du pays de Flandre avec ses complices, par la loi de la comtesse de Bar. L'intervention du comte de Flandre lui-même n'avait eu pour effet que d'inspirer confiance dans la vertu de la trève à Jean de Neuve-Église qui fut traîtreusement tué à l'entrée d'un bois.

---

[1] La situation de l'*Aleu*, comme enclave entre les deux Flandres et l'Artois, et les franchises et immunités dont ses habitants, sujets de l'abbaye de Saint-Vaast d'Arras, jouissaient depuis un temps immémorial, y rendaient la juridiction difficile et parfois impuissante.

Quelques années après, pendant les troubles généraux qui précédèrent en Flandre la bataille de Rosebecq, les meurtres se multiplièrent entre les partisans des d'Englos et ceux de Jacques de Neuve-Église. Ce dernier, audacieux coureur d'entreprises, ne craignit pas, pour venger la mort de Jean, d'attaquer la force armée du comte de Flandre dont ces désordres avaient lassé la patience. Non content de délivrer par la violence ses partisans assiégés dans l'église de Richebourg par Philippe, bailli de Lens, il tua Jean d'Englos, sorti récemment des prisons du comte, et fit périr son père, Bernard d'Englos, qu'il attaqua au pont d'Estaires. Enfin, Mahieu de Castrique, attaqué avec les siens par les Neuve-Église, succomba à Steenwerck sous les coups de leurs complices.

Pour se purger de ce dernier crime, les malfaiteurs *se mirent à loi et purgèrent* à la Gorgue. Un monitoire lu en pleine église déclara, selon la coutume, que ceux qui se croiraient en devoir de poursuivre les auteurs de l'attentat n'auraient qu'à venir, à certain jour déterminé, devant le bailli de la Gorgue et qu'on leur ferait droit et raison. Marie d'Englos répondit à cet appel. Les lettres du bailli de Lens dont elle s'était munie établissaient l'évidence de ses griefs ; mais elle fut contrainte par force à se désister de sa plainte. Cette audace et ces désordres, ces criantes injustices se fondaient sur l'antipathie des races, exploitée par les chefs des deux partis. Nous retrouvons encore, en 1388, les Wallons se battant contre les Flamands leurs voisins. Un manuscrit de l'époque rapporte que le 1er mai, jour où l'on célébrait la fête annuelle de la Gorgue, quatre-vingts ou cent habitants du pays de l'Aleu s'assemblèrent près de l'église de cette ville, sous la conduite de Grard du Bacquelrot, et là « eux armez de cotes de « fer, bassinez, capelines, lances, ars à main et arba- « lestes, se rangierent d'une part et d'autre.... »

Vint à passer entre les deux rangs de Wallons une troupe de Flamands, parmi lesquels on remarquait le bâtard de Neuve-Église, qui devait laisser sa vie en cette affaire. Sur une provocation adressée par deux Fla- mands à Jean le Grard, qui se trouvait par hasard en compagnie des Wallons, les gens de l'Aleu n'en atten- dirent pas plus et « se murent durement et coururent « sur les diz (dits) Flamens, en frapant de kaismaulx et « plançons et de glaives, ceulz sur qui il povoient ad- « venir, et les autres de trais d'ars et d'arballestes, « tellement qu'il y eut desdiz Flamens grant quantité de « playez et de navrez ; et convint que lesdiz Flamens « reculassent par force, et là fut ledit bastard navré « télement que mors s'en ensuy en sa personne. » [1]

L'intervention du comte de Namur, gouverneur du pays de Flandre, au nom de Philippe-le-Hardi, un jugement condamnant les Flamands par défaut, et même de généreuses et sages mesures furent insuf- fisantes pour ramener la concorde et la paix ; le duc de Bourgogne en fut réduit à prescrire un désarmement général.

Pendant que se déroulaient ces événements auxquels le comte de Flandre était plus directement intéressé qu'Iolande, celle-ci partageait la saison d'été entre Clermont et Varennes. Elle accorda le 4 juillet 1388, à

---

[1] Extrait du Comité flamand de France, Bulletin, t. IV, janvier, février et mars 1867.

quelques habitants de Louppy-le-Petit, de la taille du comte de Vies [1], l'avantage d'être de telle et pareille condition que les autres habitants du village, à charge de satisfaire aux mêmes obligations que ceux-ci envers elle [2].

Une partie des joyaux de la comtesse, tels que ceintures, patenôtres, fermaux, affiches, anneaux, miroirs, boursettes, verges d'or et autres objets précieux, tombèrent, vers ce temps, entre les mains de malfaiteurs qui les enlevèrent de l'abbaye de Chéhéry où, suivant toute apparence, ils avaient été mis momentanément en dépôt lors de son départ du Clermontois. Les auteurs du vol se retirèrent, avec leur butin, à Verdun où les soupçons se portèrent sur trois individus dont les officiers de la comtesse découvrirent bientôt la retraite [3]. Leur arrestation se fit par les magistrats de Verdun, et les perquisitions opérées par les soins de la justice locale permirent de retrouver, dans la maison des Lombards de cette ville, presque tous les objets volés ; ils furent immédiatement rétablis entre les mains des principaux agents de la comtesse, qui en donna décharge aux magistrats et aux habitants de Verdun, par lettres expédiées du château de Nieppe, le 25 septembre [4].

Quelques jours après (12 octobre), Iolande fit son

---

[1] Ces habitants étaient hommes *de condition et de taille*, c'est-à-dire qu'ils étaient serfs. Leur supplique et la décision d'Iolande prouvent que ses autres vassaux du même lieu avaient été affranchis.

[2] Archives de Bar, cartulaire no 51, fo 90.

[3] Les trois individus arrêtés à Verdun comme coupables de vols étaient un nommé Wautrin de Bayonville, vigneron à Chéhéry ; Jean dit Courcol de Bayonville, son père, et un autre fils de ce dernier, appelé aussi Jean.

[4] Lettre d'Iolande, communiquée par M. l'abbé Clouez, conservateur de la bibliothèque publique de Verdun. (V. Servais.)

testament [1], On y remarque un témoignage particulier de bienveillance en faveur de Jeanne de Bar, l'une des filles les plus jeunes de Robert et de Marie, à laquelle elle légua ses joyaux les plus précieux. Voici l'article qui la concerne :

« Item, laissons, ordonnons et devisons à Jehenne
« de Bar, nostre fille, en cas qu'elle ne seroit mariée
« devant nostre décès, nostre couronne d'or, à seize
« florons de perles, huict grans et huict petis, dont on
« fait cercle quant on veult, nostre chambre à seraines
« estoffée qui est bordée de blanc, nostre ymaige d'or
« de saint Jehan, avec les reliques de crenel (crâne)
« saint Jehan-Baptiste qui tient devant en ung vassel
« (vaisseau) d'or, et avec ce ung godet ou hanap d'or, à
« couvercle et tous les chappeaux et fermaux qu'elle met
« à présent. »

Jeanne de Bar fut mariée avant la mort de son aïeule; elle épousa en 1393 Théodore Paléologue, marquis de Montferrat [2].

Notons qu'en l'année 1388, Laurequin Leber, dont

---

[1] Archives de Nancy. Voir aux pièces justificatives, d'autres extraits intéressant la Flandre. D'après le cartulaire intitulé : *Mariages, testaments*, au Trésor des chartes de Lorraine, le chapelain d'Iolande, Giles de Truancourt (Triancourt), doyen de l'église Saint-Pierre de Cassel, et Jacques d'Estrassele, prévôt de Saint-Pierre de Douai, assistèrent à la dictée de ses dernières volontés. Ses exécuteurs testamentaires furent Jean Tabary, évêque de Térouanne ; Jean, seigneur de Lor; Tiercelet de la Borre, son maitre d'hôtel ; Jean de Ville, son conseiller, et Jean de Châtillon, son secrétaire. On verra plus tard les motifs qui mirent les exécuteurs testamentaires dans la nécessité de prier le duc de Bar de les remplacer dans l'exercice de leur mission. (V. Servais, « Annales du Barrois ».)

[2] Dont le fils succéda à son oncle le cardinal-duc Louis, par son testament de 1430, en la terre et seigneurie de Puisaye en Auxerrois. — Voir nos « Recherches historiques sur la Puisaye », éditées en 1869 par la Société des sciences de l'Yonne.

il a déjà été question, fut nommé capitaine et garde de la forteresse de Cassel. Sa commission fut donnée le 24 octobre 1390, par lettres en parchemin datées de Nieppe [1].

[1] Registre XI de l'inventaire de la Chambre des Comptes à Lille, et B. 1100. Ce registre doit être consulté pour d'autres faits essentiels regardant la *comtesse Iolande :* voir à la table des pièces justificatives.

CHAPITRE XVI.

Différends entre Iolande et Philippe-le-Hardi.

1388. — Vers cette époque, le duc de Bourgogne voulut faire valoir contre Iolande des prétentions que Robert de Cassel et sa femme avaient déjà repoussées sous ses prédécesseurs, au sujet de Bergues, Nieuport et Donze [1], que Philippe-le-Hardi prétendait lui appartenir. La comtesse, troublée dans la possession de ses droits, eut même à subir de mauvais traitements de la part des employés du prince [2]. Le 1er octobre 1388, défendant pour elle et pour ses héritiers les prérogatives, droits et hauteurs qui appartenaient à ses biens de Flandre, Iolande fit assigner le duc de Bourgogne au Parlement par raison des lois et judicatures qu'il voulait établir dans les villes de sa dépendance. Elle seule, dit-elle, y est dame et principale justicière et comme telle, panetière de Flandre [3].

Huit jours après, le roi Charles VI ajournait en son Parlement le duc et la duchesse de Bourgogne, pour se

---

[1] *Donze*, domaine seigneurial situé vers Gand et dépendant du comté d'Alost.

[2] Même registre XI, p. 393 : « Mémoire des attentats commis par les gens du duc de Bourgogne contre la comtesse de Bar et ses officiers ».

[3] Mss. de la Bibliothèque nationale ; chartes citées par M. Carlier. — Les panetiers étaient officiers de la couronne.

voir condamner à restituer à Iolande les villes et châtellenies en litige. (B. 1075.) Puis, pendant que Jean de Winneselles et divers habitants de la châtellenie de Cassel promettaient, par lettres (12 décembre), de payer au duc de Bourgogne la somme de 2,960 francs et demi, à laquelle ladite châtellenie avait été taxée pour sa part de l'aide de 100,000 fr. accordée audit duc par le pays de Flandre, pour la guerre contre le duc de Gueldre [1], le roi ajournait d'autre part, au Parlement, le bailli d'Alost pour les excès commis par lui contre la comtesse, en sa terre de Rodes, au préjudice de l'appel interjeté par Iolande, d'une sentence du duc de Bourgogne et de son Conseil, et au préjudice des lettres de sauvegarde accordées à ladite dame [2].

1389. — Puis furent produits des mémoires de griefs et excès dont la dame de Cassel et ses officiers avaient eu à se plaindre, de la part du comte de Flandre dernier trépassé et de son gendre le duc de Bourgogne [3]. Le 25 mai suivant (1389), la comtesse obtint du Parlement de Paris défaut contre le duc et la duchesse de Bourgogne, au sujet des priviléges et autorités de Cassel, Dunkerque, Bourbourg, etc.

Le procès traînait en longueur, et le 7 juillet 1390, le Parlement rendit un arrêt accordant jour de Conseil au duc de Bourgogne, sur la demande de la comtesse de Bar, touchant le rachat de Bergues, Neuport, etc. [4]. Cette dernière obtint également du roi un mandement qui la maintenait dans le droit de chasse exclusive en

[1] Archives du Nord; copie du temps, en papier.
[2] Id. original en parchemin.
[3] Archives du Nord; rouleau de papier.
    Id. original en parchemin, écrit en latin.

la forêt de Nieppe (15 décembre) et faisait défense, au duc de Bourgogne et à ses officiers, d'y chasser et y prendre grosses bêtes [1].

1391. — Le 24 janvier suivant, Iolande et le procureur du roi obtinrent encore un défaut contre le souverain bailli de Bergues et d'autres officiers du duc de Bourgogne [2], et le 4 février, le Parlement rendit un arrêt ordonnant que, sur la requête du duc de Bourgogne, la dame de Cassel fera déclaration des lieux autres que Cassel, Dunkerque et Bourbourg où elle se dit être empêchée dans l'exercice de ses droits, pour le don et la création des lois et judicatures [3].

Enfin la cause fut plaidée au fond, sur la fin de l'année 1391. La comtesse réclamait comme sa propriété héréditaire et permanente le revenu des villes, terres et châtellenies de Bergues, Neuport et Donze, qui s'élevait annuellement à 2,131 livres. Après Robert de Cassel, qui en avait joui jusqu'à sa mort, Iolande en avait paisiblement opéré la perception jusqu'en 1354, époque où Louis de Mâle s'en était mis en possession, sans égard aux sommations plusieurs fois réitérées qu'elle lui avait faites de les restituer. Comme le duc de Bourgogne en gardait la possession du chef de sa femme, Marguerite de Mâle, la comtesse l'avait fait assigner devant le Parlement de Paris, pour obtenir la restitution de tous ces biens fonds.

Le duc de Bourgogne prétendait que la comtesse n'était pas recevable à demander cette restitution, pour plusieurs raisons dont la première était la prescription.

[1] Archives du Nord ; original en parchemin, daté de Paris.
[2] Archives du Nord ; original, parchemin, en latin.
[3]   Id.   id.   id.   scellé.

Comme la comtesse ne laissait pas de poursuivre avec chaleur le jugement de cette affaire, le duc et la duchesse de Bourgogne, voulant apaiser Iolande sans attendre le jugement qu'elle prétendait obtenir, lui firent l'offre de lui assigner, au même pays de Flandre, d'autres fonds qui lui produiraient 1,400 livres de revenus annuels. Ces offres furent acceptées. Le Parlement, sur le consentement des parties, rendit un arrêt condamnant le duc et la duchesse de Bourgogne à délivrer à la comtesse les fonds offerts par eux, et la comtesse à laisser Philippe et Marguerite jouir paisiblement des fonds dont ils ont hérité de leur père.

Cet arrêt, du 18 juillet 1391, ne fut exécuté qu'en partie. Les nouvelles difficultés que l'on fit de part et d'autre, quand il fallut assigner les fonds destinés à Iolande [1], donnèrent lieu à un second accord, par lequel la comtesse de Bar se désista de tous ses droits moyennant une somme de 22,000 francs d'or qu'elle reconnaissait avoir reçus du duc et de la duchesse de Bourgogne (14 février 1392) [2].

1389. — Pendant le cours de ce procès eut lieu le décès de Louis de Namur, frère du comte Guillaume. Celui-ci, ayant reçu dans sa part d'héritage les terres de Peteghem et de Bailleul, chargea de les régir son fils Guillaume, seigneur de Béthune (B. 1074.). Cette nomination directe prouve qu'Iolande n'avait pas, dans la châtellenie de Bailleul, un pouvoir aussi étendu que dans celles de Bourbourg, Bergues et Dunkerque et surtout dans celle de Cassel.

---

1 Ces fonds auraient dû lui rapporter annuellement un revenu de 1,400 livres.
2 « Histoire des ducs de Bourgogne », de Dom Plancher ; t. III, Preuves, fol. CLX.

CHAPITRE XVII.

Piété et générosité d'Iolande. — Ses dernières années.

La comtesse se montrait alors animée de toutes sortes de bons sentiments. Sa piété et sa charité redoublèrent ; elle en donna d'éclatants témoignages et les conserva jusqu'à sa mort, malgré l'agitation continuelle de son existence. Flamande et Bretonne à la fois par le sang, elle était fière, courageuse et entreprenante, souvent vindicative et parfois imprudente. Sa rare énergie et son activité prodigieuse ne se démentirent jamais.

Quelques faits aussi simples qu'authentiques permettent d'apprécier la piété charitable et la soumission aux préceptes de l'Eglise, dont Iolande fit preuve en diverses circonstances. Sur sa demande, une bulle du pape Clément VII lui fut expédiée en février 1378 (v. s.), pour la dispenser du jeûne pendant le carême et autre temps ; une autre bulle de la même date permettait aux religieux mendiants qui viendraient alors à son hôtel, de manger de la viande. (B. 970, Parchemin scellé en plomb).

Quelques années plus tard (septembre-novembre 1383), elle donna aux Frères-Prêcheurs de Saint-Omer, à charge de messes, tout le bois nécessaire à la réfection de leur église, et ses marchands de la forêt de Nieppe reçurent l'ordre de le leur délivrer. (B. 1013.) En 1386 (avril-juin), elle fit remise à l'abbaye de Saint-Augustin, près de Térouanne, de deux annuités de la rente dont leur terre de Tout-li-Faut, près de la forêt de Nieppe, était chargée envers elle. (B. 1048.) Moins d'un an après (mars 1387), par reconnaissance pour la donation qu'elle avait faite d'une mesure et demie de terre située à Winnezeele, Jean, abbé de Saint-Augustin, promit de dire annuellement une messe haute pour les trépassés. (B. 1057.) Plus tard encore (novembre 1394), ce même abbé et les religieux de son couvent renouvelèrent leur promesse. Ils s'engagèrent à célébrer tous les ans, après le décès d'Iolande, une messe pour le repos de son âme, et à la faire participer, de son vivant et après sa mort, à toutes les prières de la communauté, en considération des biens qu'elle a donnés et amortis à leur église. (B. 960 et 1239.) Ce fut sans doute également pour reconnaître un acte de munificence d'Iolande et sur lequel sa modestie aura voulu jeter le voile de la discrétion, que le prévôt, le doyen et le chapitre de Saint-Pierre de Douai promirent (novembre 1391) de dire tous les ans, à perpétuité, une messe pour la dame de Cassel. (B. 1147.)

1390.—Sur la fin de sa vie, la comtesse Iolande donna, à la ville et au clergé de Verdun, des témoignages éclatants de son retour à des sentiments tout à fait opposés à ceux qu'elle avait manifestés, à leur égard, pendant sa jeunesse. Elle fonda le 24 mars 1390, dans l'église cathédrale de cette ville, qu'elle visitait souvent, une chapelle de la Vierge, à l'autel de Saint-Jean-Baptiste. Le chapelain devait y célébrer à perpétuité trois messes par semaine, l'une du Saint-Esprit ou de la solennité du jour ; l'autre, de la Sainte Vierge, et la troisième, de *Requiem*. Elle consacra à l'entretien de ces services un revenu de 23 livres, pris sur des biens situés dans le Clermontois (V. Servais), et donna en même temps au chapitre 7 livres de rente pour la fondation de son anniversaire. A la demande de sa mère, le duc Robert amortit, le 16 avril suivant, les biens affectés à ces fondations [1]. Sa propre piété et son affection pour l'église de Verdun le portèrent, à son tour, à y donner les deux tiers de l'avouerie de Ligny, près Dun, pour réparer les dommages que ses prédécesseurs y avaient causés.

Au printemps de 1391, Iolande résidait en son château du bois de Nieppe. Voulant favoriser l'exécution du projet de cinq ou six particuliers qui lui avaient manifesté l'intention de former une sorte d'ordre religieux, pour se livrer en commun à des exercices de piété, elle leur fit délivrer, dans la forêt de Nieppe, un emplacement pour y construire un monastère et une chapelle où ils devaient résider et se livrer au culte de Dieu. Elle prit, le 22 avril, l'engagement d'amortir le terrain concédé [2] aussitôt qu'ils auraient été soumis à un régime et assujétis, par le pape et les autres autorités religieuses compétentes, à une règle convenable pour la célébration du service divin dans leur maison [3].

La vieille chapelle du château de la comtesse, à Dun-

---

[1] Wassebourg, t. II, fol. 450. — Roussel, « Histoire de Verdun », p. 360. — Archives de Bar. — V. Servais, « Annales du Barrois ».

[2] La situation de ce terrain n'est pas mentionnée; mais il est probable que ce ne fut pas à Préavin où le duc de Bar fit bâtir en 1396 le couvent des Trinitaires.

[3] Du Fourny, « Inventaire de Lorraine », t. VI, fol. 374. L'un de ces aspirants se nommait Laurent Taupin. (V. Servais.)

kerque, avait éprouvé quelques dégâts. Iolande les fit réparer, et son plombier, Jacques le Poech, bourgeois de Bergues, donna, en décembre 1391, quittance de la somme qui lui était due pour livraison d'une certaine quantité de plomb employée à couvrir les voies autour de cette chapelle. (B. 1149.)

Vers le commencement de l'automne, elle avait institué dans sa maison un office nouveau : c'était la charge de gouverneur général de ses terres et seigneuries. Le titulaire, Perceval de Bazaille, eut un traitement fixe de 30 livres tournois par an et un supplément de 10 sols par jour, quand il voyageait pour les affaires de son emploi [1].

Les cartulaires de la dame de Cassel et les cartons des archives signalent encore des réclamations de fonds et de menues dépenses [2] pour l'approvisionnement du château de Nieppe (2e cartulaire), ainsi que les sommes payées par Jean de Beauvoir, clerc des provisions, pour diverses réparations et fournitures de matériaux [3] aux châteaux de Nieppe et de Warnêton. Ils nous montrent la dame de Cassel séjournant de nouveau, au commencement de l'année 1394, à Clermont en Argonne (B. 1157), où François de Wisque, chevalier, qu'elle indemnise de ses frais de voyage, va la rejoindre, en mars, avec sa femme. On l'avait vu précédemment à Dunkerque, à Gand (B. 1149), et plus tard à

---

[1] Du Fourny, « Inventaire de Lorraine », t. II, fol. 685. — Notre « Mémoire sur l'apanage de Robert de Cassel ».

[2] Elle mande en novembre à André Langhemare, bailli de Dunkerque, qu'elle a envoyé Guillaume, son maréchal, à la fête de Ghistelles, pour ganteler des chevaux, en même temps qu'elle l'invite à lui délivrer une somme sur les deniers des exploits de son bailliage.

[3] B. 1209. — B. 1189. — B. 1221.

Tournai, etc., comme nous le prouverons bientôt en donnant un détail curieux relatif à ce fait.

1393. — Les arrangements et accords signés entre Iolande et le duc de Bourgogne n'avaient pas vidé tous leurs différends. Quoique la comtesse eût obtenu de Philippe-le-Hardi, d'abord en juillet 1393, un acte d'adhéritement des fiefs et arrière-fiefs des châtellenies de Cassel, Bourbourg et bois de Nieppe (B. 1220) ; puis en septembre, des lettres qui reconnaissaient le droit de lagans de mer (épaves) et la propriété de toutes choses venant par lagans au port de Dunkerque [1], comme elle en avait joui précédemment, de nouvelles contestations s'élevèrent sur d'autres points.

Le 7 mars 1394, le duc de Bourgogne manda au souverain bailli de Flandre et aux baillis d'Ypres et de Bergues d'ajourner par-devant les gens de son Conseil, en sa Chambre de Lille, certains officiers et familiers de la comtesse de Bar, dame de Cassel, et d'arrêter et prendre au corps divers individus nommés dans cet écrit, comme accusés d'abus de justice, excès, exécutions et autres crimes. (B. 1229.)

En juillet, ce fut le tour d'Iolande. Elle assigna le duc devant le Parlement de France, pour obtenir l'élargissement de son receveur général, Pierre de Waterleet, que Philippe-le-Hardi retenait en prison. (B. 1235.) En août, elle fournit une supplique pour obtenir provision d'appel dans cette même affaire. (B. 1236.) Faisant droit à sa demande, le Parlement ajourna les conseillers du duc et le châtelain de Lille, pour conflit de juridiction avec les officiers de la comtesse de Bar. (B. 1237.)

[1] Original en parchemin. Invent. des chartes, ancien registre VII.

Mais ce n'était pas la seule contestation dans laquelle fût engagée la dame de Cassel. Depuis 1391, elle était en différend avec les religieux de Saint-Bertin, à Saint-Omer. Les commissaires du comte de Flandre, Eloi Scaet, bailli d'Ypres, et Ghérard du Bos, écuyer, avaient chargé, dans le courant d'octobre, Jacques Roelot, Jean de Dickebusch et Joris Derslehaghe, sergents au bailliage d'Ypres, d'assigner l'abbé et les religieux de Saint-Bertin ainsi que la dame de Cassel, à Saint-Omer, au sujet du débat qui existait entre eux. (B. 1141.) L'affaire n'était pas encore terminée, et Iolande soutenait encore une instance contre ces religieux (1225), qu'elle obtenait du Parlement (avril 1393) un arrêt en sa faveur, contre les hommes de fief de la terre et seigneurie de Cassel, [1] qui refusaient d'y faire loi. (B. 1212.)

L'un des récalcitrants, nommé Lambin Caule, était retenu de ce chef dans les prisons de Cassel ; Iolande donna ordre de l'en retirer et de le transférer dans celle du château de Nieppe. (B. 1212.)

Enfin, il existait à Caestre, diocèse de Térouanne, une maison religieuse, autrefois aux Templiers [2], dont le maître était G. Dumont, frère de l'ordre de Saint-Jean de Jérusalem. Iolande lui contesta la justice comme dépendance de ses domaines de la châtellenie de Cassel.

1395. — Après la solution intervenue au sujet des abus de pouvoir commis par ses officiers, Iolande donna déclaration ou dénombrement des terres qu'elle tenait

---

[1] Voir aux pièces justificatives le n° 63.

[2] Cette maison, depuis près d'un siècle, n'était plus à la commanderie des Templiers (supprimés sous le roi Philippe-le-Bel), mais à l'ordre de Saint-Jean-de-Jérusalem auquel appartenait le frère G. Dumont.

en foi et hommage du comte de Flandre, savoir : Cassel, Dunkerque, le bois de Nieppe, Warnêton, Gravelines, le pont d'Estaire, Bourbourg, et de celles qu'elle tenait de l'Empire : Bornhem, Roddes, Vindic, etc., seigneuries à cause desquelles elle était panetière de Flandre. (B. 1246 et original en parchemin, scellé de cire rouge, signé à Paris le 10 mai 1395.)

Les procès d'Iolande semblaient près de finir; il ne lui restait plus qu'à comparaître à Alost où elle était assignée par-devant les gens du duc, au sujet du dénombrement qu'elle devait pour les terres de ce pays, le dernier qu'elle eût à faire, lorsque la détresse de ses finances lui suscita un nouveau désagrément. Le peu de patience et de ménagements qu'elle avait apporté envers autrui, en certaines affaires, et sans doute la hauteur de ses refus de paiement excitèrent contre elle un de ses créanciers. A la requête de Théry Prevost, changeur et bourgeois de Tournai, elle fut arrêtée pour dettes en traversant cette ville pour se rendre à Alost. Le mayeur et les échevins témoignèrent par un certificat du 10 juin 1395, jeudi, jour du Saint-Sacrement, que la comtesse de Bar, prisonnière en leur ville où elle avait été arrêtée pour dettes, ne pouvait se rendre à Alost par-devant les gens du duc. (B. 1247.) Le procédé du changeur tournaisien peut paraître d'autant plus étrange que sa créance était garantie par un nantissement de vaisselle et d'autres objets précieux. Iolande obtint l'avance de fonds nécessaire pour sa libération (juillet 1395), se fit donner quittance par Théry Prevost (B. 1248), et le duc de Bourgogne délivra des lettres de non-préjudice (août) à l'occasion de la levée d'une aide extraordinaire sur les états de la dame de Cassel

(B. 1249.) Mais d'autre part, il chargea le chevalier Lancelot, bailli de Nieuport, de prendre, en son nom, possession du château de Nieppe¹ qui lui fut remis au nom de la comtesse (5 septembre), et après avoir gardé le château de Nieppe huit jours, conformément à sa commission, ledit Lancelot le remit à Pierre de Watrelet, receveur général de la comtesse, chargé par elle de le recevoir.

Michel Cornette, alors clerc d'hôtel d'Iolande, donna en décembre quittance des sommes à lui avancées aux deniers du duc de Bourgogne. (B. 1253.)

---

1 Inventaire des chartes ; ancien registre VII.

CHAPITRE XVIII.

Décès et sépulture d'Iolande.

Les auteurs varient sur le jour et le lieu de la mort de la comtesse. Faulconnier, l'ancien historien de Dunkerque, a dit que Madame Iolande mourut le 12 octobre 1395 ; l'« Art de vérifier les dates » (article Bar) dit 1396 ; dans un passage de Duchesne, on lit : juillet 1396 [1] ; N^as Dorival, dans ses mémoires sur la Lorraine et le Barrois, cite une autre date. Le père Anselme seul est exact en ce point. Selon lui, Iolande fit hommage au duc de Bourgogne, comte de Flandre, pour et au nom du duc de Bar, son fils, des terres qu'elle avait en Flandre, par acte passé à Ypres le 10 mars 1394 (v. s.), et mourut le 12 décembre suivant.

Quant au lieu du décès de la dame de Cassel, des auteurs fort recommandables, tels que de Maillet et Dom Calmet, indiquent la ville de Metz. Cette assertion nous paraissait d'autant moins probable que la ville où son fils avait été longtemps retenu prisonnier et où elle-même avait été autrefois injuriée, ne devait pas

---

[1] « Carissimus avunculus noster dux Barrensis processum resumens loco « defunctæ comitissæ Barrensis, dominæ Nogento-Retrodi (baronnie et « châtellenie de Nogent-le-Rotrou dont Iolande avait hérité de sa mère), « quæ ab anno citra diem summum clausit extremum die vii julii « mcccxcvi. » (Extrait des registres de la Cour du Parlement. « Preuves de Bar, p. 49.)

avoir assez d'attrait pour l'y faire séjourner dans sa vieillesse.

Le père Richard de Wassebourg [1] dit que Iolande mourut à *Meppe*, et M. Carlier, l'auteur d'« Henri d'Oisy », pense que ce Meppe ne doit être autre chose que Nieppe en Flandre, qui fut la résidence favorite d'Iolande. Il ajoute que ce qui corrobore son opinion à cet égard, c'est qu'elle avait ordonné sa sépulture en l'église de Térouanne.

Faulconnier avait dit bien antérieurement : « Mourut « fort âgée à Nieppe, en son chastel de la Motte-au- « Bois [2], Madame Iolande de Flandre, etc. » Il est d'accord en ce point avec le père Anselme, qui rapporte que, par son testament, la comtesse élut sa sépulture en l'église de Térouanne, d'où son fils la fit transférer en l'église de Saint-Maxe de Bar, le 2 janvier après sa mort.

Nous avons été assez heureux pour trouver, aux archives départementales du Nord, un document qui constate simultanément l'époque de son décès et la localité où il eut lieu. C'est une supplique datée de mars 1396, adressée au duc de Bar Robert, par les proviseurs de la paroisse de Morbeque, afin d'obtenir des aumônes, « à cause que sa mère fut administrée et « mourut le 12 décembre 1395, en cette paroisse [3] ». En effet, le *chastel* de la Motte-au-Bois de Nieppe dépendait et dépend encore de cette église [4].

---

[1] R. de Wassebourg, né à Bar-le-Duc, « Antiquités de la Gaule-Belgique ».

[2] *Ter Casteele van 'thout van Yepen.*

[3] B. 1256, et Inventaire des chartes, t. VII, p. 6 de l'année 1395; pièce en papier.

[4] Voir pièces justificatives, nᵒ 65. Voir aussi à ces pièces, un article concernant le *Château de Nieppe* et *Morbecque*.

Une autre preuve de l'exactitude de cette date se trouve dans une lettre par laquelle Robert, duc de Bar, marquis du Pont, seigneur de Cassel, en résidence au château de Nieppe, fonda, le 1er juillet 1396, un obit annuel en l'église de Térouanne, pour l'âme de sa mère, à dire le jour de son trépas, le 12 décembre ou au plus prochain jour commode. — Sous le vidimus de l'official, le 15 juillet 1396 (Orig. en parch., scellé du scel dudit official, en cire verte, pendant à double queue de parchemin [1]).

Cet anniversaire se célébrait également en l'église de Bornehem. La comtesse lui avait légué 30 francs, monnaie de France, pour l'acquisition des revenus nécessaires à la célébration d'un obit annuel. En exécution de cette clause testamentaire, Gilles, prieur de Bornehem, diocèse de Cambrai, et Jean, curé du même lieu, reçurent cette somme des mains de L. le Toer, receveur du duc de Bar (17 mars 1401). Le prieur devait avoir deux parts, et le curé la troisième, d'après ce qu'apprennent des lettres-patentes du 4 mai 1400 [2].

Iolande avait exprimé, en 1388, dans son testament, l'intention d'être inhumée dans l'église de Térouanne, à laquelle elle avait donné, entre autres legs, une somme d'argent pour fonder une chapelle et célébrer un obit perpétuel. Mais comme elle avait témoigné, depuis, le désir de reposer dans la collégiale de Saint-Maxe, près du comte Henri IV, son premier mari, Robert, en vue d'accomplir les dernières volontés de sa mère, et entraîné par le désir de voir son corps reposer à Bar,

---

1 Inventaire des chartes, t. VII, p. 6 de l'année 1396, et B. 1260.
2 Original en parchemin dont les sceaux sont perdus.

chargea les commissaires qu'il envoya en Flandre, de négocier sa translation avec le Chapitre de Térouanne. Ceux-ci obtinrent le consentement des chanoines en prenant, au nom du duc, le 2 janvier 1396, jour où, d'après le père Anselme, le corps de la défunte fut transporté à Bar, l'engagement de fonder dans l'église de Térouanne un anniversaire perpétuel au jour de la mort d'Iolande, d'affecter à cette œuvre une rente de 12 livres tournois, et de payer au Chapitre la somme de 100 livres pour un service solennel qui devait être célébré au jour à fixer ultérieurement.

Le Chapitre consentit en outre à s'en rapporter au duc à l'égard « d'or, vêtements et autres legs » que la testatrice pouvait avoir faits à son église [1]. Robert confirma ces arrangements le 1er juillet suivant, lors de son voyage en Flandre ; il assigna, sur des biens situés en ce pays, la rente promise pour l'anniversaire, et en outre des 100 livres stipulées pour le service solennel, il fit remettre une somme égale dont le Chapitre put disposer à sa volonté. Ce dernier don était sans doute une compensation des objets précieux légués à l'église et que Robert voulut conserver [2].

Transféré à Bar-le-Duc, le corps de la comtesse avait été enterré à Saint-Maxe, dans le tombeau où les cendres du comte Henri IV reposaient depuis plus de cinquante ans. Les comtes de Bar avaient fondé en 992 [3], dans la ville haute, au fond d'une vaste cour de leur château, l'église collégiale de Saint-Maxime ou Saint-Maxe (abbé de Chinon), qui continua d'être la chapelle

[1] Comptes du temps.
[2] Du Fourny, « Invent. de Lorraine », t. II, p. 267.
[3] N. Dorival.

paroissiale de leur maison et fut choisie pour le lieu de sépulture de plusieurs comtes et ducs [1].

On fit à Iolande de pompeuses obsèques [2], et le mausolée en marbre blanc qui fut érigé dans la chapelle de Saint-Jean-Baptiste, fut décoré de figures en marbre blanc, couchées et représentant les deux époux. Le portrait de la comtesse fut aussi peint à fresque sur le mur près de la tombe. La destruction de l'église donne lieu de regretter qu'on n'ait pas eu la pensée d'en prendre une copie.

Plusieurs services religieux furent célébrés dans d'autres villes, entre autres à Etain où le prévôt, Androuet Loiaire, reçut à sa table, le jour de la célébration, Mgr Vernier, le curé, son chapelain, deux prêcheurs et plusieurs autres personnages qui y avaient assisté. Le compte qui relate ces faits porte la dépense de la cire à 2 livres.

Tel est le relevé des faits que nos recherches nous ont permis de rassembler sur l'existence de la dame de Cassel. Le rôle politique auquel l'appelèrent l'éclat de sa famille, ses alliances et son caratère personnel, le rang distingué que ses descendants occupèrent dans les

---

[1] Le Chapitre était composé d'un doyen, de douze chanoines, de plusieurs chapelains et de quatre semi-prébendes. Il ne reste plus de vestiges de l'église, qui fut enveloppée dans la destruction des couvents en 1792 ; à peine peut-on à présent en montrer l'ancien emplacement. C'est une perte très regrettable pour les arts. Quant aux ossements qui se trouvaient dans les chapelles de Notre-Dame et de Saint-Jean-Baptiste, ils ont été recueillis et déposés, dans un sarcophage, à la droite de l'église de Saint-Pierre de la ville haute de Bar-le-Duc. Au-dessus du monument est représentée la mort, célèbre squelette en albâtre, (encore garni de grands lambeaux de chairs), dû au ciseau de Richier, élève de Michel-Ange, qui appartient au mausolée d'un prince d'Orange tué en 1544 au siège de Saint-Dizier.

[2] Elles durent avoir lieu entre le 2 janvier et le 20 mars 1396. (Voir Servais, « Annales du Barrois ».)

cours de France, d'Angleterre et d'Aragon, la domination souveraine qu'ils exercèrent sur la Sicile, l'Anjou et la Lorraine, suffiraient à justifier notre entreprise ; mais l'attachement qu'Iolande a toujours montré pour ses sujets de la Flandre, sa prédilection marquée pour le séjour de notre contrée, devenue sa patrie adoptive, le désir qu'elle avait momentanément manifesté d'y reposer après sa mort, et l'agitation comme les péripéties de sa longue carrière, étaient autant de motifs particuliers pour réclamer notre participation aux travaux qui doivent tirer de l'oubli la mémoire d'une si remarquable princesse. Les matériaux réunis dans cet opuscule tenteront peut-être une plume habile. S'ils peuvent faciliter l'entreprise d'un écrivain désireux de présenter, sous une forme attrayante, le récit d'un règne fécond en événements dont se sont enrichies les annales des anciennes châtellenies de la West-Flandre, nous croirons n'avoir point perdu le temps consacré à cette partie du labeur filial [1] que nous nous sommes imposé.

[1] Nous serons heureux du bon accueil qui pourrait être fait à ce travail par nos lecteurs-amis, car nous sommes dans notre 78ᵉ année, et nous pensons que cela doit mériter de l'indulgence.

CHAPITRE XIX.

Armes, sceaux et contre-scels d'Iolande.

Les armes d'Iolande, avant son premier mariage, étaient celles de son père, que le P. Anselme blasonne : FLANDRE : *d'or au lion de sable armé et lampassé de gueules, avec brisure de branche cadette*, c'est-à-dire : *bordure engrelée et componnée d'argent et de gueules* [1].

Elle y joignit parfois, en écartelé, le blason de ses aïeux ou de sa mère, Jeanne de Bretagne, désigné comme suit par A. Duchesne : BRETAGNE, qui était lors de *Dreux* (échiqueté d'or et d'azur) *au franc quartier d'hermines, avec bordure de gueules* [2], ainsi qu'on peut le voir à notre planche II de Flandre, branche cadette.

Lors de son union, en 1340, avec le comte Henri IV, Iolande ajouta ses armes paternelles de Flandre à celles de l'ancienne famille du comté de BAR, qui étaient *d'azur à deux barbeaux adossés d'or, l'écu semé de croix recroisetées au pied, fiché de même* [3].

Nous avons reproduit ces armes, soit isolées sur cer-

1 T. I, p. 282, et pl. I, fig. 3 de Flandre, branche cadette.
2 Sur un arbre généalogique conservé aux archives de Bar-le-Duc, il y a seulement *hermines* sans Dreux. C'est sans doute par omission.
3 Pl. I de Bar, fig. 3, et pl. III, fig. 2, contre-scel.

tains sceaux et contre-scels, soit conjointes en partis [1], soit enfin écartelées (1 et 4 Bar, et 2 et 3 Flandre branche cadette : *Flandre-Cassel :* Frères de Ste-Marthe.)

Quand la comtesse Iolande se maria en secondes noces, en 1352, elle quitta les armes de Bar pour prendre, sur ses sceaux, celles du prince de Navarre, son deuxième mari, dont le blason est NAVARRE [2] *et* LONGUEVILLE mi-parti ou écartelé. On voit quelquefois les armoiries du comté de Longueville seules sur l'écu. Elles portent : *d'azur semé de lis sans nombre (France), au bâton componné d'hermines et de gueules mis en bande brochant sur le tout* [3], comme à notre planche IV [4], et sur la planche III de Bar, fig. 2 *bis,* sceau du comte de Longueville, où se voient les figures allégoriques des quatre évangélistes.

Le petit cachet d'Iolande (fig. 4 de la pl. III) porte également de Navarre et Longueville ; mais les armes de Bar se trouvent encore aux petits carrés d'un autre scel (fig. 3 de la pl. IV). Elles y sont accompagnées alternativement de figures représentant soit le *lion de Flandre,* soit le *yak* du pavillon royal d'Angleterre ; ceci à l'exemple de Jeanne de Bretagne (de royale origine), qui l'a de même figuré au carrelage du fond de son beau scel [5].

[1] Planches de la maison de Bar, fig. 3, et pl. III de Bar, fig. 2, contre-scel.

[2] Navarre composé de *croix, sautoir et orle, de deux pièces de chaînes, d'or, au champ de gueules*.

[3] Dans les armes de la *maison d'Evreux*, appartenant à Navarre, le bâton est componné d'argent et de gueules.

[4] P. Anselme, t. I, p. 282, Palliot, etc.

[5] Jeanne de Dreux était petite-fille d'Iolande, veuve du roi d'Ecosse.
Obs. Jeanne de Bretagne, femme de Robert, sire de Cassel, devait être

Le riche scel d'Iolande qui vient d'être trouvé (fig. 1, pl. IV), où cette princesse s'intitule comtesse de Bar et de Longueville et dame de Cassel, comme au contre-scel (fig. 2), représente seulement à son fond des têtes de lion de Flandre à des carrés qui alternent avec ceux où figurent des croix de Navarre et d'autres croix, comme signes religieux ou bien croix recroisetées de Bar.

Ce scel des plus précieux, que nous avons le bonheur de posséder d'une manière bien singulière, a 8 centimètres de diamètre. Il est en cuivre rouge mélangé d'un tiers à peu près d'argent. Des ouvriers travaillant en Bretagne le trouvèrent en pratiquant la tranchée du chemin de fer près de Châteaulin (département du Finistère).

M. Rigaud, entrepreneur à Auxerre, qui dirigeait les travaux de déblaiement et de terrassement pour cette voie, en devint le premier possesseur, mais sans savoir ce que c'était. Personne ne se doutait ni de la provenance, ni de la valeur scientifique de ce cuivre, quand un jour nous en remarquâmes une empreinte en cire rouge chez M. Guesnier, graveur en cette même ville. L'artiste avait entrepris de nettoyer le cachet alors très oxydé et rendu méconnaissable par la terre boueuse et le mortier des gravats. Il avait été très longtemps et assez profondément enfoui, on ne sait comment, dans un terrain de remblai situé, dit-on, non loin d'anciennes ruines d'une abbaye.

de la même famille que saint Winoc, abbé et patron de Bergues, dont les armes sont *de gueules aux trois léopards*, et parti de *Dreux*.
(Voir la planche concernant ce saint Winoc et son blason, au *Bulletin* du Comité flamand, de l'année 1874.)
Saint Winocq ou Winocx, seigneur breton, bâtit à Bergues une abaye sur le Groënberg (la verte colline), qui fut l'origine de la ville.

Il serait difficile de dire quelle fut notre émotion, notre surprise à la vue de cette empreinte. C'était un grand bonheur que de mettre ainsi la main sur un magnifique scel de la princesse dont nous venions justement de terminer l'histoire. Ce scel nous l'avions cherché en vain depuis plus de vingt années ; nous n'en possédions qu'une empreinte en cire, autrefois appendue à un acte en parchemin de la comtesse, et nous n'avions pu en prendre le dessin que sur cet exemplaire, déjà un peu fruste, et sur la reproduction du sigillographe Vredius.

Notre découverte si inattendue est une pièce officielle que nous nous empressâmes d'acquérir. Elle doit dater de l'époque où la comtesse de Bar, mère du duc Robert, encore mineur, se remaria. Iolande est debout : à ses côtés sont deux blasons aux armes de Navarre-Longueville, portés chacun par un homme, espèce d'athlète. De petits génies en soutiennent les draperies. L'écu de dextre est écartelé des armes de Navarre (1 et 4) et de celles du comté de Longueville (2 et 3). Le blason placé à sénestre est parti de même et parti aux armes de Flandre, au lion de sable, avec la brisure de la branche cadette, attribuée à Robert de Cassel.

La comtesse a dû employer ce scel particulièrement après la mort de Philippe de Longueville qui finit sa carrière en 1363, et elle s'en servit jusque vers 1380, époque où on la voit reprendre, en certains actes, son premier scel de comtesse aux armes de Bar.

Il est difficile d'expliquer la présence de ce scel en Bretagne ; mais la fille de Jeanne de Bretagne a pu séjourner dans le pays de ses ancêtres maternels, et d'ailleurs elle possédait non loin de là, du chef de son père, dans le Petit-Perche, la baronnie d'Alluye, Montmirail, etc., où nous savons qu'elle s'est rendue plusieurs fois.

Dans les « Éléments de paléographie » de Natalis de Wailly, il est dit, t. II, p. 158 : « Iolande employait, en
« 1373, deux sceaux ronds de 2 p. 3/4 de diamètre.
« On la voit debout entre deux écussons, soutenus
« chacun par un homme sauvage et une femme; deux
« autres femmes retiennent la draperie rattachée aux
« ornements gothiques qui règnent dans le haut du
« champ. Un de ces types la représente croisant les
« bras, l'autre étendant la main vers les deux écussons
« dont les armoiries sont les mêmes sur l'un et l'autre
« sceau.

« L'écusson placé à sa droite est écartelé au 1er et
« au 4e aux armes de Bar; au 2e et au 3e de France,
« brisé d'un bâton en bande, les deux quartiers supé-
« rieurs brisés d'un lambel de trois pendants. L'autre
« écusson est parti : le 1er coupé en chef aux armes de
« Navarre, en pointe semé de France, et brisé d'un
« bâton en bande, le 2e aux armes de Flandre.

« Ce second écusson se retrouve sur les deux contre-
« sceaux. L'empreinte sur laquelle il est entouré des
« symboles des quatre évangélistes porte pour légende :
« S. YOLAT D. FLADRES COMTESSE DE BAR Z DAME D.
« CASSEL.

« On lit sur l'autre contre-sceau : YOLANT DE FLAN-
« DRES COMTESSE DE BAR, DE LONGVEVILLE, DAME DE
« CASSEL. »

Nous ne relèverons pas toutes les inexactitudes de ce passage de de Wailly, qu'il sera facile aux spécialistes de rectifier par la comparaison avec les types des scels et contre-scels de la comtesse ; nous nous bornerons à dire que l'écusson de droite de ces derniers scels n'est nullement aux armes de Bar (cela ne pouvait être à cette époque [1]), mais il offre uniquement en écartelé les armes de Navarre et de Longueville *sans le lambel à trois pendants* dont parle l'auteur susdit, quoique du reste cette brisure appartienne aux armes de Philippe de Navarre, comme cadet de la maison royale.

Quant aux *bras d'Iolande* que M. N. de Wailly dit avoir observés *croisés,* sur l'un de ces scels, c'est encore une erreur. La comtesse y porte sur la main senestre un petit chien qu'elle caresse de l'autre main, comme il est facile de le voir sur la reproduction, faite avec exactitude, de notre sceau récemment découvert [2].

Après le décès de Philippe de Navarre (1363), la comtesse reprit en un temps les armes de son premier mari, tout en continuant de s'appeler comtesse de Bar et de Longueville. Ceci se prouve par son dernier grand scel attaché en 1378 aux actes, règlements et lettres de priviléges accordés aux habitants de Cassel, et dont nous avons parlé en leur temps.

D'après Du Fourny, la comtesse avait aussi un autre scel dont la figure était en losange ; mais nous ne l'avons rencontré nulle part. Il en est de même du cachet ou *signe d'or* dont Iolande fut dépouillée, dit-

---

[1] L'emblême des *deux bars adossés* ne fut employé par la comtesse que lors de son premier veuvage, puis de nouveau (mais non accompagné des armes de Longueville), une quinzaine d'années surtout après la mort de son second mari, ainsi qu'on peut s'en assurer par notre brochure sur la Puisaye, publiée en 1869, et à sa planche n° 2.

[2] On peut voir dans ce fait une imitation commandée par Iolande du scel de Jeanne de France, femme d'Eudes IV, duc de Bourgogne, où la princesse tient un écureuil sur la main gauche.

on, en 1371, lors de son arrestation et qui lui fut rendu en 1374 par son fils Robert.

Du reste, les modèles de sceaux d'Iolande que nous avons reproduits d'après O. Vredius [1] et Paillot [2] sont suffisants pour donner une idée des soins apportés au xive siècle à la gravure des sceaux de la noble dame de Cassel.

[1] Sigilla comitatum Flandriæ, etc. Bruges, 1639. Plan 103 et 104.
[2] « Sciences des armoiries, etc. »

CHAPITRE XX (Supplément).

Armoiries de Cassel au XIVᵉ siècle.

Pour compléter ce travail, examinons les armoiries de Cassel au temps de sa Dame Iolande. La ville, l'Échevinage et la bourgeoisie avaient un scel spécial, comme les justices, la cour et la châtellenie.

Nous avons dit ailleurs que les armes de la ville de Cassel furent d'abord et successivement une clef en pal, à simple ou double panneton [1], qui servait ainsi, de contre-scel pendant le XIIIᵉ siècle, au temps de Jeanne, comtesse de Flandre, etc. [2]; puis ces armes furent une clef double tenue par une main [3], et enfin deux clefs distinctes placées de même en pal, le panneton en chef, et tenues par une main avec avant-bras [4]. Au temps de la majorité d'Iolande, entre ces deux clefs était jointe une épée de sable, en pal, la pointe en l'air ou en chef [5]. Cette épée, seule, avait été l'emblème de la vicomté ou burgraviat de Cassel [6].

---

[1] Planche frontispice, fig. 3 et 4.
[2] Sceaux de 1237 et 1245.
[3] Contre-scel de 1279 et 1328.
[4] Pl. front., fig. 5.
[5] Pl. front., fig. 7.
[6] Pl. front., fig. 6.

Ces armes parlantes adoptées au XIVe siècle et conservées depuis lors, indiquaient sans doute la force et la puissance de Cassel. [1] D'Hozier les blasonne : *d'or aux clefs et à l'épée de sable* ; d'autres disent : d'argent à l'épée en pal, la pointe en haut, de sable, et **deux** clefs au chef en pal, de même.

Les scels anciens de Cassel, destinés à représenter son Échevinage, sa bourgeoisie et même la circonscription judiciaire de sa châtellenie, ont également varié. Sur un acte de 1337, conservé aux Archives nationales, le château ou donjon est entouré d'une double enceinte ou galerie crénelée. Deux tourelles ou pavillons y sont joints, et à la porte d'entrée du château est placée latéralement *une clef unique et simple en pal*. Le contre-scel porte *une clef à double panneton*, mais sans inscription [2].

En 1245, le scel de l'Échevinage de Cassel offre un château ayant un dôme. Il est entouré d'une enceinte double à créneaux, mais ne présente ni porte ni clef [3]. Même contre-scel.

Les échevins et la Communauté de Cassel se servaient encore du même sceau en 1328, avec un autre contre-scel portant la légende : SECRETUM NOSTRUM [4].

---

[1] C'est à cause de ces *Clefs et de l'épée* qui les accompagne sur les armes de Cassel, que fut fait, il y a quelques siècles, le distique suivant :

En claves quibus affirmes hæc Flandrica Tempe;
Si malus irrumpat, dejicere ense potes.

[2] Sceau et contre-scel, n° 1 ci-contre.

[3] Scel et contre-scel n° 2   idem.

[4] Scel et contre-scel n° 3   idem.

Au temps d'Iolande, vers 1378, le sceau de l'Administration communale de Cassel se trouve encore renouvelé, soit par perte des autres, soit par changements. On y voit alors la porte, avec herse, fermée; les clefs et l'épée y manquent, mais se retrouvent parfois au donjon du contre-scel [1]. C'est précisément l'inverse de ce qui eut lieu plus tard pour les grands scels à donjon : les armes de la ville y sont figurées sur la porte. Un sceau de 1378, portant la légende : s. CVRIÆ CASLETANÆ ('thoff van Cassele), et gravé pour la cour de justice établie au XIIIe siècle par Jeanne, comtesse de Flandre, reproduit le dessin et la dimension de celui du temps d'Iolande.

Pour ne pas insister sur ce sujet, nous renvoyons le lecteur à notre *Mémoire sur les armoiries, scels et bannières de Cassel,* publié en 1862 dans les « Annales » du Comité flamand de France, t. VI. Il y est également question des monnaies frappées à Cassel, soit au temps du roi Charles-le-Chauve, soit sous Jeanne de Constantinople, et aussi sous Iolande de Flandre.

---

[1] Sceau et contre-scel n° 4 et planche frontisp. fig. 8. Le scel n° 4 ci-contre est celui qui était appendu à l'acte officiel de 1378, dont copie est le n° 49 de nos documents justificatifs de la fin de ce travail.

N° 2.

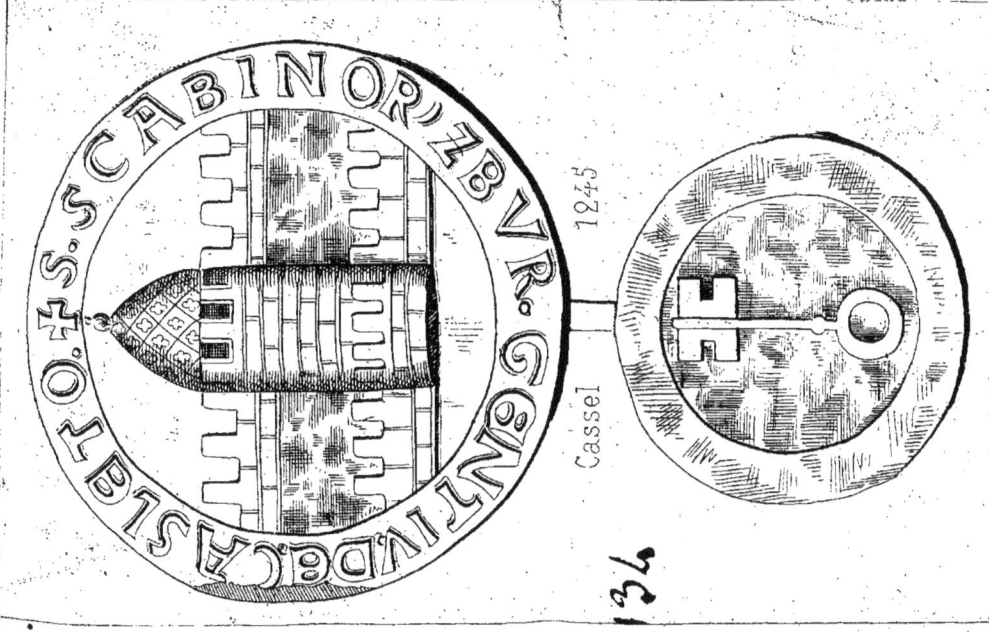

Cassel 1245

N° 1.

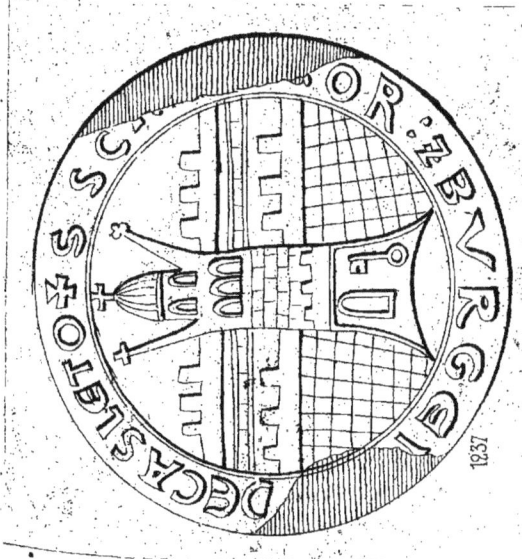

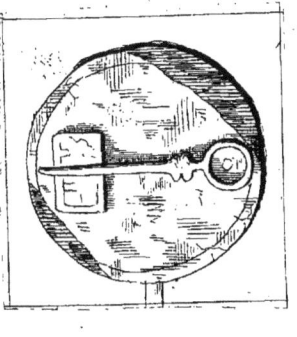

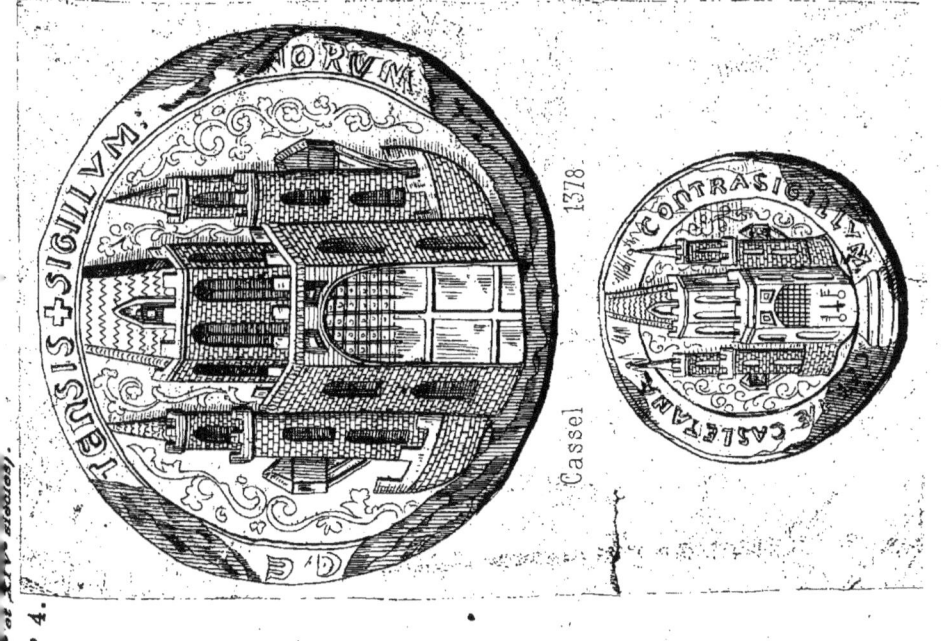

N° 4. — Cassel 1378

N° 3. — Cassel 1279 et 1328

OBSERVATIONS SUPPLÉMENTAIRES

SUR LA MAISON DE BAR, ETC.

Dans notre travail historique sur les *seigneurs* et *dames* de Cassel et lieux voisins, qui suivra de près celui-ci, il sera exclusivement question des descendants de la comtesse de Bar Iolande de Flandre [1], femme du comte *Henri IV* [2]. Ceux-ci lui succédèrent après le duc Robert, son fils [3], dans l'administration seigneuriale de plusieurs localités importantes de la West-Flandre, dont ils furent possesseurs à divers titres, durant la première moitié du XVe siècle surtout, et avant que la châtellenie de Cassel fît de nouveau partie immédiate du comté de Flandre, dont elle avait été séparée dès 1320, pour former l'apanage de Robert de Cassel.

Ces seigneurs fonciers furent successivement : 1° *Robert, duc de Bar* [3], ayant pour femme *Marie de*

---

[1] Ces princes et princesses ont leurs blasons comme suit, ainsi que cela a déjà été dit ailleurs avec détails :
Blason de Iolande, fille de Robert de Cassel, pl. I fig. 3 et pl. II fig. 4.

[2] Armoiries du comte de Bar Henri IV, pl. I et pl. II, fig. 3.

[3] Blason de *Robert, duc de Bar*, pl. II fig. 5 et pl. III fig. 5. — La fig. 6, scel au château de Cassel, indique ce chef-lieu de juridiction féodale du duc.

France [1], fille du roi *Jean-le-Bon;* 2° le *duc Édouard III* [2], à partir de la mort de Robert, son père, survenue en 1411 : il fut tué à la funeste bataille d'Azincourt en l'année 1415 ; 3° le cardinal duc Louis, son frère, mort en 1431 [3] ; 4° Jeanne de Bar, la petite-fille du duc Robert et de Marie (par *Henri d'Oisy,* l'ainé de Robert, mort en 1397 en revenant de la guerre de Hongrie). Cette Jeanne de Bar, comtesse de Marle [4] et femme du fameux Louis de Luxembourg, avait hérité de Cassel en vertu du testament du duc-cardinal Louis, daté de 1430. Ces époux cédèrent le territoire seigneurial de Cassel à leur cousin le *roi de Sicile, Réné d'Anjou,* duc de Bar et de Lorraine [5].

Ce dernier seigneur de Cassel (mais de courte durée) était de même issu de la maison ducale de Bar, étant, par sa mère, petit-fils d'Iolande, dame de Cassel. Il fut obligé de céder bientôt le domaine susdit, comme rançon,

---

1 Blason de *Marie de France*, pl. I fig. 4 et pl. II fig. 6.

2 Id. du *duc de Bar, Edouard III*, pl. II fig. 7.

3 Id. du *duc Louis de Bar*, même planche : sa signature pl. III fig. 8.

4 Blason de *Jeanne de Bar*, pl. II fig. 8.

5 Les armes de *Réné d'Anjou*, roi de Sicile et de Jérusalem, sont représentées à la planche II, fig. 9, et à ses sceaux. — Faisons observer que nous avons ajouté ici, en attendant l'achèvement de notre travail sur le roi René, seigneur éphémère de Cassel (et quoique cela n'ait aucun rapport direct avec Iolande l'aïeule maternelle de ce duc de Bar), une planche (V) représentant le revers de son grand sceau *a*) qui se trouve appendu à l'acte de cession de Cassel à Philippe-le-Bon, de 1436 ; il y est accompagné de sa signature d'alors, et de celle de Louis de Luxembourg. Les armoiries de Jeanne de Bar, comtesse de Marle (déjà représentées avant son mariage, à la pl. II, fig. 8); celles de Marie de Luxembourg-Vendôme, ainsi que le sceau du connétable L. de Luxembourg, se trouvent sur la même planche.

(*a*) La face de ce beau sceau, de 1436, a été représentée à la planche IV de mon *Mémoire sur l'Apanage de Robert de Cassel,* publié en 1864 dans les *Annales* du Comité flamand de France.

au duc de Bourgogne, comte de Flandre *Philippe-le-Bon* [1], ainsi qu'il sera dit *in extenso* dans notre historique des descendants d'Iolande qui furent seigneurs de Cassel.

C'est à cause de cette cession forcée, faite par Réné, que le territoire féodal dont nous parlons appartint dans la suite, et à partir de 1436 surtout, aux princes ducs de Bourgogne [2], comme comtes de Flandre, et à leurs descendants les rois d'Espagne, jusqu'aux dernières conquêtes de Louis XIV.

Ce roi de France s'appropria en effet tous ces domaines, comme la Flandre la plus occidentale en entier, en vertu du traité de Nimègue de 1678, l'année après la bataille gagnée par les Français au val de Cassel; mais il était déjà de droit seigneur de diverses localités de cette région, par les Bourbons et Marie de Vendôme, aïeule de Henri IV, qui descendait directement de la maison ducale de Bar, et qui était dame de Dunkerque.

Quant aux deux planches héraldiques concernant *Robert de Cassel* [3] et *Jeanne de Bretagne,* de la première moitié du XIVe siècle, placées en tête des gravures

---

[1] Anno 1436 cessit Philippo Duci pretium libertatis è carcere, ad quem bello captus devenerat.

[2] La planche n° VI qui suit représente le scel et contrescel du duc de Bourgogne, Philippe, apposé de même sur cet acte important pour Cassel, avec le sceau du duc de Bourbon, témoin lors de cette cession. Le blason de Marie de Bourgogne, fille du duc Charles-le-Téméraire, comte de Flandre, se voit aussi sur cette dernière planche, et cela à cause des rois d'Espagne issus d'elle, et auxquels *Cassel* et les territoires environnants appartinrent aux XVIe et XVIIe siècles.

[3] Roberti Bethuniensis filio cognominis assignatum est Casletum cum territorio et vicinis aliquot oppidis et remotioribus duobus, unde *Casletani* cognomentum induit.

(*J.-B. Gramaye,* p. 186, 1re colonne, édition de 1708.)

du présent travail sur Iolande, leur fille, elles ne sont ici qu'accessoires, car elles n'intéressent pas directement la dame de Cassel, comtesse de Bar et de Longueville ; mais étant déjà gravées, il a fallu les utiliser [1].

Ces planches avaient été exécutées à Auxerre, il y a quelques années, pour un *travail historique sur Robert de Cassel*, baron de Montmirail, etc., (travail couronné en 1870 par la Société des sciences et arts de Lille). Cependant nous avons renoncé à le publier, à cause d'un ouvrage du même genre de M. J. Carlier, notre regretté collègue (édité un peu plus tard dans les *Annales du Comité flamund de France*), puis aussi parce que les monographies manquent souvent aujourd'hui d'amateurs suffisants, ce qui est loin d'encourager les auteurs même les plus désintéressés.

Liste des Baillis (Præfecti [2]) de la ville de Cassel et de ses dépendances, au temps d'Iolande de Flandre (sub Iolentide Barensis) et de ses descendants, seigneurs de Cassel.

Hugues de Hallewyn, à partir de	1349
(après Engerran Despières).	
Pierre de Nieppe	1353
Jean de Créquy	1366
Thierry d'Hazebrouck (3), vers	1382
Jacques de Laval, sous le duc Robert.	1399
Colard de la Clyte, sous le cardinal Louis de Bar. .	1429
Judocus Dubois, même au temps de Philippe-le-Bon.	1441

[1] Le charmant petit scel de Jeanne, fig. 7, offre un *camée* en creux au centre : nous l'avons trouvé aux archives départementales du Nord : les petits écussons qui l'entourent sont : *Flandre br. cad. et Bretagne-Dreux*.

[2] *Olim præfectus nunc Balivum vocant.* (Sanderus.)

[3] Est-ce la fille de ce bailli, pour la comtesse de Bar, qui est mentionnée dans les vers de la page 82 : *De Hazebrouck Iolant ?*

Nobles hommes du territoire de Cassel, XIVe siècle, vers les mêmes époques, selon les archives dép[les] de Lille [1].

Le seigneur (toparcha [2]) de Borre.	Le seigneur de Watou.
Gilbertus de Borre, chevalier (*Eques*).	François de Haveskerque, chev.
	Louis de Haveskerque, chev.
Le seigneur de Peenes.	Théodoric de Hazebrouck.
Testard de Hondeghem, chev.	Le seigneur de Moerbeke.
Roland de Eecke, chev.	Le seigneur de Thiennes.
Colard de le Clyte, chev.	Baudouin de Hallinghe, chev.
Gillebert de Ste-Aldegonde (près Oxelaere), chev.	Flaminius de Berghes, chev.
	Parceval de Abencourt, chev. [3]
Gillebert son fils, chev.	

Ajoutons ici une note latine répondant au même sujet pour quelques autres vassaux sous Iolande de Flandre :

« Potens olim familia in Steenvorde et Terdeghem sub *Iolentide de Bar*, *Gulielmus de Cortewyle*, *Franciscus de Vos* de feûdo in Steenvoorde. *Petrus de la Motte* de feûdo in Oudezèle, *Julianus de Vos*, et alii vix numerabili serie sequentes, variis dominiis ac feûdis ab hac castellania motis locupletes. [4] »

---

[1] *Elenchus virorum nobilium, territorio Casletensi,* ex archivis cameræ Insulensis (Sanderus).

[2] *Toparchia*, seigneurie. *Toparcha*, seigneur.

[3] *Jean de Quaestraete* était aussi de ce nombre ; il fut nommé *bailli des Renenghes de Cassel*, en ce temps. (B. 1603. Regist. Arch. du Nord. Lille.)

[4] Sanderus, t. III, p. 70.

Principaux vassaux du territoire de Cassel à la fin du XIVe siècle, sous Philippe-le-Hardi, comte de Flandre, et du temps d'Iolande et de Robert, duc de Bar, son fils, (alors seigneur de Cassel), qui fit le dénombrement de ses domaines, en Flandre, en 1397.

Les principaux vassaux de la châtellenie de Cassel étaient : [1] *Jean de Ste-Aldegonde, Jacques de Hazebrouck, Louis Loonis,* de la famille de Strazèele, à cause du fief qu'il possédait à Meris ; *Lorequins Lever,* pour le métier qu'il possédait de Cassel ; *Pierre Meetkerke,* pour des fiefs situés à Steenbeque et Zerkele ; *Henri d'Antoin,* seigneur de Haverskerque ; *François de Haverskerque,* pour un fief à Thiennes ; *Théodoric de Dixmude,* pour les fiefs de Watou, et de Blaringhem ; le *seigneur de Piennes,* de la famille de Saint-Omer, à cause du domaine de Piennes, de Borre, d'Ochtezele et Bollizele, et d'une partie de Strazelles ; *François de Wisque,* à cause des fiefs de Zermizeele et Hardifort et leurs métiers ; *Colard de la Clitte* à cause de quelques fiefs à Ruyscheure ; *George de Bailleul,* pour le fief de Vleteren ; *Jacques de Noircarmes,* pour le domaine de Wisque, à Kienville ; *Hector de Coisancourt,* à cause du domaine de Coudescure, à Berquin ; *Godefroi de Aesbrouck,* pour le fief qu'on appelait *het hof van Hazebrouck* ; le même, pour d'autres fiefs à Coudescure et Oudizele ; *Pierre de Créquy,* pour les domaines de Ruyscure ; *Amand de Zuytpeene,* pour le fief de ce nom ; *Nicaise de Letour,* pour le fief de Bollizele ; *Jean de Borre,* pour les fiefs de Strazeele ; *Guillaume de Bavinchove,* pour le fief de Zerkele ; *Baudouin Waloncappelle,* pour le fief de Linden ; *Thomas Wyst,* pour les fiefs d'Arneken ; *Guillaume Bamme,* pour les fiefs de Merville; *Guillaume de le Kerchove,* à cause de fiefs à Hardifort, Steenvoorde et Terdeghem ; *Guillaume de Courtewyle, François de Vos, Pierre de la Motte,* pour d'autres fiefs seigneuriaux situés dans la châtellenie de Cassel, etc.

---

[1] Nous avons conservé ici l'orthographe ancienne des divers noms.

DOCUMENTS

PIÈCES JUSTIFICATIVES

ET INDICATION DE DIVERS SOMMAIRES

regardant la Comtesse Iolande, Dame de Cassel.

DOCUMENTS

PIÈCES JUSTIFICATIVES

ET INDICATION DE DIVERS SOMMAIRES

regardant la Comtesse Iolande, Dame de Cassel.

I.

*Date authentique de la naissance d'Iolande de Flandre,
dame de Cassel, etc., année 1326.*

(Certificats donnés pour son mariage en projet.)

1337. — En octobre 1337, Samson de West, chanoine de l'église de Nogent-le-Rotrou (en Perche), Gui, évêque de Caen, Jean de Ferreria, de l'ordre des Frères-Prêcheurs de Caen, et Geoffroy, abbé de Saint-Florentin, certifient que Iolande (Iolent), fille de Robert de Flandre, seigneur de Cassel, et de Jeanne de Bretagne, sa veuve, est née au château d'Alluie en 1326, le lendemain de l'Exaltation de la Sainte-Croix, en la semaine des quatre-temps [1].

(En 1337, il y eut délivrance d'un certificat particulier de Jean Ferreria sus-nommé regardant ce sujet, qui fut confirmée par lettres de Geoffroi, abbé de Saint-Florentin de Bonneval au Perche. Faite le 16 octobre 1337 [2].)

---

[1] P. 87, n° 3583 des Archives départementales de Lille et B. 756.
[2] Mêmes archives du Nord, p. 88, n° 3587.

II.

Dispensation de mariage d'Iolent de Flandre avec le comte Henri IV de Bar.

1339, 8 *des calendes de juillet, à Rome.* — Dispensation du mariage de Mgr le comte Henri de Bar et de Madame la comtesse.

(Bulle du pape Benoît XII, sceau ou bulle en plomb. — Carton 9, supplément, Archives départementales de Lille.)

1339, 1er *décembre.* — Lettres de la dispensation de mariage du comte Henri de Bar avec Madame Iolande de Flandre.

(Orig., scellé du sceau de Etienne, évêque de Noyon [Noviomensis]. — Carton 9, supplément des archives du Nord.)

(Ces deux pièces, que nous allons reproduire *in extenso*, prouvent que ce mariage religieux a été indiqué à tort comme ayant été célébré avant 1339, ou en 1336, par exemple ; ainsi que nous l'avons déjà dit, ce ne furent là que les fiançailles et le contrat.)

III.

Bulle du pape Benoît XII pour dispensation du mariage du comte de Bar Henri IV avec Iolande de Flandre.

1339. — Benedictus, episcopus, servus servorum Dei, venerabili fratri episcopo Noviomensi, salutem et apostolicam benedictionem. Roman pontificis precellens auctoritas nonnunquam rigorem justicie, mansuetudine temperans, quod negat juris severitas, de gratia benignitatis indulget, cum id pro consideratione personarum, locorum et temporum, salubriter prospicit expedire. Sane petitio pro parte dilecti filii nobilis viri Henrici, comitis Barrensis et dilecte in Christo filie nobilis domicelle Yolandis nate quondam Roberti de Flandria militis, Morinensis diocesis, nobis exhibita continebat, quod olim eis significantibus nobis quod eodem Henrico considerante quod de genere suo, ex recto stipite descendens nullus masculus nisi solus ipse, erat superstes et quod propterea statui et quieti subditorum suorum comitatus Barrensis, multum erat expediens, ad obviandum dissipationi et destructioni ipsorum, que propter diversas et varias personas que in successione comitatus predicti si ipsum Henricum sive herede forte quod absit decedere contingeret se jus habere pretenderent sequerentur quod idem Henricus alicui mulieri nobili sibi pari, ex qua dante Deo sibi heredem susciperet, matrimonialiter jungeretur et quod pro eo quod idem Henricus propter numerositatem eorum, qui sibi tam consanguinitate quam affinitate junguntur recipere non poterat in illis partibus et vicinis eisdem aliquam nobilem sibi parem in conjugem, que sibi in gradu prohibito conjuncta non esset, iidem Henricus et Yolandis, de communi consanguineorum et amicorum suorum tractatu, disposuerant invicem matrimonialiter copulari ac ex eo quod quarto consanguinitatis gradu, conjuncti fore noscuntur ipsis matrimonium hujusmodi contrahere nequeuntibus dispensatione super hoc apostolica non obtenta nobis humiliter supplicantibus, ut eis super hoc providere de oportune dispensationis beneficio dignaremur, nos, venerabili fratri nostro episcopo Virdunensi, per litteras nostras commisimus et dedimus in mandatis ut si esset, ita, cum eisdem Henrico et Yolandi ut impedimento consanguinitatis hujusmodi non obstante matrimonium hujusmodi licite contrahere possent, auctoritate apostolica dispensaret quodque idem episcopus earumdem litterarum auctoritate super causis et articulis contentis in eis diligenter et solicite se informans, quia per diligentem inquisitionem super hoc habitam dicta contenta reperit veritate fulciri, decrevit auctoritate predicta, dictas causas veritatem continere et quod impedimento hujusmodi non obstante, dicti Henricus et Yolandis, matrimonium invicem libere contrahere et in sit contracto licite remanere possent auctoritate apostolica dispensavit, prolem suscipiendam ex eodem matrimonio, legitimam decernendo estque matrimonium per eos legitime per verba de presenti, de communi eorumdem consanguineorum et amicorum consensu, contractum. Cum autem dicti Henricus et Yolandis sicut asserunt, ex diversis lateribus, quarto consanguinitatis gradu, ad invicem se contingant, et ex uno latere a communi stipite, equaliter sint distantes, et ex altero latere, eadem Yolandis, remotior ab eodem stipite, quarto gradu, idemque Henricus ab ipso stipite, tertio gradu distent et a non nullis theologie et decretorum doctoribus dubitetur, an dispensatio predicta suffecerit et diversa latera comprehendere potuerit supradicta, varieque super hoc inter eosdem doctores opiniones existant, quibusdam asserentibus, dispensationem sufficere et extendi ad diversa latera memorata, aliis, contrarium omnino· dicentibus et aliis dubitantibus in premissis, pro parte dictorum Henrici et Yolandis, nobis extitit humiliter supplicatum, ut ad tollendum omnem dubietatis scrupulum, providere eis, super hiis, de oportuno remedio dignaremur. Nos itaque tum ob causas premissas, tam obtentu carissime in Christo filie nostre Johanne, regine Francie, illustris et dilecti filii Johannis primogeniti carissimi in Christo filii nostri Philippi, regis Francorum illustris, et ejusdem regine, ducis Normannie, nobis super hoc humiliter supplicantium dictorum Henrici et Yolandis, supplicationibus inclinati, fraternitati tue, de qua plenam in Domino fiduciam gerimus per apostolica scripta committimus et mandamus quatinus si est ita cum eisdem Henrico et Yolandi, quod impedimento seu impedimentis hujusmodi, et aliis premissis nequaquam obstantibus, possint in hujusmodi matrimonio per eos invicem contracto, licite remanere, apostolica auctoritate dispenses, prolem suscipiendam ex hujusmodi matrimonio, legitimam nunciando. Datum Avinione, viii kalendas julii, pontificatus nostri anno quinto.

(Orig. sur parch., muni de la bulle en plomb du pape Benoît XII. — Archiv. départ. du Nord, carton 9, supplément.)

III bis.

Lettres de dispense pour le même mariage, de l'évêque de Noyon Etienne, du 1er décembre 1339.

Universis presentes litteras inspecturis. Stephanus, permissione divina Noviomensis episcopus, salutem in eo qui est omnium vera salus. Litteras sanctissimi in Christo Patris ac Domini nostri Domini Benedicti divina providentia sacrosancte romane ac universalis ecclesie summi pontificis pro parte nobilis et potentis viri Henrici, comitis Barrensis, ac nobilis domicelle Yolendis nate quondam domini Roberti de Flandria, militis, Morinensis diocesis, noveritis nos cum ea qua decuit reverencia recepisse formam que sequitur continentes : (suit la teneur de la dispense papale.) Volentes igitur mandatum apostolicum supradictum reverenter exequi ut tenemur super causis nobis in hac parte commissis et in rescripto seu litteris apostolicis predictis contentis nos diligenter et solerter informavimus et quia exhibitis et ostensis coram nobis litteris reverendi in Christo patris domini Hanrici, Dei gratia episcopi Virdunensis super decreto et dispensatione aliis per ipsum apostolica auctoritate habitis de quibus dicte apostolice littere nobis directe mencionem faciunt confectis habitaque per nos tam super contentis in ipsis litteris dicti domini Virdunensis quam super aliis contentis in litteris apostolicis memoratis cum fidedignis personis et aliis legitime inquisitione diligenti reperimus contenta in rescripto apostolico nobis directo et in litteris dicti episcopi Virdunensis, veritate fulciri, Christi nomine invocato auctoritate apostolica nobis in hac parte commissa habitaque deliberatione pleniori, decrevimus et tenore presentium decernimus fore super dicto contracto matrimonio ad dispensationem procedendum ideoque auctoritate predicta serie presentium quod impedimento seu impedimentis et aliis de quibus in litteris supradictis fit mentio nequaquam obstantibus dicti Henricus et Yolendis in matrimonio sit contracto licite remanere valeant, dispensamus prolem suscipiendam ex hujusmodi matrimonio eadem auctoritate legitimam nunciantes. In quorum omnium testimonium sigillum nostrum duximus presentibus apponendum. — Datum Parisius, die prima decembris anno Domini millesimo trecentesimo tricesimo nono.

(Orig. sur parch. scellé. — Archiv. départ. du Nord, même carton supplémentaire).

IV.

Pièce concernant Jeanne de Bar, comtesse de Garennes, gouvernante du comté de Bar, au détriment d'Iolande [1].

1352, *septembre*. — Nous Jehenne de Bar, comtesse de Garennes, Mainbour et gouverneresse de la contei de Bar, faisons sauoir et congnissans à tous que nostre bien amei messire Jehan de Marley, chevalier, nous ait monstreit que nous, pour cause de la contei de Bar, de laquelle nous auons le gouvernement sommes tenue à lui de pluseurs debtes que nostre cousins le cuens de Bar, cui deu absoille, li deuoit pour pluseurs causes justes et raisonnables et estoit tenus de paier à termines ja passez et aussi sommes tenue en pluseurs dommaiges que li dit sire Jehan ait ehu et encourut pour la ditte contei, au temps de nostre chier amei cousin le comte Hanry, cui Deu absoille, et ou temps de nostre cousine la comtesse de Bar, sa femme, et Nous ait requis li dei sire Jehan que lesdites debtes li volsissions paier et delivrer et lesdits dommaiges rendre et restablir, lesquelles debtes et dommaiges Nous qui sommes nouvellement venue au gouvernement dessusdit n'auons mie laizement de paier, rendre, ne restablir quand ad present.

1 Hist. du Barrois de M. Servais.

Et pour ce, est-il que Nous, elme sur ce délibération et par boin conseil des hommes feaulx, pluseurs de la contei de Bar, auons assignei et assignons, etc...

V.

Spécimens de quittances de frais pour la guerre entreprise par Iolande contre Madame Jeanne, comtesse de Garennes, surtout de 1352 à 1354.

Quittance donnée par Louis de Vergney, écuyer à Madame la comtesse de Garenne, gouvernante de la comté de Bar, de 73 écus en un gros coursier vendu par le bailli de Saint-Mihiel, à lui délivré, sur ce qu'elle lui est tenue pour le service qu'il lui a fait en ses guerres contre la comtesse de Bar, Jean d'Aspremont et leurs aidants et aussi des chevaux et harnois qu'il a perdus. — Fait le mardi devant Pasques-fleurie 1352.

(Scellé en cire verte.)

Autre donnée par Vautrin de Theulieres, écuyer, à Madame la comtesse de Longueville, Bar, et de Mons. le Mis du Pont, comte de Bar, de 225 florins d'or, à l'écu, qu'il a reçus par les mains de Humbelet de Gondrecourt, M^e des monnoyes de la comté de Bar, en déduction de 450 livres qu'ils lui devaient pour son service en leur guerre contre Madame de Garenne, frais et dommages qu'il pourrait avoir encourus. — Fait à Saint-Mihiel, le mercredi après la Nativité-N.-D. en septembre 1354.

(Scellé en cire verte.)

VI.

Le bailli de Sens est chargé par le roi Jean de gouverner le Barrois.

1352, *novembre*. — La sepmainne deuant la Saint-Martin diver l'an 52 que li bailli de Sens vint premierement à Bar, pour gouuerneir de par le Roy, mandat li dit bailli le preuost de Gondrecourt qui alast parleir à lui à Bar. Si y alat et menat avec lui le clerc jurei et deux sergens. Despens 50 s.

Et adonc Robert fils le poiure qui estoit aleis auec le preuost fuit enuoiez de part le dit bailli de Sens à Chaumont pourteir unes lettres au bailli dilluec et pour parleir à li de bouche afin qu'il se traissist à Gondrecourt par deuers le bailli de Sens à certain jour. Despens 15 s.

(Compte de Henri, prévôt de Gondrecourt.)

On lit dans le même compte, chapitre de dépense, intitulé : *Despens dou bailli de Sens* :

Par un tributel dou bailli de Sens dou jeudi au soir et londemain au digner après la Saint-Martin diuer, l'an 52, quil fuit à Gondrecourt pour mettre le preuostei en la main dou Roy avec li mess. de Loppey et lour routes, et y sorvint li bailli de Chaumont et mess. de Danfab. Despendirent à deniers 10 liv. 11 s. 4 d. au fuer dun escu pour 28 s. valent lescu pour 20 s. 7 liv. 10 s. 6 d. ob 28 b. dauoine et 22 gelines.

. . . .

En tesmoignaige de vérité et pour ce que toutes les choses dessus dites soient plus fermes et estables nous auons mis nostre scel en ces présentes lettres qui furent faites lan de grace Nostre Seigneur mil trois cens et cinquante dous, le lundi après feste de Saint Matheu l'Evangeliste au mois de septembre.

(Du Fourny, Invent. de Lorr.)

VI BIS.

Prérogatives seigneuriales et autres du comte de Longueville Philippe de Navarre, en vertu de son mariage avec Iolande, veuve de Henri IV, comte de Bar.

1353. — Philippe de Navarre ayant épousé la comtesse Iolande dans les premiers jours de l'année 1353 (1352 v. s.), acquit par cet acte matrimonial, tant en Flandre qu'ailleurs, le titre de seigneur de diverses localités dont sa femme était titulaire. Nous l'avons déjà vu dans le texte qui précède, mais nous pouvons ajouter ici qu'il y a des preuves officielles comme quoi il jouissait largement des prérogatives de ces titres. Ainsi, dans un acte passé sous le sceau de ce comte, il est dit : *Philippe de Navarre en sa terre de Puisaye.* Cependant Iolande n'en était que la dame douairière.

(Cet acte est daté du 3 août 1358. Du Fourny [Inventaire de Lorraine] le cite au t. II, fol. 243, et nous l'avons mentionné en partie aux pièces justificatives de notre travail historique sur « la Puisaye en Auxerrois », inséré au *Bulletin* de la Société des sciences de l'Yonne, t. III, année 1869.)

VII.

Pièce concernant Robert émancipé.

1354, *novembre.* — Vidimus fait sous le scel de Simon, abbé de Saint-Symphorien hors les murs de Metz, le mercredi après l'Assomption N.-D. au mois d'août 1364, d'une obligation faite par Philippe de Navarre, comte de Longueville, Iolende de Flandre, comtesse de Longueville, dame de Cassel, gouverneurs de la duché de Bar, et Robert, duc de Bar, Mis du Pont, étant en âge, au profit de Guillaume le Hungre de Metz, chevalier, de 2,000 florins à l'écu du coin du roi de France qu'il leur avait fait avoir en leur nécessité et au profit du pays dudit duché.

Fait à Fou, le jour des octaves Saint-Martin d'hyver 1354.

(Du Fourny, Invent. de Lorr., t. II.)

VIII.

Lieutenance du Barrois donnée à Henri de Bar.

1355, 1er *septembre.* — Copie en parchemin, donnée sous le scel de Verdun, le 2 février 1357, des lettres de Robert, duc de Bar, par lesquelles il établit et commet son amé et féal cousin Mons. Henry de Bar, seigneur de Pierrefort, son lieutenant, pour garder et défendre son duché, ses pays, ses gens et sujets, garder droit et justice, comme il pourrait faire en personne, pour user de ladite commission sans rappel, jusqu'à ce que ledit duc ait atteint l'âge naturel de 14 ans accomplis ; lequel Henry a pris le fait et charge de ladite commission et a promis de garder et défendre le pays de tout son pouvoir, faire justice, ce que ledit duc déclare avoir fait comme au plus féal de son sang et lignage et par le conseil de plusieurs nobles du duché et des bonnes villes du pays, sans qu'il soit tenu d'aucunes dettes faites par le passé, promettant de ratifier tout ce qu'il fera comme s'il était âgé de 20 ans, et l'acquitte de toutes poursuites qui pourraient être faites contre lui.

Fait l'an 1358, le 1er jour de septembre.

(Invent. de Lorr., t. II, fol. 1083.)

IX.

Paix entre Philippe de Navarre, comte de Longueville, et Henri de Bar, seigneur de Pierrefort et lieutenant-général du duc de Bar [1].

1355, *8 février* (n. s. 1356). — *Johannes, Dei gratia Francorum rex, universis presentes litteras inspecturis, salutem ; notum facimus nos infra scriptas vidisse litteras, formam quæ sequitur continentes :*

Nous, Philippe de Navarre, comte de Longueville, faisons savoir à touz que comme par Mons. Henry de Bar, seigneur de Pierrefort, lieutenant de nostre amé filz, le duc de Bar, par fait de guerre, si comme ycellui Mons. Henry et son conseil maintenoient, nous eussiens prièça esté pris et détenuz prisonniers, et pour nostre deliuvrance nostre très cher

1 Extrait de l'« Histoire du Barrois », de M. V. Servais.

et très redoubté seigneur Mons. le Roy eust envoyé, commis et député, noz amez le sire de Louppi, son conseiller, et Mons. Collard de Saulz, son bailli de Vitry, chevaliers, par devers yceulx duc et Mons. Henry, pour traittier et accorder de nostre délivrance et pour nous avoir pris recréance ou ostagement, lesquelz commis et députez, seur espérance de bon accord et bonne pais, à la requeste de nos très chers seigneurs et cousins, Mons. le duc de Normandie, le duc d'Orléans et nostre très cher seigneur et frère Mons. le roy de Navarre et comte de Mons. eussent fait et accordé certain traicté de recréance ou ostagement par lesquels nous avons esté et fusmes recrus, ostagez et mis fors de prison, jusques aux brandons prochainement venant, sur laquelle récréance certaines lettres soubs les seaulz de nos dis très chiers seigneurs, cousins et frère, ensemble confirmation de notre dit très redoubté seigneur Mons. le Roy aient esté et soient faites, bailliées et délivrées audit Mons. Henry pour la sceance de nostre dit filz, dudit Mons. Hnery, leurs conseils, leurs païs et subjets, aliez, aidans, conseillans, confortans et bienveillans, etc.... eust ledit Mons. Henry qui pris nous avait, assigné, journée de nous rendre et délivrer audit bailli pour nostre dit très redoubté seigneur Mons. le Roy en certain lieu, au royaume de France et en venant à ycelle journée ledit Mons. Henry, d'une part, et nostre très cher et bien amé le mareschal de Champagne, d'autre part, pour nostre délivrance à plain en nostre présence, seur les champs eussent en certaines paroles traittez accors et convenances lesquelles à Saint-Mars dessus le mont, le samedi xvj^e jour de janvier CCCLV (16 janvier 1356, n. s.), que ledit Mons. de Bar nous rendit illec audit bailli pour et en nom de nostre dit très redoubté seigneur Mons. le roy de France et quitte de toutes charges, sarmens, promesses, convenances ou obligations, forts de choses ci-dessoubz contenues, fusmes en une chambre en l'ostel où nous estions descendu. Nous, Mons. Henry dessus dit nos chers et bien amez le sire de

Grancy, ledit mareschal, ledit bailli et Jacquinot Froissart, nostre chevalier, en la présence des dessus dits par ledit mareschal eussent esté récitées et jugées, traitées et convenanciées et accordées, promises par ledit Mons. Henry et Nous, par les foiz de noz corps corporelement bailliées et données, en la main dudit bailli, en la manière qui s'ensuit :

C'est assauoir que nous devrions estre à tousiours délivrez de ladite prison et quicte de la foy que nous avions audit Mons. Henry ou nom que dessus pour cause d'icelle et aussi tous ceulz qui ont esté et sont prisonniers pour le fait ou occasion de nous, senz paier reanson ou finance aucune et que le sire de Mareil il fera délivrer et quitter franchement et absolument par la manière devant dicte seuz ce que présentement, ne jamais ou temps aduenir, pour cause de ladicte prise, ne pour quelconque chose que ce soit, nostre dit filz, ledit Mons. Henry, leurs païs, subjez, aliez confortans ou aidans en puissent aucune chose demander à nous ne à ceulx qui ont esté et sont en prison, par quelconque manière que ce soit et de ce nous dubt, doit et puist rendre et bailler lettres de quictance de nostre dit filz et de lui pour nous et ceulz qui ont esté et sont prisonniers, et pour l'occasion de Nous, ensemble les lettres et confirmation qu'il a pour nostre recréance et parmi ce promeismes et jurasmes que jamais ne feriens faire, feriens, consentiriens, pourchasseriens ou souffririens estre faict guerre, mal, dommage, grief, ennuye ou villenie à nostre dit filz, audit Mons. Henry, à ceulx qui estoient, sont ou sont esté et sont de leur conseil et leurs hommes (vassaux), leurs subjez, leurs aliez, aidans, confortans, conseillans et bienveillans, à leurs terres ne à leurs biens, par Nous, noz seigneurs, noz dames, noz parents, noz amys, noz subjez, aidans, conseillans, confortans et bienveillans, en quelque manière et pour quelconque fait que ce fuist ou peust estre, de fait ou autrement couvertement ou en apparence, pour raison de ladicte prise, mais l'empescherions, contraicterions estre faict de tout nostre pouvoir, sans fraude, sans occasion et sans mal engins et feriens contraictier à nostre pouoir par nos seigneurs, nos dames, nos parens, nos amys, nos aydans, conseillans et confortans et par tous ceulz où nous auriens povoir, mais ladite prise et tout ce qui sen est ensuy pardonnerions de bon cuer à nostre dit filz, audit Mons. Henry, à leurs païs et subjez, aidans, aliez, conseillans, confortans et bienveillans et feriens nostre pouoir par devers noz amis de les mettre et tenir en leur grace et leur pardonner par ceste maniere et n'empescherions ne ne pourchasserions estre empesché ledit Mons. Henry en gouuernement de la duchié de Bar, mais si aucuns le vouloit ou veult en ce greuuer, nous les aiderions et aviserions de son dampmage, s'il venoit à nostre cognoissance en tant comme nous pourriens bonnement, et aussi que pour ce fait mal ne dampmage ne venroit à nostre dit filz, audit Mons. Henry de Bar, leur païs, à leurs aliez, aidans, conseillans, confortans et bienveillanz par nostre chastel et forteresse de Clermont en cas quil nous tenroit les couvenances dessus dites ; lesquelz traictez, accord et convenances dessus dictes, en la maniere que faicts, traictez, accordés et convenancés ont esté et furent par Nous et par ledit mareschal, nous auons aggreables et yceulx voulons, loons, gréons, confirmons, rattifions et accordons estre et demourer perpetuellement en la maniere que dit est, et pour ce que en faisant lesdits traicté, accord et convenances dessus escrips est accordé que a...... et pour bien de paix nous donnons de ces choses........ avecques nous, Nous qui tousjours sommes désirant et enclin d'accomplir et faire ce que raison et équité bienveullent et accordent et ce que nous promettons, supplions et requérons à noz très chers seigneurs, cousins et frère, Mons. le duc de Normandie, Mons. le roy de Navarre et comte de Mons. le duc d'Orliens, le duc de Lucembourt, le comte de Flandre et Mons. Louys de Navarre, que ladicte..... vueillent faire et à nostre très cher et redoubté seigneur Mons. le Roy que les lettres de nos dits très chers seigneurs et de vueille confermer.

Et pour ce, Nous, Charles, ainsné filz du roy de France, duc de Normandie, dauphin de Viennois et comte de Poitiers, Nous, Charles, par la grâce de Dieu, roy de Navarre et comte de Mons, pour nous et pour nostre très chier et très amé frère Mons. Louys de Navarre, pour lequel, pour ce que présentement il nest mie en France ne en lieu que l'on peust ad présent avoir science de luy, nous nous faisons fort davoir et faire lettres de science ausdits duc et Mons. Henry de Bar, contenant la fourme de ces présentes dedans la Saint-Jean-Baptiste prochainement venant, se nous en sommes requis. Nous, Philippe, fils du roy de France, duc d'Orliens, comte de Valoys et de Bicaumont, nous Wincelot (Wenceslas) de Behaigne, duc de Lucembourt, et nous, Loys, contes de Flandres, désirant la délivrance à plain de nostres très cher et très amé cousin et frère, ledit Mons. Philippe, à sa requeste, et Nous, ledit Philippe, conjointement et divisément touz ensemble et chascun part soi et pour le tout, promettons loiaument et en bonne foy et par les fois de nos corps corporelment données, que les choses et chascune devant dites en la manière que elles sont escriptes, nous avons et aurons pour aggreables et les tenrons, garderons et accomplirons fermement, sans corrumpre en aucune manière, et de nostre povoir ferons tenir par nos parens, nos amis, nos subjets, aidans, conseillanz, confortans et bienveillanz, sans venir encontre à nul jour ou temps ad venir, par quelque manière que ce soit et quant aus choses et chascune devant dictes tenir, garder et fermement accomplir en la manière que dit est, Nous, duc de Normandie, Nous, roy de Navarre ou nom que dessus, Nous, duc d'Orliens, nous, duc de Lucembourt, nous, conte de Flandres, et nous, Philippe de Navarre, dessus dits, par délibération de noz conseils, pour espérance de bien et de pais, promettons encore que si aucune chose estait faicte, par euure ou pourchassée en contre ou en préjudice des choses dessus dites, nous y devons contrester et contresterons et résister bonnement et loialment et en ycelui fait en aider et conforter de fait ou autrement par celui duc et Mons. Henry de Bar, leurs aidans, aliez, conseillans, hommes et subjetz et les dédommager entièrement sur l'obligation de tous noz biens meubles et non meubles, présents et à venir, lesquels, quant à ce, nous soubmettons à toute juridiction, pour estre exécutés par celui à qui il appartiendra jusques à plain accomplissement des choses dessus dites, renonçants en ce fait par nos dites fois à toutes exceptions, déceptions, fraudes, franchises, estats, respis et grâces, cavillations et allégations, à tout droit escript et non escript de canon et de loy, à tout vs et coustume de fait, à toutes grâces, respis et indulgences donnés et à donner de nostre très Saint-Père le Pape ou d'autres prélats, à tous privilége de croix prise ou à prendre, à tous serments faits que nous ne puissions nous obliger et par espécial au droit disant général renonciation non valoir et choses especiaulx.

En tesmoignage de ce, Nous avons fait mettre nos grands sceaulx à ces présentes lettres qui furent faites et données le VIIIe jour de février, l'an de grâce mil trois cent cinquante-cinq.

X.

Sauf-conduits pour Iolande et son fils lors du séjour de l'empereur Charles IV à Metz.

1356. — I. Lettres en latin de l'empereur Charles IV, roi de Bohême, par lesquelles il donne sauf-conduit à Robert, marquis du Pont, son cousin, pour le venir trouver, demeurer auprès de sa personne et pour s'en retourner sans néantmoins amener avec lui aucun ennemy et perturbateur de la paix.

Donné à Metz le 18 décembre 1356, l'an II de son règne et le second de son empire.

(Scellé en cire rouge, en croûte en cire blanche, un aigle déployé. C'est un petit sceau.)

II. Pareil sauf-conduit accordé par ledit empereur à Iolande, comtesse de Bar, sa cousine, aux mêmes conditions. Donné à Metz, le 19 novembre 1356.

(Le sceau est arraché. — Invent. de Lorr., t. V, fol. 496, layette cotée : *Empire, fiefs.*)

X BIS.

Lettres de Robert, duc de Bar, du 9 juin 1357, à Iolande, sa mère, par lesquelles il prie la comtesse de prendre soin de son comté de Bar, etc.[1], *malgré son aptitude précédemment reconnue et admise par dispense de l'empereur d'Allemagne Charles IV de 1354 et du roi de France de 1352.*

1357. — Nous, Robert, duc de Bar et marchis du Pont, faisons savoir à tous que, par considération des guerres, griefs, damages et aultres chairges insupportables pour nous, qui sordent de jour en jour en pays de notre duchié de Bar *adquieux*, nous estant soubs eage de pleine discrétion et parfois puissance de corps et vertu naturelle, jasoit ce nos biens eagiez civilement, par grâce et dispensacion réal et impériale, ne poons résister ne y pourvoir bonnement sans l'aide, conseil et confort de notre très chière et redoubtée dame et mère, nous, par délibération et conseil, avons prié et requis à notre dame et mère, etc.

(Voir la suite dans l'« Histoire de Lorraine » de Dom Calmet).

XI.

Dispense accordée à la comtesse Iolande pour la commutation d'un vœu fait par elle.

1358. — Dispense accordée à noble dame Iolande de Flandres, comtesse de Bar, dame de Cassel, par François,

---

[1] Ces lettres furent données par le jeune duc de Bar, au commencement du second mariage de sa mère, Iolande de Flandre.

cardinal du titre de Saint-Marc, commis à ce par le pape Innocent et d'accomplir le vœu qu'elle avait fait de faire présent à une église où il y aurait un autel de sainte Anne, d'une image d'argent de la représentation et du poids de son fils le duc de Bar ; et ayant trouvé qu'il fallait, suivant sa pesanteur, y employer 190 marcs d'argent et pour laquelle les ouvriers et orfèvres demandaient 600 écus d'or et une année entière pour y travailler, et comme il pourrait arriver que les seigneurs des lieux où serait donnée ladite image (statue) la pourroient enlever et en convertir l'argent en autre usage, il lui est accordé, en commutation de vœu, d'en faire faire une du poids seulement de 10 marcs, et convertir le surplus en fondation de chapelles ou en acquisitions d'héritages pour les églises et ornemens, par l'avis de son confesseur.

Donné à Avignon, le 16 des kalendes de juillet, l'an VIe du pontificat du pape Innocent VI (1358).

<small>(Scellé d'un sceau en ovale représentant un saint Marc tout debout dans un portique. — Du Fourny, Invent. de Lorr., t. III, fol. 87, pièce en latin.</small>

XII.

Fondation, par Iolande, d'une chapelle à l'occasion d'un vœu.

Les lettres pour la fondation d'une chapelle à Sainte-Maxe, du 17 décembre 1359, à la suite de ce vœu singulier de la comtesse de Bar, commencent ainsi :

1359. — A tous ceux qui ces présentes verront et orront, Yoland de Flandres, comtesse de Bar et dame de Cassel, salut en Nostre-Seigneur Jehesu-Christ.

Comme pièça heussiens voei et promis faire ouvrer une ymaige d'argent en figure et remembrance de Madame Saincte Anne, mère de la glorieuse Vierge Marie, mère de Nostre-Seigneur Jehesu-Christ, au juste pois d'argent de nostre aimé fil Robert, duc de Bar, à le prendre au jour que nous voudrions faire ouvrer ycelle ymage, pour la donner à une ecglise en l'onneur de ma dicte dame Saincte Anne, lequel nostre fil puest peser à présent environ neuf vins et quatorze mars d'argent, en ouevre et en fasson d'ycelle ymage puist couster environ seix cens petis florins.... Considéré l'effet d'ycelui nostre vœu et promesse estre subjet à plusieurs pertes et poris au temps qui court, etc., etc.

(Trésor des chartes à Nancy.)

XIII.

Lettres de Thiébaut, sire de Blamont, appelé par la comtesse Iolande près du duc de Bar, son fils, en qualité de conseiller.

1358. — Je, Thiebaulz, sires de Blaumont, fais scauoir et congnoissans à tous que comme ma très redoubtée dame, madame la comtesse de Bar et dame de Cassels mait mis, elleu et ordonné pour estre de leiz luy et de son conseil, assauoir est que je ay promis et promet leaulment et en bonne foy, à ycelle Madame et par ma foy corporelment donnée en la main en lieu de sacrement, sans fraude, sans fiction et sans malengin, à ly ayder, conseillier et conforter bonnement et leaulment, saulue mon honneur et pourchassier le bien et l'onour de luy et de son pays, et par espécial de son pays douaire, en toutes les manières que je pourray par honnour et ne seray consentant ne souffrant, à mon pouuoir, que le contraire soit faict ou pourchassié, mais lempescheray, destourneray et contrediray, en toutes manières que je pourray.

Encore luy ay promis à mettre, tenir, garder mondit seigneur le duc en son obéissance et amour telle comme bon, loyal et obéissant fils doit faire naturellement à son père et à sa mère, et ad ce linduiray et exhorteray de tout mon pouuoir et de tout mon sens, et aussy tous autres qui faire ou pourchassier voulroient le contraire, et en cas où destourbier ne les pourroie, ou que je verroie mond seigneur le duc meu au contraire, je, en iceli cas, suis et seray tenu dou faire scauoir à madite dame et de lée aduiser et conseillier en bonne foy.

Toutes les choses dessus dites et une chacune d'icelles, ensemble leurs dépendances ay-je promis et promes léaulment et en bonne foy sor toute mon honnour et soub l'obligation de tous mes biens mobles et non mobles, présens et advenir, faire, tenir, entretenir et accomplir bonnement et léaulment, à mon pouuoir, le temps durant que je seray ou service de mon dit seigneur comme dit est.

En tesmoing de ce, je ay fait sceller ces présentes lettres de mon scel, lesquelles furent faictes l'an 1358, le 4 jour du moix de mars.

(Scel de cire verte pendant à une queue. — Ibid. cartul. B., fol. 193, 214.)

XIV.

Robert s'engage à soutenir sa mère contre Henri de Bar, ses adhérents et ceux de Thiébaut de Bar.

1360. — Lettres de Robert, duc de Bar et marquis du Pont, du 22 février 1359, données sous scel en cire vermeille, par lesquelles il déclare qu'étant naturellement obligé par tous droits d'obéir, honorer et aimer sa chère et redoutée dame et mère, madame la comtesse de Bar et de Cassel, et pour la considération des grands et griefs labeurs, peines, domages qu'elle a eu et des grans et merveilleux périls auxquels elle a exposé son corps en gouvernant, gardant et défendant la personne dudit duc et ses pays, depuis la mort de son père, pour demeurer toujours en sa grâce et amour, voulant qu'elle demeure en bonne paix et sûreté de luy, il lui promet en bonne foi que tant qu'elle vivra il lui rendra tel service, obéissance, amour et honneur, comme un bon fils doit faire; qu'il ne lui donnera aucun sujet de courroux, la gardera en bonne paix ; qu'il ne fera ni aura paix, en tant comme il lui peut toucher, avec Henry de Bar, seigneur de Pierrefort, pour ce que à tort et indûment il a fait la guerre à ladite dame sa mère, l'a voulu prendre en la forteresse de Bourmont, y mettre le feu et sur la terre de son douaire et en plusieurs autres lieux et domaine dudit duc, prit la ville du Pont-d'Aussonne, tué plusieurs personnes et fait plusieurs dommages tant à ladite dame qu'à lui, si consistait du gré et consentement de ladite dame ou s'il n'y estait tenu par droit et raison, si ledit Henry la requérait avoir en son hostel, et le ferait du conseil et avis des gens que ladite dame lui donnerait, et au cas que ladite dame voulut faire la guerre audit seigneur de Pierrefort, il promet la secourir et lui prêter de ses forteresses et ses gens à cet effet quand elle en aura besoin, et luy promet les mêmes choses dans le différend qu'elle a avec le seigneur de Boffremont ; luy promet encore de ne se servir des gens qui ont été contre elle, ni de les recevoir en ses offices, et s'il y en avait aucuns qui eussent tenu le parti de Henry et de Thibaut de Bar, de les en ôter ; promet aussi de ne se marier sans son congé et son consentement et expresse volonté ; de la laisser jouir de tout son douaire suivant la convention faite avec elle par le feu Roi et le lui garantir, et la faire payer de tout ce qui lui en peut être dû.

(Du Fourny, Invent. de Lorr., t. II, fol. 15.)

XV.

Engagement de la couronne du Barrois par la comtesse Iolande.

1361. — Lettres de Robert, duc de Bar, contenant que, comme la comtesse de Bar, sa mère, a mis en gage pour lui une couronne d'or, de pierreries et de perles, en laquelle il y a douze menbres, trois grands fleurons et six petits, pour la somme de 1,400 petits florins de Florence de bon or et juste pois, pour payer, à Strasbourg, à messires Aubert Sterwy Damboise et Jean Ster, auxquels messire Jean de Salm, sire de Viviers, en était obligé pour ledit duc, et lesquels il doit rendre pour le comte de Vaudémont, et encore a mis en gage certaine vaisselle d'or et d'argent pour 1,500 petits florins de bon or, dont il en a envoyé 700 petits florins pour payer les Bourguignons par la main de messire de Beffraymont, chevalier, et en a aussi délivré 300 florins à Franque de House, écuyer, son chambellan, pour payer ses dépenses et autres qui tiennent hostage à Valenciennes pour led. duc, et les autres 500 florins pour payer à messire Joffroy de Fou, pour le service qu'il devait faire contre les Anglais qui vinrent à Possesse, qui est en tout 2,900 petits florins ;

Il assigne ladite somme à ladite dame sa mère sur l'imposition qui lui est et sera due ès villes de Bar, de Saint-Mihiel, du Pont, de Varennes, et ès châtellenies et dépendantes, pour les prendre et recevoir au mois d'août prochain et autres suivants, jusques à parfait payement et des dépens, missions et domages que ladite dame peut avoir eus, à quoi s'oblige aussi Jean de Salmes, sire de Viviers.

Fait l'an 1361, le 16 juin.

Deux petits sceaux en cire verte, le premier du duc, qui n'y est plus, le deuxième du sire de Salmes. (Invent. de Lorr., t. III, fol. 17.)

XVI.

Sommaires de documents qui prouvent que la comtesse Iolande encourut des excommunications à cause de la fabrication de fausses monnaies et d'autres crimes.

1362, *à Avignon, 10 des kalendes d'avril (23 mars)*. — Lettre (en latin) de Guillaume, cardinal-diacre, par laquelle il donne pouvoir à l'évêque de Tulles d'absoudre Iolande de Flandre, comtesse de Bar, des sentences d'excommunication qu'elle avait encourues contre des clercs, églises et autres.

Lettre de même date pour absoudre les personnes de la maison de la comtesse de Bar pour mêmes crimes.

(Ancien inventaire, t. VII, p. 5, à cette date de 1362.)

Lettres en latin de Guillaume, cardinal-diacre, par lesquelles il donne pouvoir à l'évêque de Térouanne d'absoudre Iolande, comtesse de Bar et dame de Cassel, à cause d'une sentence d'excommunication par elle encourue pour avoir fait forger de la fausse monnaie de France. — Avignon, 10 des kalendes d'avril 1362 (23 mars), 10e année du pontificat d'Innocent VI.

(Original sur parch., archives du Nord; le scel est tombé.
— Invent. ancien, t. VII, p. 5, de cette année.)

Obs. Dans le même inventaire d'archives, une autre lettre d'absolution est citée, qui est donnée, l'année 1367, par le vicaire de l'église de Toul à la comtesse de Bar, pour les mêmes causes.

XVII.

*Pierre de Moncel, chevalier, prisonnier des Bretons,
est délivré par Iolande de Flandre.*

1363. — Lettre de Pierre de Monceaulx, chevalier, portant que comme, à son très grand besoin et nécessité, pour païer sa rançon aux Bretons qui l'avaient pris, madame la comtesse de Bar se soit obligée ez mains de Licum Eustache et François de Hele, bourgeois de la ville de Gand, pour la somme de 188 francs d'or, du coin du comte de Flandre, et 24 gros de Flandre, et leur en a obligé sa terre de Rodes, et donné pour pléges Gilbert de Dain, son receveur et bailly de ladite terre.

Il reconnaît avoir reçu ladite somme qu'il promet rendre et payer auxdits créanciers dans le jour de la quinzaine de la fête de saint Martin et en porter quitte ladite dame, ses dits terres et receveur, et lui rendre ses lettres.

Fait le 25 aoust 1363. Présents : Mr Thierry de Hazebrun, chevalier, Jean de Feuns, son chapelain, et Enguerrant de la Nieppe, son écuyer.

(Scellée en cire vermeille.— Invent. de Lorr., t. VIII, lay. Mélanges.)

XVIII et XIX.

Approbation des comptes du receveur des tailles de Cassel.

1365, *le jour des Cendres, mercredi 2 mars.* — Eloy de Staples, sous-bailli de Cassel, déclare que, en présence de Baudouin de Halline, receveur de la comtesse de Bar, Monsr François de *Haveskerke,* Monsr Guillebert de *la Bourre,* messire Roland d'Ecke, messire Thierry de Hazebrouck, messire Jean de *Winnezeele,* Pierre de *le Bourre,* Gérard de *Zuut-Peenes,* Jean du *Briard* dit *Vigherens,* Thomas *Mortruel,* Hugues *Maulbere,* Robert de *Fontenay,* Jean *Mulart,* Simon du *Briard,* Henri *Walins,* Thierry *Courtewille,* Jean de *le Mote,* Jean *Reifs,* Jean *Bollekin,* Laurent *Leblanc* et autres, et des échevins de la ville et châtellenie de Cassel, Gillebert de Winnizelles, receveur de tailles desdites ville et châtellenie, a rendu les comptes de ses recettes, et qu'ils ont été trouvés bons moyaux.

(Copie du temps en parchemin.)

Même année, 13 septembre, le receveur des tailles susdit rendit de nouveau ses comptes que les susnommés trouvèrent justes et exacts.

(Invent. IX, p. 511, archives du Nord.)

XX.

Engagement de la couronne de la comtesse de Bar en 1365 et 1366.

1365. — Lettres de Jeoffroy de Fou, chevalier, portant que Madame la comtesse de Bar lui a prêté et délivré sa bonne couronne d'or, en laquelle il y a 12 florins, 6 grands et 6 petits, qu'il promet rendre dans le jour de la Nativité de Notre-Seigneur en pareil état. — Fait à Clermont, le 16e jour d'octobre 1365.

(Scel en cire verte.)

Lettres dudit Jeoffroy de Fou portant que comme dame comtesse de Bar, pour racheter son corps de la prison du comte de Vaudemont, lui délivra sa bonne couronne d'or étoffée de 6 grands et 6 petits florins et de bonnes et riches perles et pierreries, pour emprunter finance pour paier sa rançon audit comte, il promet la rendre à ses frais et périls, dans la Nativité Saint Jean-Baptiste, en quelque lieu que ladite dame soit, ou à Varennes, ez mains de Perrin de Vaucoix, son prévost, et deffault d'aller en personne tenir prison au chastel et forteresse de Nieppes, en Flandre.

Requiert Jean de Hein, notaire apostolique et impérial, de signer ces lettres.

Faites le 20 avril 1366. (Signées dudit notaire.)

(Le scel dudit Jeoffroy [détaché.)

Autre lettre dudit Jeoffroy, du même jour, portant qu'il doit encore sur ladite couronne 400 petits florins; promet de de la rendre à ladite dame dans la Saint-Jean, en donnant par elle autres joyaux d'or ou d'argent pour ladite somme, et promet de lui faire donner lettres de Perrin Brise-Paixel, citoyen de Verdun, qui s'obligera de rendre ladite couronne audit terme, au cas qu'il décéderait avant icelui à ladite dame, ou à ses exécuteurs si aussi elle décédait. — Donnée au chastel de Nieppe.

(Scellée en cire verte.— Invent. de Lorr., t. VIII, lay. Mélanges.)

XXI.
Cessation des offices divins dans des terres d'Iolande en Flandre [1].

1366, *12 juin, à Bourbourg* (en latin). — Robert (de

[1] Inventaire du registre des chartes, t. I, archives départem. du Nord, et pièce du carton B. 898 de ces archives.

Genève), évêque de Térouanne, déclare qu'aiant par ses lettres précédentes [1] ordonné la cessation de tous offices divins dans l'abbaye de Bourbourg et dans toutes les terres qui appartiennent à la comtesse de Bar, à cause des injures, offenses et rebellions faites à juridiction ecclésiastique par cette comtesse, ses gens et sa prieure et couvent de Bourbourg, il mande aux doiens de la chrétienneté de Bourbourg et de Cassel, ainsi qu'à tous les ecclésiastiques de son diocèse, de faire publier chez eux (ès dites villes) cette cessation et de la faire observer jusques à ce qu'ils reçoivent d'autres mandements de sa part, et portent excommunication contre ceux qui ôteront les affiches mises en dehors de l'église.

XXII.

Mandement au sujet des dîmes [2] et d'Iolande.

1366, *18 août, à Térouanne* (en latin). — L'official de Térouanne mande au doyen de chrétienneté et à tous les prêtres de son diocèse, que noble dame la comtesse de Bar, dame de Cassel, ayant fait publier que tous ceux qui lui seraient soumis, ayant à lui payer les dixièmes de tout ce qu'ils dépouillaient et en avait fait arrêter plusieurs, et sachant que Robert (de Genève), évêque de Térouanne, possédait les dixièmes de Hazebrouck et de Praelles [3], il leur a ordonné de faire publier dans toutes ses églises et sur tous les cimetières de ne point retenir les dixièmes qui appartenaient à cet évêque, de les lui rendre et reporter sous peine d'excommunication, de donner un monitoire de l'excommunier elle-même, et afin que cette comtesse ne prétende cause

---

[1] Interdit ecclésiastique de 1365. (Même inventaire, t. X.)

[2] Dîme, de *decima*, dixième partie des produits de la terre, etc., que l'on payait à l'église et aux seigneurs.

[3] *Pradelles*, village près d'Hazebrouck.

d'ignorance, il ordonne de les faire publier, nommément dans les paroisses de Morbecque, d'Hazebrouck et de Wallon-Cappelle [1], sis en la seigneurie de Cassel.

XXIII.

Ordres de l'official de Térouanne concernant Iolande et menaces d'excommunication [2].

1367. *Anno* MCCCLXXVI *feria quinto... (sic).* — Lettres par lesquelles l'official de Térouanne ordonne aux doyens de chrétienté de Cassel et de Bailleul et à tous les prêtres, chapelains, notaires et tabellions du diocèse de Térouanne, de faire rendre à Tassard de Ballinghem, Jean Goetie Buez, etc. et autres habitants de la paroisse de Reneschure, plaignants et réclamants de ce chef, les blés, avoines, vesces, cervoises, bestiaux, herbes vertes et sèches et toutes autres choses que les gens de madame de Bar, dame de Cassel, leur avait saisies en la paroisse de Reneschure et fait vendre ensuite, parce que les plaignants refusaient d'acquitter certaine taille établie par elle. Il leur ordonne, en cas de refus de la part des gens de la dame de Bar, de les menacer de l'excommunication. S'ils s'y opposaient encore, lesdites gens auront à comparoir devant lui après la prochaine fête de Saint-Laurent.

(Copie authentique; petit sceau en cire verte pendant à une bande de parchemin.)

Nota. En 1367, il y eut de nouvelles absoutes pour méfaits d'Iolande. (Inventaire des Archives du Nord, t. X. Les sommaires sont comme suit) :

---

1 Inventaire des registres des chartes, t. I (ou X ?), archives du Nord, carton B. 900.

2 Extrait de SAINT-GENOIS, Fland. orient., vol. IV, n° 1813.

XXIV.

Sommaires d'absoutes en faveur d'Iolande.

1367, à Avignon, le jour des nones de mai, la 3ᵉ année du pontificat d'Urbain V (en latin). — Lettres de Guillaume, cardinal-prêtre du titre de Saint-Laurent-en-Lucine, par laquelle il donne pouvoir à l'évêque de Toul d'absoudre la comtesse de Bar de l'excommunication qu'elle avait encourue pour avoir fait mourir Raoul de Bonney, prêtre-chanoine de l'église de Verdun, et pour avoir commis plusieurs autres crimes.

(Orig. en parchemin, scellé d'un scel oblong en cire rouge enchâssé dans la cire blanche, pendant à un cordon de soie verte. — Invent. X et carton B. 904.)

1367, septembre ou novembre. — Absolution donnée par le vicaire de l'église de Toul à Iolande, dame de Cassel, pour avoir fait fabriquer de la fausse monnaie et mourir Raoul de Bonney, chanoine de Verdun.

(B. 908, carton. — Voir Invent. des Arch. du Nord, t. VII, p. 5.)

XXV.

Restitution au comte de Flandre d'un malfaiteur réfugié dans le duché de Bar et réclamé par ce prince.

1368. — Lettres de Louis, comte de Flandre, duc de Brabant, comte de Nevers et de Rethel, et d'Iolande de Flandres, comtesse de Bar, contenant que comme ledit comte de Flandres eut plusieurs fois requis le duc de Bar qu'il voulut rendre un malfaiteur prisonnier fugitif appelé Rifflard, bâtard de Mathieu de Happoulies, qui avait commis plusieurs faussetés et trahisons dont il avait été convaincu, lequel criminel le duc faisait difficulté de rendre si le comte et la comtesse ne l'assuraient qu'il le pouvait délivrer, son honneur sauve et sans être repris.

Les dessus dits comte et comtesse, considérant les trahisons et méfaits dudit Rifflard, par bon avis et grande délibération de Conseil sur ce eue, à chevaliers et autres gens à ce connaissants, disent et maintiennent, conjointement et d'un commun accord, que le duc de Bar peut bien, son honneur sauve et selon droit et raison, délivrer audit comte ledit Rifflard comme traître, fugitif échappé des prisons du comte, sans que le duc, pour cause de ladite délivrance, puisse en aucune manière être repris et blâmé de son honneur et qu'il le peut faire selon droit et raison.

Donné à Tenremonde, le 18 août l'an 1368. Signé sur le repli : « Par Monseigneur en son Conseil, *Wagh*. »

(Scellées de deux sceaux, le premier en cire jaune, du comte de Flandre, à cheval armé ; le deuxième en cire vermeille, en losange parti des armes de Navarre, Longueville et de Flandres; cassé. — Invent. de Lorr., t. VI.)

Lettres de Iolande de Flandre, comtesse de Bar, par lesquelles elle constitue, ordonne, établit et députe Jacques de Haudain, son châtelain de Nieppe, et Leurequin de Beer, son huissier, pour prendre et recevoir en son nom, du duc de Bar, son fils, ou de ses gens, messire Rifflard, bâtard de Flandres, que ledit duc son fils lui a promis rendre et délivrer, ou à ses gens, suivant le traité fait ci-dessus n° 102, et la délivrance faite, elle l'en quitte.

Donné à Nieppe, sous son scel, l'an 1368, le 3 septembre.

(Scellées en cire vermeille, comme ci-dessus.)

Mai-septembre. — Louis, comte de Flandre, déclare que, sur sa demande, la dame de Cassel lui a fait remettre Rifflard, bâtard de Mahaut de Haponlieu, prisonnier du duc de Bar, fils de ladite dame, à effet de le punir des trahisons commises par lui envers ledit comte.

(B. 911, carton.)

XXVI.

Nomination à la mairie de Cassel, etc.

1369, *20 décembre*. — Lettres par lesquelles Iolande,

comtesse de Bar, donne à Leurequin Le Ber, son huissier, pendant sa vie, la mairie de Cassel, l'office de sergenterie, et garde des bois et garennes de Waemberch [1], et 3 livres de gros sur la recette générale de Flandre ; et comme ladite comtesse et dame avait donné audit Le Ber le profit des *jeux de grièche, de dés et d'échiquier* dans ladite mairie de Cassel, et qu'elle a défendu ces jeux, elle décharge ledit Le Ber d'une rente annuelle de 12 livres qu'elle avait retenue sur la mairie de Cassel.

(Archives du Nord, Inventaire, t. X, p. 355, n° 6760 ; parchemin ; carton B 923.)

XXVII.
Inventaire de joyaux d'Iolande (?) ou de sa mère.

1360. — Outre l'état des joyaux mis en gage par la comtesse Iolande en avril 1370, dont nous avons fait mention, avec énumération des objets, au texte précédent, p. 51, il y a aux Archives départementales de Lille une autre liste d'objets précieux attribués à Iolande, si l'on en juge par la note qui suit placée en marge : « Vers 1360. — *Inventaire des objets d'or et d'argent de la dame de Cassel.* »

Cependant nous avons douté en admettant cette possession pour Iolande, car dans le premier article de cette liste il est question de Madame la duchesse, à moins que cette couronne n'ait appartenu à Jeanne de Bretagne, qui pouvait l'avoir tenue du duc de Bretagne, son père, ou de sa mère, Jeanne de Dreux.

D'un autre côté, peut-on supposer que c'est là l'inventaire des joyaux et argenteries de Marie de France, mariée en 1364 au duc Robert, et qui fut aussi dame de Cassel, mais bien plus tard ? Nous ne le pensons pas. D'ailleurs, il est ques-

---

1 *Womberck*, Wonwemberg, mont d'Escouffe ou des Vautours (de Wouw, pluriel Wouwen, *Kickendief*), près Cassel, à présent dit le *Mont des Récollets*.

tion dans la deuxième liste ci-jointe, celle des objets donnés par Madame, d'un coupe et d'un hannap avec mention de la nativité de Jean de Flandres. Celui-ci ne peut être que le fils de Jeanne de Bretagne et de Robert de Cassel, frère de Iolande, et non Jean de Bourgogne, neveu de Marie, duchesse de Bar. — Ces questions sont à résoudre après vérification rigoureuse. Nous pouvons toutefois ajouter, pour éclairer la question, que la dame de Coucy dont il est question dans l'énumération des bijoux qui va suivre, était la sœur de Robert de Flandre, et par conséquent la tante de Iolande en même temps que belle-sœur de Jeanne de Bretagne.

Vers 1360. — *Inventaire des objets d'or et d'argent de la dame de Cassel.*

Inventoire des choses que Madame a pardevers li, dor et dargent :

Premierement : une grande couronne à rubis et à esmeraudes, laquelle *Monseigneur* achata à *Madame la duchesse.*

Item, une couronne à grant saffirs et à besant de perles, que *Madame de Coucy* donna [1].

Item, une couronne que *Monseigneur* achata à Paris, sur IIII verges à saffirs et à petis rubis.

Item, I chapel [2] esmaillié à grant besant de perles et à saffirs et à bales, que *Monseigneur* achata à *Madame la duchesse.*

Item, I chapel à besans et à III pierres, lune dencosté lautre; II rubis et une améraude.

---

[1] Madame de Coucy devait être la tante d'Iolande, étant sœur de Robert de Cassel. Cette fille du comte Robert de Béthune ne doit pas être confondue avec Madame de Coucy belle-mère de Henri de Bar, fils aîné de Marie de France.

[2] Voir au texte, p. 62, l'état des joyaux mis en gage en 1370 par Iolande, pour la signification des anciens mots employés ici qui ont la même origine.

Item, 1 chapel à III perles et 1 ruby et une améraude.

Item, 1 chapel à 1 besant persiet et une améraude et 1 ruby.

Item, une coupe dor gernetée que *Madame de Coucy* donna.

Item, II paires de tresons dont il y en a 1 à III perles et à une rosette et l'autre à une perle et à 1 esse sans soie.

Item, une nef dargent doré que segneur Jehan De le Pierre donna.

Item, II boutailles dargent que Nicholai Ghidonche donna.

Item, une coupe que la dame de Boulers donna.

Item, une coupe que labbesse de Bourbourch donna.

Item, une coupe que l'abbé des Dunes donna.

Item, une coupe que Mons. Guillaume de Stiellande donna.

Item, 1 dragioir doré et esmaillié et II pos dargent donné à Ypre.

Item, une coupe que li provos de Saint-Martin d'Ypre donna.

Item, la *ville de Cassel* donna 1 dragioir blanc et esmaillié.

Item, 1 hennap que li *contes de Flandres* donna à trepie et à couvercle et tout esmaillié et 1 pot doré.

Item, 1 hennap des armes de Cran, à trepie et doré et sans couvercle.

Item, une coupe dorée et à pierres que Gille d'Artrike donna.

Item, 1 petit dragioir blanc et esmaillié et II cuilliers.

Item, II fyoles dargent et 1 couvercle dun hannap doré.

Item, rubi que *levesque de Terewane* donna à *Madame quant elle fu espousée.*

Item, le biau rubi que Mons. li donna et 1 petit.

Item, 1 dyamant et II saffirs et une éméraude que Mons. li donna.

Item, une petite emméraude que *Madame la duchesse* donna.

Item, 1 fermail[1] à viii emméraude et 1 camaihieu ou mylieu.

Item, une boiste dargent et esmaillié.

Item, une ymaige qui est divoire et le tabler dargent, ou li ymage viet que Mons. li donna.

Item, ii espingles dor.

Item, 1 petit tablel esmaillié que la *contesse de Saint-Pol* donna.

En ce brief sont escript toutes les choses que Madame a pardevers li, dor et dargent.

XXVIII.

Les coupal et les hennal que Madame a donné.

Premiers : une coupe à pierres que Gilles... donna a esté donnée à la nourrice la fille du Roy.

Item, une coupe que la dame de la Berst donna a esté donnée à la *berscresse*[2] *de ladite fille*, sans le couvercle.

Item, ii hennal dargent blanc que labbé de Berghes donna, de quoi on a fait un calisse.

Item, ii coupes qui furent données à Ypres, dont l'une fut donnée à *Isabel* quant elle sen ala vers Madame la duchesse, et l'autre fu donnée à celui qui aporta les nouvelles de la *nativité de la fille du Roy*.

Item, une coupe qui fut donnée à Cassel, laquelle Gautier de Meetkerke eut pour la *nativité de Jean de Flandres*.

Item, iii hennas dorés qui achatés à Paris ; meistre Jehan Le Josne en eut 1, et 1 sourgien qui fu avecque lui l'autre,

---

1 *Fermail*, agrafe, boucle. — « Puis mist un chapeau de roses sur son chief et li attacherent un fermail moult richement garnie de pierries. » (Roman de Gerardu.)

2 Berseresse ou berceuse ? femme qui berce et garde les enfants.

et Jehanne Danesy eut le tiers que Monss. li donna as estrines.

Et Isabel 1 hennap que la damoiselle de Cauny donna de *le nativité Jehan de Flandres*.

Item, la coupe que labbé de *Saint-Nicholai de Furnes* donna, a esté donnée à *mestre Guillaume Morel*.

(Deux bandes en parchemin, écriture du XIVe siècle. — Chambre des Comptes à Lille. Archives du Nord.)

XXIX.

Arrestation de Robert par Iolande de Flandre, sa mère.

1371. — Mandement du Roi au bailly de Vitry, sur la complainte du duc de Bar, que de fait et sans cause raisonnable la comtesse de Bar, sa mère, l'avait pris et détenait encore prisonnier sans le vouloir délivrer, à son grand.... (préjudice), auquel bailly le roi mande de se transporter devers ladite dame, lui faire commandement de par le Roi, quelle ait à mettre hors de prisons ledit duc son fils, et au cas de refus d'ajourner à comparaître à certain jour compétant, par devant lui, Roi, quelque part qu'il soit. — Donné à Paris, le 19e janvier 1370.

(Le sceau n'y est plus. — Du Fourny, Invent. de Lorr., t. VI.)

XXX.

Arrestation de la comtesse Iolande de Flandre au château de Bar.

1372. — Lettres de Leurequin Leber par lesquelles il déclare comme le jour de Saint-Marc 1371, Me Jehan, seigneur d'Arantières, Me Jehan Danou (d'Aunoy), chevalier, et plusieurs autres leurs consors, confortans et complices, eussent prise, arrêtée au chastel et donjon de Bar, emmenée et détenue prisonnière en la maison et forteresse d'Arantières et ailleurs, et en fait de ladite prise, eussent pris et emmené et fait leur volonté de l'un de ses chevaux et d'une courroye d'argent, sans que par eux lui en fait rendre aucune chose, est-il qu'au commandement de ladite Dame, il a quitté et quitte, par ces présentes, les susdits sire de Lonnois, de Til, d'Arantières, et messire Jehan Danou (d'Aunoy) et tous autres, leurs consors, de tout ce qu'il pourrait leur demander pour le fait de ladite prise, détention et délivrance, et pour cause desdits chevaux, courroye et toutes pertes et dommages ; et parmi ce, il est demeuré quitte envers ledit sire de Lounosi et les sus-nommés preneurs et tous autres leurs consors, de toutes convenances et promesses, foi, serment, échappement de prison, et toutes autres choses qu'ils lui pourraient demander. — Fait l'an de grâce 1372, le 4ᵉ aoust.

(Scellées en cire verte. — Invent. de Lorr., t. II, fol. 659.)

XXXI.

Excuses du comte de Flandre Louis de Mâle adressées à Charles V sur la prise de la comtesse de Bar qui s'était enfuie du Temple.
(Registre du Parlement, 9 décembre 1372.) [1]

L'an de grâce mil trois cent soixante-douze, le dimanche douzième de décembre, heure d'environ tierce après la messe du Roy notre sire, lequel estoit au Louvre en la chambre basse, auprès la salle, tenant son conseil auquel estaient.... viendrent le comte de Ligny et..... doyen de Liège et..... chevalier, et au Roy nostre sire présentèrent, de par le le comte de Flandre, lettres closes de créance que le Roy receut et leut, et après ce se trairent à Val vers la forme [2] devant la face du Roy et s'inclinèrent à genoux devant le Roy et en commença ledit doyen à parler de par ledit comte de Flandres et le Roy les fist lever, et puis ledit doyen di et exposa en cette manière en substance :

[1] P. Anselme, t. III, p. 824, Hist. généal. et chronologique.
[2] Au pied de l'estrade du trône.

« Très redouté et très souverain Sire, Monsieur de
« Flandre envoye M. de Ligny, M. ....., chevalier, et moi en
« leur compagnie, par devers vous et nous a chargié que
« nous exposions à votre très haulte, très noble et très puis-
« sante Magisté qu'il a entendu qu'en France et ailleurs au-
« cuns ont parlé contre luy du faist qui est advenu dans la
« terre du sire de Longueval pour la cause de la prinse de la
« comtesse de Bar. Et très redouté et très souverain Sire,
« nul ne debvrait penser que il qui est de vostre sang, *vostre*
« *homme lige et vostre sujet et paire de France*, fils de Madame
« d'Artois [1], fille du roy de France, tenant sa terre de vous
« et en partie de la sainte couronne de France, voulsit faire
« chose qui fust à vostre déplaisance, ainçois toujours à fait,
« veult et entend à faire vostre bon plaisir; mais vous, très
« puissant et très redouté Sire, scavez que ladite comtesse
« de Bar, qui est si près de son lignage, estait vostre pri-
« sonnière et s'en estait partie en allant ès-parties de Flan-
« dres, et comme elle s'approchast de son païs et fut près de
« Saint-Omer à une lieue ou environ et près de..... En allant
« son chemin ès-détroits et en la justice de Madame d'Artois,
« fille du roy de France, tenant sa terre de vous et en partie
« de la sainte couronne de France, laquelle était trop mieux
« ordonnée d'avoir devant lui ladicte comtesse de Bar que le
« sir de Longueval ne estait ne autre chose de son état. Vint
« depuis celui sir de Longueval à la rencontre d'elle et l'ar-
« rêta et mit la main à elle, et contre la volonté d'elle l'ôta
« de son chemin et de la justice de Madame d'Artois et l'em-
« mena par force et violence en un sien château comme sa pri-
« sonnière en grande vilepension [2] de Madame d'Artois et de
« sa justice et jurisdiction, et en grand déplaisir de Mon-

---

1 La femme de Louis de Nevers, père du comte Louis de Mâle, était la fille du roi de France Philippe-le-Long. Elle avait nom Marguerite et était dite *Madame d'Artois*, gouvernant cette province.

2 Honte ou affront.

« sieur de Flandre. Et quand ledit sir de Longueval eut la-
« dite dame, il la voulut mettre à rançon à son profit, et
« accorda et voulut ladite dame laisser pour quatre cents
« francs qu'il en aurait, et autres en devaient avoir autre
« somme que il conviendra mettre si bon semble. Et pour
« soy couvrir et avoir excusation, devait en certain jour,
« lieu et heure aller en rivière, et lors viendraient sur luy
« dix ou douze hommes d'armes de par Madame de Bar,
« lesquels seraient tous avisez du fait, par lesquels il se lais-
« serait prendre et feindrait que ce fut contre sa volonté, et
« ce pour que l'on creust mieux, accorda et ordonna que l'en
« ly donnast un gantelet parmy le visage; si que il y parust
« et en pust montrer les enseignes (marques) pour dire que
« ce l'y fust fait par très grande force, et qu'après ce coup
« l'on le mènerait devant le fort où il avaist Madame de Bar
« emprisonnée, et là devait l'on feindre de le vouloir mettre
« à mort si l'on ne délivrait ladite dame, et il devait à ses
« gens dedans le fort crier mercy et requerre qu'ils eussent
« pitié de luy et qu'ils rendissent ladite dame, laquelle par
« cette voye serait délivrée ; lesquelles choses seraient bien
« montrées contre ledit sir de Longueval et soutenues s'il
« les voulait nier. Et très redoubté et très souverain Sire,
« depuis ledist sir de Longueval amena ladite comtesse de
« Bar par devers vous et l'avez fait mettre et tenir là où elle
« est à présent; lesquelles choses, très redoubté et très
« souverain Sire, furent rapportées à Monsieur de Flandre
« et forment en de plus et bien ly en debvoit deplaire, con-
« sidéré l'estat du sir de Longueval qui en ce fist grant vile-
« pension encontre Madame d'Artois de qui il estoit et est
« homme, et à l'encontre aussi de Monsieur de Flandre. Et
« fut bien tanté qu'un des bastards de Flandre et autres des-
« quels on a bien accoustumé de soy ayder et aussi ils ont
« bien accoustumé de faire choses en tel cas qui puissent
« être au plaisir des seigneurs, et avec plusieurs gens de
« l'hostel Monsieur de Flandre et plusieurs autres de son

« pouvoir s'y assemblèrent pour aller mesfaire audit de
« Longueval, laquelle chose sceut bien Monsieur de Flandre
« et ne l'empescha point, pour ce qu'il l'y eust, et l'eut bien
« empesché s'il l'eust voulu, mais il lui eut bien plu que
« l'injure fut chastiée sur la personne dudit sir de Longue-
« val, et lesquels gens assemblés fussent ès terres dudit
« sieur de Longueval et ardirent aucuns de ses lieux pour
« eux employer en besongne comme jeunes gens font, quand
« ils scurent qu'ils orent failli à la personne dudit sir de
« Longueval, et grand Monsieur de Flandre le sçut il lui en
« déplut. Et pour les choses signifier à votre très haulte, très
« noble et puissante Majesté a Monsieur de Flandre envoyé
« devers vous Monsieur de Ligny, ce chevalier et moy en
« leur compagnie, et pour vous, de par luy supplier très re-
« doubté et très souverain Sire, que comme il veut vous
« servir et obéir comme à son souverain et droiturier sei-
« gneur, *son pair de France* et de vostre sang, et toujours
« vous ait servi et entend vous servir de tout son pouvoir,
« il vous plaise à sa supplication et contemplation tout le
« fait de vostre espéciale grâce remettre et pardonner audit
« bastard [1] et ceux qui avec lui furent. »

Presens cedula registrata fuit in parlamento, de precepto domini cancellarii facto in dicto parlamento die duodecima februarii anno domini millesimo tresentesimo septuagesimo secundo.

XXXI bis.
Louis de Mâle ordonne de refortifier Cassel [1].

1372, *9 novembre*. — Wy Ludouic, Graeve van Vlaenderen, hertogh van Brabant van Neus, van Reth, ende heere,

---

[1] Voir à la fin de ces pièces justificatives pour une note détaillée sur Louis de Haze, bâtard de Louis de Mâle, dont il est question à la pièce précédente, pour 1372, et aux présentes excuses de ce comte de Flandre.

[1] Extrait du registre aux priviléges de Cassel (Mairie), page 75.

van Mechline, v'doen te wetene alle lieden dat wy betrauwen in de goede discretie ende voorsienegheyt van onsen ghetrauwen Ruddere ende Raed an Geraerd van Raessighem Rewaert van onsen Westlande van Vlaenderen, hebben hem beûolen ende machtigh ghemackt beûelen ende maeken machtigh by dese letteren om ghemeene profiyt batenisse ende verzekerthede van onsen ghemeene lande dat hy de poort van Cassel sal doen bedeluen beuesten ende begraeuen ende fortifieren met alsulcke fortressen als hem proflitelyck ende oorboorlyck duncken sal naer den laste dat wy hem ghegeuen hebben ende voorthem gheconstitueert ende ghewilkeurt om de costen van den voors^e wercke te.... te gheerighen, ten minsten grienc ende ten meesten proflite dat hy binnen de voors^e stede van Cassel sal moghen doen lopen ende gaderen wezelicke assise in de maniere van ons van wyne biere ende andere penewaerde die men daeghelyck binnen der voorseide stede van Cassel vserende is daer op dat hem oorbaerelyck duncken sal assise te lopene ende de voors^e assise ende alle de profiten dier af vallen sullen te doen bekeerne ende te legghene ten virboire ende proffite vande ûoorseide fortressen ende anders niet dese voors^e assise ghedeurende tot onse wederoupene ende niet langher ombieden ende beuelen der wet van Cassel ende de oficiersende alle onse onderzaten dat sy onse voors^e Rudder ende Raedt de voors^e dinghen doen neerenstelycke verstaen ende obedient syn in alle manieren ende hem daer toe gheuen hulpe troost Raedt ende confort ghelyck..... Zeluen ende hieren soo veele doen dat jn hemliedengheen ghebreck sy op al dat ghy hout van ons. Bider oreonschep van dese letteren bezeghelt met onzen zeghelen ghegheuen te Ghendt onder onzen zeghel den ixe dagh van nouembre jn't jaer ons heeren duyst ccc twee ende zeuentigh, ondergheschreuen by myn heeren present Colart Van den Clite v.de pflit van et Verhilden, mester Testart ende andere. — Gheteekent, H. Heere.

XXXI ter.

Autres lettres, en flamand, du comte de Flandre Louis de Mâle datées de Gand, 10 novembre 1372, par lesquelles il ordonne de faire refortifier au mieux Cassel et son château comme mesure surtout de défense et de protection du pays [1].

1372.—« Wy Ludoùic, grave van Vlaenderen, hertogh van Brabant etc. V'doen te wetene alle lieden dat wy betrau-wen in de goede discretie ende voorsienegheyt van onzen ghetrauwen ruddere ende Raed An Gerard van Raessjghem, rewaert van onsen Westlanden van Vlaenderen, hebben hem bevolen ende macken machtigh by dese letteren, om ghemeene proffyt, batenisse ende verzekerthede van onze ghemeene landen, dat hy de poort van Cassel sal doen bedelven, bevesten, ende begraeven ende fortiferen met alsulcke forteressen als hem proffitelyck ende oorboorlyck duncken sal naer den laste dat wy hem ghegeven heb-ben, etc.

« Ghendt den 10ᵉ dagh van novembre in'tjaer ons heeren duyst ccc twee ende zeventigh. »

Nota. Ces lettres furent délivrées un mois avant celles qui précèdent et où Louis de Mâle s'excuse de la prise, sur ses terres, de la comtesse de Flandre. (Nᵒ xxxi).

XXXII.

Libération de Iolande de Flandre, prisonnière au Temple, à Paris.— Programme des conditions mises par le roi Charles V à la délivrance de Iolande [1].

1373. — Cest li memeure de la déliurance de la comtesse de Bar, selon l'ordonnance et plaisir du Roy :

---

[1] Ce document authentique est conservé par nous : il est en parchemin, mais le scel est perdu. — Ne serait-il pas d'un double emploi avec le numéro précédent.

[1] Cette pièce et les cinq documents contemporains qui suivent, sur diverses arrestations ainsi que sur la délivrance de la comtesse de Bar Iolande (1370 à 1373) ont été recueillis aux Archives de l'Empire par M. Servais, de Bar-le-Duc.

Premiers : Messire Hanriz de Bar sera amenez au bois de Vincennes, en la main du Roy, par restaublissement, et se la comtesse de Bar li veult aucune chouse demander, li Roys li en fera faire raison plenement.

Item. Tous ceux qui furent à la prise doudit messire Henry, jusques au nombre de sex ou de sept, des plus notaubles, vanront à Paris, en eux submettans en la main et ourdenance du Roy, ou de ses députez, pour tenir prison lay ou le Roy ourdonnera, et en oultre ourdonner ce qu'il li emplira.

Item. Plait au Roy, et pour pluseurs causes, que les forteresses de Clermont et de Vianne, mises en sa main royaulment et de fait, pour les tenir tant et si longuement comme li plaira, et que sur les terres, rantes et reuenuez des dites forteresses, soient pris ce qui faudra pour la garde desdites forteresses, et le surplux demoure à ladite comtesse franchement.

Item. Pour ce que le royaume a pluseurs fois esté domaigiez par la forteresse de Quemenieures, et les résidans en icelle, et enquor de jour en jour peust estre, y plait au Roy que icelle forteresse, laquelle est subiecte et des fiefs de Clermont, soit mise en sa main de fait, jusques lesdiz domaiges soient restituez à lui et à ses subgiez qui par ladite maison leur sunt venuz ou que autrement en hait ourdené.

Item. Ladicte comtesse promettra et se obligera par bonnes lettres et par sairement, à son fil le duc de Bar, que de toutes les terres et héritaiges quelle ha et tient au païs de Flandres, elle ne fera aucune vendition, transport ou alliénation ou autre contrant, par quoy iceux aritaiges ne veignent ou apartaignent entièrement, après son décès, à son dit filz, les enfens d'icelli fil, leur hoirs, par quelque voie et menieure que ce soit ou peust estre, et laisera à son dit fil, seul et pour le toust, ou à ses dits enfens, ou à lour hoirs entièrement, tout son haritaige de Flandres, pour y succéder plenement, seuz empêchement d'autre qui droit y pour hauoir ou réclamer, par voie de succession ou autrement : et icelles lettres ratiffiera et conformera Mons. de Flandres, promettant par bonnes lettres, non soufrir ou en estre fait au contraire sur peine de deux cens mile frans d'or qu'il encourra enuvers le duc de Bar, se par aucune menieure estoit fait au contraire ; et de ce s'obligera généralement et spéciauIement toutes ses terres qui tient ou royaulme de France.

Item. Quant à toutes les terres et haritaiges que tient ladite comtesse ou royaume de France, hors le pais de Flandres, elle en haritera des jay le de Bar, son fil, comme son vray hoir, et par le desuetement d'elle, en fera receuoir son dit fil en foy et en homaige, des seignours de qui les choses sunt tenuez qui ledit haritement agréeront, approuueront, ratiffieront et conformeront, auec fera ladite comtesse que les homes de foy de ses dites entreront en homaige dou dit duc de Bar, comme héritier.

Item. Ladite comtesse joira plaisiblement, tant comme elle haura vie naturelle ou corps, de toutes les terres quelle ha ou pais de Flandre et autre part, ou royaulme de France, en quelque estat quelle soit, soit en religions ou dehors en son boin sain et memoire ou autrement, de tous les proufis emolumans frux et exues, rantes, reuenues et autres droix quelconques, apartenant à icelles terres, ensamble toutes deppandances, et lez hara et en vsera frainchement, noblement et plenement, comme elle ferait, pouoit et li loisoit faire, par auant, senz toutesfois faire aucune chouse à la desharitance de son dit fil et ses enfens, lour hoirs, comme dessus est dit, ne senz faire aucune chose contre les conuenance et promesses dessus dites.

Item. Ladite comtesse pourra ourdener pour le salut de son âme ou pour autre chause, si li plait, iusques à la somme de mile liuvrées de sa terre, hors bonnes villes et forteresses.

Item. Ladite comtesse et ses plus priuez, sur ce requis, jureront aux saintes évangiles de Dieu que toutes les lettres touchant laritaige de ladite comtesse saront mis au trésour de Saint-Père de Gans, en dépôt et en garde, par la melour et plus seure menieure que lon pourra; desquelles lettres chascune des parties en haura un inventoire et s'am aideront toutesfois et quantesfois que necessitez sara, et après le décès de ladite comtesse, si plaisoit meulx à Mons. de Bar, les panre et tranlater autre part, faire le pourra senz aucun contredit.

Item. Tous ceux qui furent au pranre ladite comtesse et auxi toux les aidans, confortans, conseillans et letians ladite prise, par quelque menieure que ce soit, demourront quittes et paisibles de la prise d'elle et de ses gens et de toutes chouses quelconques con lour voudroit ou pourroit demander, on requerre pour le fait, cause ou occasion de ladite prise et dez depandances et de toutes perdes que ladite comtesse sens gens fieret quant yl furet pris ; et auxi de vinc et III^c francs (2,300) que maistre Thebaulx paiha et de toutes les autres chauses que on leur voudroit ou pourroit demander touchant ce fait ; et se, pour autre fait ou cause que de ladite prise, ladite comtesse ou ses gens lour voloient aucune chause demander, il ne leur en pourroient faire guerre, ne heuure de fait ains les empoursuignent, se aucune chouse leur en vouloient demander par deuant les juges royaulx soubz qui il sarient subgez, et ceux qui sarient hors dou royaulme, par deuant lour juges ordinaires, et quant au seigneur de Loupuoix, il demourra tout quittes de tout ce que ladite comtesse le pourroit poursuigre ou demander.

Item. De toutes ces chouses et articles deuant diz, se feront si bonnes lettres et si bonnes seurtez comme le Roy et son Conseil auiseront et sara bon de faire.

(Copié sur l'original en papier déposé aux Archives impériales.)

On lit au verso de la même feuille ce qui suit :

Ce sunt les pleiges pour la comtesse de Bar :

Premier. Le comte de Flandres.

Le comte de Bolonie.

Le comte de Namur.
Le comte de Liney.
La damiselle de Bertaucourt.
Messire Loys de Namur, comte de Rousy.
Le comte de Brienne.
Le seignour de Leauaul.
Le seignour de Freuiles.
Le seignour d'Ancoyn (d'Antoyn?)
Le seignour de Guyscelle.
Le seignour de Aquenne.
Messire Henry d'Auton.

Et auec eux toutes les bones villes de Flandres qui hont faite requeste pour la déliurance de ladite comtesse, et auxi les bonnes viles et chastelleries des plus notables de la terre de ladite comtesse, estans en Flandres.

(Ecriture du XIVe siècle.)

XXXIII.

Les pièces suivantes des Archives de l'Empire sont citées immédiatement après la dernière, n° XXXII.

1° Pax Domini de Louuoix (Louvois), cum comitissa Barri super captione suâ. — 28 août 1373.

2° Ratificatio comitis Flandrensis de pace et accordo factis per comitissam Barri cum domino de Louuoix. — Gand, 10 septembre 1373.

3° Tractatus inter regem et comitissam Barri pro captione, per eam facta, de domino Henrico de Barro. — 27 octobre 1373.

4° Pax domine comtisse Barri, ratione captione sue, cum domino de Longavalle.

Le contenu de ce dernier traité est comme suit :

XXXIV.

Iolande accorde pàrdon au sire de Longueval.

1373. — Nous, Iolend de Flandres, comtesse de Bar et dame de Cassel, faisons sauoir à tous :

Comme par le traitie de nostre liuvrance il ait pleu à nostre tres chier et tres redoubté seigneur Mons. le Roy que nous eussions bon accort et bonne paix du seigneur de Longueual et à tous ceulx qui furent consors, complices et consentans du fait de ce quil nous reprist quand nous fumes eschapée de la tour du Temple à Paris, des dependances et circonstances.

Nous, de nostre certaine science, par bon conseil, en sur ce de nostre franche voulenté, senz contrainte, auons fait et par ces presentes, faisons bon accort, bonne paix, bonne et parfaite quittance et plaine remission audit sire de Longueual, ses consors, complices, consentans, souffrans, adherens et confortans, du fait de ladite reprise, de la détention de nous, des dépendances et circonstances, senz ce que jamais nous en puissions faire demande, requeste ne prosecution aucune, par voie de fait, de justice ou autrement, et leur pardonnons et remettons entierement toutes injures, meffaix, courroux et rancunes quiexonques, à tousiours, mais pour cause des chosses dessus dites, promettans loyaument et en bonne foy, par nostre foy et serement et sur l'obligation de tous noz biens meubles et heritages presens et aduenir, en quelque lieu ilz sont et pourront estre trouué, tant en pais des Flandres comme aillors, à leur en tenir, à leurs hoirs et aiant cause de eulx, à leurs amis, subgez et aliez, bonne et loiale paix, et à les en tenir paisibles senz leur en faire, ne faire faire ou pourchacier estre fait par nous, noz gens, amis, subjez, aliez ne autres, aucuns domaiges, injures ni vilonnie, en corps ou en biens, par voie de fait ou autrement, lesquiex nos biens et heritages, quant à ce, especiaulment ceux de

Flandres, nous soubmettons à la juridiction et contrainte de nostre tres chier seigneur et cousin Mons. de Flandres, et nos autres biens et heritages à la juridiction et contrainte des autres seigneurs soubz lesquiex ils seront, pour nous y contraindre réaulment, et de fait, senz délai et sens contredit. Et neantmoins y voulons estre contrainte par sentence dexcommuniement en nostre personne, renonçons en ce fait, à ce que nous puissions dire, alléguer ou proposer, que nous soions induite, exortée ou contrainte par force, par paour de prison ou autrement, par fraude, par barat, seduction ou circonuention, à toutes exceptions de fait et de droit, et à tous aides et priuilèges de Pape, de Empereur et de Roy, donnez et à donner, et à toutes indulgences, dispensations sur nostre dit serement et remissions que nous pourrions auoir et obtenir, auenir contre les choses dessus dites, et contre chascune de ycelles, et au droit disant général, renonciation, non valoir, se lespécial ne précède, et prions et requerons à nostre dit seigneur et cousin Mons. de Flandres, que il li plaise ces presentes consentir, loer, gréer, approuuer, rattifier et confermer par ses lettres comme seigneur de qui lesdits héritages de Flandres meuuent et sont tenuz en fie.

En tesmoing de ce, et pour ce que les choses dessus dites soient fermes et estables, nous avons fait mettre nostre grand seel en ces presentes qui furent faites et données à Paris, le 28e jour du mois d'aoust, l'an de grâce 1373.   (*Idem.*)

Obs. Par lettres données à Gand le 10 septembre 1373, le comte de Flandre a ratifié ce traité de paix d'Iolande passé avec le seigneur de Longueval.

XXXV.

Lettres de rémission accordées par le Roy à la comtesse de Bar le jour de sa délivrance.

1373. — Lettres du roy Charles V. — Comme sa chère et amée cousine, Iolande de Flandres, comtesse de Bar et dame de Cassel, de sa propre autorité, sans congé, combien qu'i fut en son hostel du bois de Vincennes, eut fait prendre, pres dudit hostel, son amé et feal cousin Henri de Bar, qui étoit en sa sauvegarde et sauf-conduit, l'eut fait mener et mettre en diverses prisons, tant au royaume qu'ailleurs, où il demeura longuement, encore qu'apres et incontinent ladite prise, il lui eut mandé de le ramener et le faire restituer, ce qu'elle negligea de faire.

Et tant pour ce que pour plusieurs autres causes, il l'eut fait prendre, et avec elle Jehan de Wineselle et Vautier de Bousies, chevaliers, et maistre Thiebault de Bourmont, clerc, conseillier de ladite dame, Vautier de Hondricotte, escuyer, et Leurequin le Ber, son huissier, lesquels tous fussent menés et détenus prisonniers en la forteresse d'Arantières, et de là elle fut conduite au château de Bar-sur-Aube, et les autres dans la forte maison de Moignéville, et depuis, du consentement du seigneur Arantières, auxquel lesdits prisonniers avoient promis tenir prison audit lieu de Moignéville furent menés en la forteresse et ville de Bar-le-Duc, où ils jurèrent garder leur prison, mais ils se pourroient aller promener à la campagne, et une fois y allant, plusieurs gens d'armés de la garnison de Clermont en Argonne les prirent et amenèrent audit lieu de Clermont, où ils leur firent promettre de rester, et ledit Wautier de Bousies qui y avoit été déslivré sur sa promesse de revenir à certain jour n'estoit revenu, et aussi ladite comtesse s'estant échappée de la tour du Temple, à Paris, où elle avait été détenue longuement, mais avoit été reprise par le sire de Longueval, chambellan du Roy, comme elle se retiroit en son pays et fut remise au Temple, et finalement de tous les susdits cas, ladite comtesse se soit mise à la mercy du Roy et de tous autres dont elle pourroit estre accusée, priant qu'il la voulut quitter, remettre et pardonner, et à tous ses complices, aidans et conseillans, Jean le Haele, son chapelain, Thiephaine, sa damoiselle, Emelinette et Erembourg, ses femmes de chambre, Martin, son pelletier,

Boudit, son queux, Perrin et Michet, ses vallets, sont eschappés de prison dont ils étaient coupables, et dont aussi la comtesse d'Artois et de Flandres l'en ait supplié; en considération de quoi et que ladite comtesse a esté longuement détenue en ses prisons, inclinant à leur supplication, tous les faits ci-dessus pour lesquels elle avait été prise et aussi pour avoir fait prendre en la ville de Bar, Raoul de Bonny, chanoine de Verdun, et fait mourir en prison à Clermont; avoir aussi fait prendre au royaume Colart de Marisy, sergent, et un sien vallet pour certains exploits faits à Bar-le-Duc, les avoir fait mourir; avoir fait prendre en la ville d'Autrécourt, un clerc marié appelé Warneson, mené à Clermont et mettre à mort; avoir fait prendre au royaume un nommé Loys de Berzus, chevalier, et mettre à mort à Clermont.

Tous lesquels faits elle avait commis, consenti et commandé être faits, il lui quitte, remet et pardonne pleinement et entierement, de son autorité royale, et pleine puissance et tous autres quoiqu'ils ne soient spécifiés ni déclarés.

Données à Paris, le 26 octobre 1373. Signé sur le reply : P. BLANCHET.

(Scellées du grand sceau en cire verte, sur lacs de soie verte et cramoisie.)

(Il y a un extrait de ladite lettre de rémission en l'« Histoire de Bar » de Duchesne, aux Preuves, p. 49.)

(Invent. de Lorr., t. VI, fol. 479, lay. cott. France.)

XXXVI.

Consentement de Robert, duc de Bar, pour la cession à l'aîné de ses enfants des biens que la comtesse Iolande avait alors en Flandre.

1373. — Lettres de Robert, duc de Bar, contenant que pour la grande amour et affection que lui et la comtesse de Bar, sa mère, ont à Henry, son fils aîné, et pour autres bonnes considérations et par bonnes délibérations de Conseil de plusieurs seigneurs ses parents, amis et autres sages, de son propre mouvement et volonté franche, il consent, accorde et octroye que ladite comtesse sa mère, puisse en hériter Henry ou le fils aîné qui sera après la mort dudit Henry, s'il mouroit avant, ou la fille aînée dudit duc s'il n'avoit hoirs mâles, de tous ses héritages, terres, rentes et possessions qu'elle tient en Flandres et autre part, excepté 3,000 livrées de terre à héritages que, de son consentement et accord, elle prend et retient de ses dits héritages de Flandres ou autres, sans forteresses, pour en disposer à sa volonté, et aussi que nonobstant ladite institution d'héritier, elle puisse posséder, retenir et jouir de tous les susdits héritages et possessions tant et si longuement qu'elle vivra, en quelque estat quelle soit et en user comme elle faisoit auparavant. Et sera faite ladite institution d'héritier en telle sorte que si ledit Henry ou celui ou celles de ses filles qui seroient institués, venoient à mourir sans hoirs, toutes lesdites terres et héritages, rentes et possessions retourneront au plus âgé de ses fils ou filles, s'il n'y avoit fils.

Données l'an 1373, le jour de.... (en blanc).

<blockquote>(Scellée du grand sceau, en cire vermeille, à cheval, armé de toutes pièces, le sceau semé de têtes de sauvages par compartiments. — Il y a pareille lettre en la layette des Partages. — Invent. de Lorr., t. III, fol. 23.)</blockquote>

XXXVII.

Autre lettre de Robert concernant la même cession.

1373. — Vidimus passé sous le scel de la prévôté de Paris, signé J. Tauernier, le vendredy 16 décembre 1373, des lettres de Robert, duc de Bar: Que comme madame la comtesse de Bar, sa mère, par bon avis et pour la parfaite amour qu'elle avoit à lui et à ses enfans, se soit obligée envers lui sous certaines peines, par ses lettres confirmées par celles du comte de Flandres, de tenir, garder et conserver pour ledit duc et ses enfans, tous ses héritages et possessions qu'elle tient tant en Flandres qu'en France, comme ailleurs, pour y succéder après sa mort entièrement, à l'exception de 3,000 livres de terre à héritages, sans forteresses, qu'elle s'est réservée pour en faire sa volonté, et avec ce, elle lui eut promis par autres lettres que, dans un an qu'elle serait délivrée de prison, elle pourchasseroit auprès du comte de Flandres que ledit duc, son fils, fut enheritée et investi par luy desdites terres et ses enfans, sauf lesdites 3,000 livres et l'usufruit desdites terres et héritages, sans néantmoins pouvoir rien faire au préjudice dudit duc et de ses enfans.

Ayant doubte que par la loi et coutume du pays de Flandres, où la plus grande partie desdites terres sont situées, ledit enheritement peut être fait en sa personne; pour cette cause, voulant la relever, si elle ne faisoit ledit enheritement.

Il veut et accorde, en considération de la vraie amour qu'il a pour elle et aussi pour celle qu'il a à Henry, son fils aîné, que si elle peut enheriter ledit Henry pour lui et ses hoirs, ou celui de ses enfans qui sera l'aîné au jour dudit enheritement, ou l'aînée des filles qui seroit pour lors son héritière, et celui ou celle qui en serait herité, mouroit sans hoirs, lesdits heritages retourneroient entièrement au plus agé de ses fils, et toutes les choses portées ez lettres données le 26 octobre exécutées.

Et après que ledit fils sera en l'hommage ou en souffrance du comte du Flandres, elle demeurera quitte et délivrée de toutes ses promesses, obligation, fois, serments et soumissions qu'elle a faite et fera au Roi, audit duc son fils ou à autre à cette occasion, et toutes les lettres qu'elle a fait tant au Roi que au comte de Flandres seront nulles, excepté celles des chateaux, villes et terres de Clermont, de Vienne et de Quemenieres, consentant ledit duc que ladite dame comtesse, sa mere, retienne les susdits 3,000 francs pour en disposer à mort ou à vie, comme il lui plaira, sans que lui ou ses hoirs y puissent mettre empechement, promettant, par sa foi et serment donné sur les evangiles, garder et acomplir, et requérant le comte de Flandres d'avoir les presentes promesses agreables et de les ratifier et confirmer.

Donné à Bar, le 4 novembre 1373.

(Invent. de Lorr., t. VI, fol. 487, lay. France.)

Nota. Henri de Bar, l'aîné du duc Robert, mourut peu après Iolande en 1396, après la funeste défaite des Français en Hongrie, comme il sera dit à la partie concernant les fils du duc Robert et de Marie de France, à la prochaine publication.

XXXVIII.

Mémoire des lettres que maître Pierre Blanchet, secrétaire du Roy, a faites pour Mons. de Bar et Madame la comtesse sa mère.

1373. — Ce sont les lettres que je, Pierre Blanchet, secretaire du Roy, nostre seigneur, ay faictes pour Mons. de Bar et Madame la comtesse de Bar, sa mere, et à moi bailliez en garde du commandement du Roy jusques à sa volontei.

Premiers. Unes lettres de mondit seigneur le duc par lesquelles il se consent que ma ditte dame puisse en hariter messire Henry, son ainné fils ou son aultre ainé filz ou l'ainnée de ses filles se il n'auoit filz, de toutes ses terres, etc., excepté 3,000 liuvres de terre que elle en puet retenir pour faire sa volonté à mort ou à vie.

Item. Un aultres et plus grandes et plus fortes dudit Mons. de Bar, par lesquelles il consent de rechief à faire ledit enheritement, excepté lesdits 3,000 liuues de terre en heritaige quelle en puet retenir pour en faire ses volontés, etc., et promet que on cas quelle auera fait ledit enheritement dedans l'an, etc., elle sera quitte de toutes promesses et obligations faites au Roy et à lui, et li en seront rendues toutes les lettres casses et vainnes, exceptées celles des terres de son douaire, cest assauoir celles de Clermont-en-Argonne, de Vienne et de Quemenieres, que e Roy, on cas dessus dit, puet retenir tout comme il lui plaira.

Item. La confirmation en cire verte et las de soie de ceste prochaine lettre dessus.

Item. Deux lettres de ma ditte dame par lesquelles elle promet garder tous ses heritaiges, terres et possessions, pour mon dit seigneur Mons. de Bar, pour ses enfans et leurs hoirs, excepté 3,000 liuvres de terre à heritaige dont elle pourra faire sa volonté à mort ou à vie, etc., sus painne de 300,000 francs quelle en promet paiez au Roy s'elle en deffaults.

Item. Unes aultres trop plus grande et plus forte de cette mesme nature esquelles les deuant dites sont encorporées.

Item. Deux paires d'aultres plus grandes et plus fortes lettres de cette matière par lesquelles elle s'en oblige au Roy et à cours de Rome par la plus forte maniere quil puet estre fait, esquelles sont encorporées deus lettres de Mons. de Flandres, touchant cette matiere.

Item. Une charte du Roy, la plus grande et la plus fort que l'on puet faire, en cire verde et las de soie, en laquelle sont encorporées et par lesquelles sont confermées toutes lesdites lettres desdits enheritements.

Lesdites lettres de mondit seigneur de Bar sont donneez le 4ᵉ jour de novembre l'an 73.

(Copiées sur l'original en papier déposé aux Archives de l'Empire, écriture du XIVᵉ siècle. — Extraits des pièces justificatives des « Annales du Barrois » de M. V. Servais.)

XXXIX.

Lettres-patentes de Charles V, roi de France, concernant Iolande et le duc Robert, son fils, qui la délivra.

Dans ces lettres, en date du 24 novembre 1374 (*sic* 1373?) qui ont rapport à une des incarcérations d'Iolande et à sa délivrance, due en partie aux démarches de son fils que la comtesse avait cru indifférent à sa pénible position, le roi Charles V, beau-frère du duc Robert, s'explique ainsi [1] :

1373 ou **1374.** — « Comme par certaines causes notre
« très chière et amée cousine Iolande, comtesse de Bar, de
« notre voulonté et commandement eut pieçe été prinse en un
« des chateaux de notre très chier frère le duc de Bar, son
« fils, et amenée en nos prisons, esquelles elle a été retenue
« longuement, nous aujourd'hui, à la supplication d'elle et
« de son fils, l'avons pleinement délivrée. Notre dit frère son
« fils, lequel avoit entendu qu'elle était mal contente de luy,
« tant pour ce qu'elle fut prinse en l'un de ses chateaux,
« comme dit est, pourquoy elle cuidait qu'il l'eust fait pren-
« dre ou qu'il eust été coupable ou cause de sa prinse, comme
« parce qu'elle avait été enfermée, qu'il n'avait pas été assez
« diligent de pourchasser sa délivrance comme il devoit, li
« supplia très humblement de nous et de notre conseil que,
« pour quelconques occasions, couleurs (prétextes) ou causes
« elle eust été ne fut en rien malcontente de lui, elle lui
« vouloist tout remettre et pardonner, et le recevoir en sa
« grace et s'amour : et nous aussi l'en priasmes le plus de
« cœur que nous peusmes, laquelle, à nostre prière et à la
« supplication de son dit fils, lui remit et pardonna tout de
« bon cuer et de bonne volonté et à perpétuelle mémoire.
« Nous avons faict mettre notre scel à ces lettres. Donné en
« nostre chastel de Vincennes, etc. »

XL.

*Emprunt d'argent par Iolande de Flandres. — Enumération
d'objets qu'elle mit encore en gage.*

1373, *18 mars* (v. s.). — Iolande de Flandres, comtesse de Bar et dame de Cassel, déclare devoir à Bernard

---

[1] Extrait du 33ᵉ Recueil de Colbert, p. 267.

Gared et à ses compagnons marchands à Lille, la somme de 1,050 francs d'or, de bon alloy, du coin du Roy, qu'ils lui avoient prêtés, et promet les leur rendre dans un an; et pour sûreté de cette somme, déclare leur donner des bijoux et des joyaux, savoir: une image (statuette) de Notre-Dame d'argent; une image de saint Jean d'argent, de saint Martin à cheval, de saint Eloy, de saint Nicaise, de saint Ladre, de la Madelaine, de sainte Marguerite, et un serpent d'argent; un grand hanap (coupe) d'argent avec un couvercle doré, émaillé, faite comme un trèfle; un plus petit hanap d'argent avec couvercle doré travaillé de perles et de pierres; douze tasses d'argent; douze plateles d'argent; un drageoir d'argent de deux pièces; une image d'or de saint Jean sans le cerviel, à un petit pied d'argent; une aighierre d'or; le tout pèsant environ 123 marcs 5 onces et 15 sterlings d'argent, et 4 marcs 3 onces 7 sterlings 1/2 d'or à 8 onces au marc; un chapeau d'or ouvré de pièces et de pierres où il y quinze pierres, une attache d'or où il y a vingt-trois crochets de perles et de pierres. Ladite comtesse permet à ces marchands de vendre ces gages, si ce qu'elle leur doit n'est pas payé dans ce terme d'un an.

(Orig. en parch. dont le scel est perdu. — Inventaire X, p. 410. Archives du Nord.)

XLI.

Restitution à la comtesse Iolande, par le duc Robert, son fils, d'un signe d'or (cachet) qu'elle lui avait donné en garde lors de son arrestation en 1372.

1374. — Quittance de dame Iolande de Flandres, comtesse de Bar et dame de Cassel, par laquelle elle déclare avoir reçu, par les mains de Melinette, sa femme de chambre, du duc Robert, son fils, son signe d'or auquel il y a une pierre, en laquelle pierre il y a une teste entaillée, lequel signe avait été donné en garde audit Robert, duc de Bar, lorsque ladite dame fut prise audit Bar, pour lequel elle quitte son dit fils et tous autres. — Fait au chastel de Nieppe, le 20 août 1374.

(Scel en cire vermeille. — Invent. de Lorr., t. II, fol. 658.)

XLII.

Ordre donné par l'official de Térouanne d'aller entendre la confession et les aveux de la comtesse Iolande.

1377. — *Morini, anno domini millesimo* CCCLXXVII *feria quinta post festum beati Martini estivalis* (9 juillet, à Térouanne) :

Lettre par laquelle l'official de Térouanne mande au doyen de chrétienté, à Jean dit de *Haele*, prêtre, d'aller entendre la confession et les aveux que leur fera la comtesse de Bar, dame de Cassel, au sujet de l'ordre donné par elle à ses gens de saisir et mettre à mort, au mépris des lois de l'Eglise, un certain Eloi Neckere qu'elle a fait arracher de l'église de Vieux-Berquin *(de Veteri Berkino)*. Ils lui infligeront *(sic)* ensuite la pénitence que comporte l'énormité du crime, et l'absoudront de l'excommunication qu'elle a encourrue, pourvu qu'elle le demande humblement, qu'elle promette de se soumettre aux lois de l'Eglise, et qu'elle paie une amende convenable.

(Orig.; fragment de sceau en cire verte ; signé sur le pli : *Meles*.)

XLIII.

Le roi Charles V affranchit la comtesse de Bar, à la prière de son fils, de l'obligation de retourner en prison.

1377. — Vidimus passé sous le scel de la prévôté de Paris, signé J. TAVERNIER, le 19 octobre 1377, des lettres du roi Charles V, contenant :

---

1 Extrait des œuvres de M. de Saint-Genois, « Flandre orientale », t. IV, n° 1815.

Que la comtesse de Bar, par le traicté de sa délivrance de prison, elle est obligée, sur certaines peines, de instituer son héritier le duc de Bar, son fils, un an après qu'elle seroit délivrée, qui fut le 26ᵉ octobre 1373, de toutes les terres qu'elle avoit au pays de Flandres et ailleurs, sauf 3,000 liures de rentes, sans forteresse, et au cas qu'elle y manqueroit, elle devoit revenir en prison, où il plairoit au Roi, un mois après l'année expirée.

Et pour ce qu'elle n'a pu obtenir du comte de Flandres l'heritement être fait des terres mouvantes de lui, elle désiroit accomplir ce qu'elle avoit promis et revenir tenir prison, soit venue au bois de Vincennes avec le duc son fils et plusieurs du Conseil du Roi, auquel elle montra les diligences qu'elle avoit fait pour faire heriter son dit fils par le comte de Flandres, s'offrant d'entrer et demeurer en prison, suppliant lui être pourvu de grâce.

A quoi le Roi inclinant, considéré la bonne diligence qu'elle a faite et qu'elle a gardé sa foi et la prière dudit duc de Bar, il lui quitte et remet et pardonne sa prison et de toutes les obligations qu'elle avoit faites.

Donné à Melun, le 25ᵉ septembre 1377. Signé : *Par le Roi,* L. Blanchet.

(Invent. de Lorr., t. VI, fol. 488, lay. France.)

XLIII bis.

Délivrance de Jean de Lor, prisonnier d'Iolande de Flandre.

1377. — Lettres passées sous ledit scel (de la prévôté de Paris) pardevant J. Tauernier, par lesquelles nobles hommes Mons. Jehan, seigneur de Lor, chevalier, et Jehan de Lor, écuyer, son fils, en leurs noms, et de Guyot de Vaux, Jacques, sire de Funnuelles et de Wieges, écuyer de Mons. Geoffroy de Leschelle, seigneur de Belchain, chevalier, de Arnoul, seigneur de Leschielle, et de Renaud de Lor, seigneur de Paquis, écuyer, et pour lesquelles ils se firent forts, affirmèrent :

Que comme ci-devant, lesdits Jehan de Lor et Guyot de Vaux, avec plusieurs leurs complices, eussent été pris et détenus prisonniers par les gens de Madame Iolande de Flandres, comtesse de Bar, en une chevauchée en laquelle ils furent à la compagnie de feu Chauderon de Commenières, qui fit cette chevauchée sur la terre de ladite comtesse, et particulièrement sur celle de Cernon, dépendant de la chatellenie de Vienne, et pour laquelle lesdiz de Lor et de Vaux avoient été longtems prisonniers, et naguère, à la prière du seigneur de Lor père, ladite comtesse les ait délivrés de prison après qu'ils ont promis par serment et sur leur honneur que de toutes pertes, mises, frais ou dommages qu'ils auroient pu avoir ou encourir, ils ne feroient aucune poursuite, par eux ou leurs aidans, contre ladite comtesse ou aucuns à son lignage, serviteurs et domestiques, au curé de Serion et habitans dudit lieu, promettant que trois mois après leur délivrance, ils en donneroient leurs lettres scellées, ensemble ou en particulier, et d'apporter un mois après lesdites lettres à ladite dame comtesse, en son chastel du bois de Nieppe, sous les peines de tous depens, dommages et intérêts, et de retourner prisonniers partout où ladite comtesse ordonnera : ce que lesdits de Lor, père et fils, promettent et jurent.

Fait l'an 1377, le lundy 28 septembre, et scellée.

(Invent. de Lorr., t. VI, fol. 489.)

XLIV.

Conditions imposées par le Roi à la comtesse Iolande pour la reddition de Clermont et de ses autres terres.

1377. — Appointement fait par le Roi touchant la prise de la comtesse de Bar, du 5e décembre 1377.

Avant que les forteresses de Clermont et autres terres soient rendues à la comtesse, le roi veut qu'elle promette et jure, sur les évangiles, de pourchasser fidellement et de son pouvoir, que son fils, ou à son défaut l'aîné de ses enfans, soit ahérité et investi des terres qu'elle tient en Flandres, quand le comte de Flandres le voudra consentir, en payant les droits, tant à cause dudit ensaisinement comme du bail viager qui sera fait à ladite comtesse, et ne sera tenue de s'en desvestir jusques à ce qu'elle soit acquittée, et sauf à elle les 3,000 livrées de terre qu'elle doit prendre sur toutes ses terres pour en disposer à sa volonté.

Item. Avant que ladite dame se deveste de ses terres de Flandres, celui au profit duquel elle le fera sera tenu de juger (jurer) de lui laisser sa vie durant.

Item. Le Roi promettra par ses lettres que celui qui sera herité fera lesdites promesses et les accomplira; au cas qu'elle se deveste au profit d'un de ses enfans qui ne seroit en aage, le Roi ly fera faire et ratifier quand il sera majeur.

Item. Il sera seu d'elle par serment si elle a innové au préjudice des obligations qu'elle a faites, afin que directement ses terres viennent à ses enfans.

Item. Veut le Roi qu'elle ratiffie presentement lesdites obligations, les jure sur les Évangiles et la vraye Croix, qu'elle gardera et conservera ses terres.

Item. Qu'elle jure et promette qu'elle ne commettra aux offices et gouvernemens desdites forteresses que des gens du royaume ou du duché de Bar, qui les garderont, et le duc promettra que si aucuns s'efforcent de prendre lesdites forteresses ou les endommager, il l'empeschera de tout son pouvoir et aidera à les recouvrer au profit de ladite comtesse; elle promettra et jurera traicter son fils et sa femme comme fils et fille, leurs corps et biens, et garder leurs pays comme le sien; leur fera tout le bien qu'elle pourra, comme mère doit faire à ses enfans, et que pour quelques causes qu'elle ait eu contre eux du passé, elle ne leur en sçaura mauvais gré ni ne fera rien à leur préjudice et dommages. Leur promettra toutes bonnes amour et parfaite dilection, et pareillement jurera le duc.

Item. Pour ce que le duc n'est pas présent, le Roi se fera fort qu'aussitôt que les choses dessus dites auront été jurées par la comtesse, il les f ra jurer par ses gens et le fera venir dans la Sainct-Jean-Baptiste prochaine, pour promettre et jurer en personne, et on le fera savoir à ladite comtesse, afin qu'elle y puisse être présente si elle veut, ou y envoyer ses gens. Et se fait fort le Roi que le duc autorisera la duchesse, sa femme, pour faire pareilles promesses.

Item. Elle jurera qu'elle ne fera ni ne souffrira être fait par ses gens ou officiers aucune revenge par voye de guerre sur les pays de son fils ni ses sujets, et si aucune était faite, elle les fera incontinent reparer sitôt qu'elle en sera requise, et si son fils ou ses gens font quelque entreprise à son préjudice, elle ne procedera par voye de guerre, mais le requerra de reparer, et s'il ne le faisoit, elle s'adressera au Roi, pour y etre pourvu.

Ordonne que le Roi, du consentement de ladite comtesse et duc, que pour accorder les differens qui pourroient naitre entre eux, seront élus deux du Conseil du Roi, et chaque partie en nommera un, lesquelles jureront de les accorder à leur pouvoir, et au cas qu'ils ne pussent les accorder et terminer, il sera pris un des seigneurs du Parlement qui, avec six ou huit du Parlement, connoitront sommairement et de plain, et s'ils avoient plusieurs différens qui ne pussent sitôt etre terminés, lesdits commissaires procéderont sur les autres qui se pourront plus facilement juger, et après termineront lesdits autres et auront puissance de condamner la partie qui aura tort aux dépens.

Item. Si aucuns des sujets du duc sont tenus à ladite comtesse, excepté des cas y remis et pardonnés, il en sera fait bonne et briefve justice, et en cas qu'il ne le fît, le Roi l'y contraindra par toutes voyes, et semblablement le fera ladite comtesse de ses gens.

Le Roi veut que les gens du Conseil de la comtesse et du duc son fils, qu'ils choisiront, jureront de conseiller fidellement ez choses qu'ils auront à négocier entre eux, et de procurer toute l'amour et paix qu'ils pourront.

Item. Ce n'est l'intention du Roi ni des parties que pour les sermens et autres choses dites ou faites sur cette matière, ni qu'il y soit rien innové, au contraire ils veulent en leur force et vertu, excepté la clause faisant mention comment la comtesse promet et s'oblige à retourner dans certain temps en prison, de quoi le Roi l'a quittée et quitte.

Il y a pareil appointement en layette cotée : France, n° 50.

(Invent. de Lorr., t. VI, fol. 259 et suiv.)

XLV.

Assignation à la comtesse de Bar des 3,000 livres de rente qu'elle s'était réservées sur ses terres par le traité passé avec le roi Charles V lors de sa délivrance.

1378. — Lettres passées pardevant Jehan de Pratelles, clerc, notaire apostolique et impérial, le 16 juillet 1379, au château de Clermont-en-Argonne, par lesquelles Madame la comtesse de Bar, dame de Cassel, en présence du duc son fils :

Comme par le traité et accord fait entre le Roi de France, d'une part, et elle pour cause de sa délivrance de prison, il eut été accordé que de toute sa terre qu'elle tenoit de son propre héritage, elle ne pouvoit aucune chose vendre ni aliéner, ni mettre hors de ses mains, que toute ladite terre n'échut et ne vint audit Monseigneur le duc ou à ses enfans, à la réserve de 3,000 livrées de terre, sans forteresse, qu'elle pouvoit en prendre pour faire sa volonté ; et pour ce, elle dit et signifia audit seigneur duc qu'elle vouloit prendre pour lesdits 3,000 livres la terre de Warneston et les appartenances, pour 400 livrées 3 souldées 6 deniers maille, encore la terre de Rodes et de Windich pour 800 livrées de terre, laquelle fut ci-devant changée à la terre de Broinny en Champagne, la terre de Menicamp pour 250 livrées, la terre de Sauciel pour 50 livrées de terre, faisant en tout 1,500 livrées 3 soldées 6 deniers et mailles de terre ; et le restant, qui est de 1,499 livrées 16 souldées 5 deniers et mailles de terre, elle les prend sur les foielx (forêts?) de Nieppes.

Fait en présence de nobles et puissants seigneurs Mons. Raoul, seigneur de Louppy et de Boursault, Mons. André, abbé de Lisle-en-Barrois, Humbelot de Gondrecourt, conseiller dudit duc.

(Du FOURNY, Invent. de Lorr., t. V, fol. 990.)

XLVI.

Règlement donné par Iolande, comtesse de Bar et dame de Cassel, en faveur de la bourgeoisie de Cassel. (Droit d'issue, franchises, etc.)

1378, *6 août*. — Nous, Iolente de Flandres, comtesse de Bar et dame de Cassel, faisons sçauoir à tous comme nos bonnes gens bourgeois et habitans de notre ville de Cassel se soient venu pardeuers nous et en nous suppliant montré par plusieures fois la pauureté de notre dite ville des bourgeois et habitans d'icelle, ce quelle est petitement peuplée et habitée des bourgeois et bourgeoises pour le pauure lieu et de grand trauail où elle est scituée et assize, pourquoy ils ne peuuent faire les frais appartenants et nécessaires au proffyt et auancement dicelle, et aussy qu'ils ne nous pouuoient honorablement receuoir quand nous venions en notre dite ville ny faire pardeuers nous ce que bonnes gens et suiets font et doiuent faire à leur seigneur et dame ;

Nous, pour considération des choses dessus dites et qu'icelle notre ville est chef de toute la chatelnie et cour d'icelle désirant le proflyt et augmentation du bien publycq, specialement de nos dits suiets auons voulu, consenti, octroyé et accordé, consentons, octroions et accordons à nos dits bonnes gens, bourgeois et habitans, qu'ils aient leuent et puissent leuer et auoir issue et proflyt de tous biens appartenans à bourgeois et bourgeoises d'icelle, notre ville escheu ou venu à personne étrange non bourgeoise si comme il est accoutumé en plusieurs autres villes de Flandres selon la forme et manière qui s'ensuit : c'est à sçauoir que de tous biens et auoirs quelconques appartenans à bourgeois et bourgeoises de notre dite ville echéus ou venus par formuture ou mariage à personne foraine ou etrangé non bourgeoise, nos dits bourgeois et habitans d'icelle prendront, auront et leuront pour issue le douzième denier, c'est à sçavoir de douze denier vn pour mettre et convertir au commun proflyt de la dite ville, des bourgeois et habitans d'icelles.

Item. Si aucun desdits bourgeois ou bourgeoises dudit lieu vendait entièrement à vune fois tous ses biens meubles, héritages et catheaux à un autre non bourgeois, le vendeur payeroit issue de tout selon la manière dessus dite ; mais si les vendoit par partie sans fraude ou malice et sans vouloir frauder ladite ville, issue et franchise d'icelle notre ville, il ne payeroit issue que du dernier vendage.

Item. Si aucun desdits bourgeois ou bourgeoises voulait delaisser sa bourgeoisie, il payeroit issue de tous ses biens qu'il auroit lors.

Item. Auons consenti, accordé et octroyé a nosdits bourgeois et habitans que nos echeuins d'icelle notre ville aient la connaissance des biens des orphelins enfans de bourgeois ou bourgeoises forains et demeurans hors d'icelle notre ville qui ont esté et sont dès longtems eux et leur prédécesseur bourgeois et bourgeoises dudit Cassel parauant l'accord et appointement fait entre ceux de notre dite ville et ceux de la chatelnie, sans prejudice desdits accords et appointemens tant toùttefois et si longement comme iceux orphelins seront dessous age, et quand venus seront à leur age, ils deuront requerir les franchises et bourgeoisie de leurs peres et meres et deuevoir bourgeois dedans quarante jours, apres ce que de par la loy de notre dite ville en seront suffisament requis ou paier jssue ainsy que dit est, et pour ce que les choses dessus dites soient deuement demences et gouuernees et sans aucun abus, les anoués compteront chacun an une fois des biens de tous orphelins pardeuant notre bailly et escheuin ainsy comme on at accoutumé, et nosdits escheuins compteront une fois lan de ladite issue, le jour de la quinzaine de la Saint-Remy et les jours continuellement ensuiuans se on ne peut jceluy parfaire pardeuant nous ou notre receueur et notre bailly de Cassel, ou deuant nos commis et deputés à ce, sjl nous plait, mais sjl nous ou aucuns de nos gens ny estions ou voulons estre, ne laisseront point pour ce nosdits escheuuins hors a compter toutes lesquelles choses ainsy quelles sont dites, nous voulons estre tenues et gardées, promettans par ces presentes, pour nous et pour nos hoirs, de les tenir et faire tenir, obseruer et maintenir inuiolablement et a tousjours, sauf en autre chose notre droit et lautruy; en temoin de ce et pour ce que ce soit ferme chose et stable, nous auons fait mettre notre grand sceel à ces presentes lettres faites et données à notre castel de Nieppe, lan de grace mille trois cent soixante et dix huit, le vendredy sixiesme jour du mois daoust. Ainsy escrit sur le ply : *Par madame la comtesse.* Tous present, et signé du secrétaire *Jos. Petri.*

(Extrait du registre aux priviléges de Cassel.)

Ces lettres furent aussi confirmées par le comte de Flandre, Louis de Mâle, le 22 du même mois d'août 1378, et par l'empereur Charles-Quint, à titre de comte de Flandre, comme suit.

XLVII.

Confirmation de ces lettres par le comte Louis de Mâle.

1378. — Nous, Louis, comte de Flandres, duc de Brabant, comte de Neuuers et de Rhetel et sire de Malines, faisons sçauoir à tous que comme les escheuins et habitans de la ville de Cassel soient venus pardeuers nous et nous ont fait montrer que notre tres cher et feale cousine la comtesse de Bar et dame de Cassel leur a donné et octroyé certaines franchises et ordonnances contenues en ses lettres quelle leur a données scellées de son scel, et lesdits escheuins et habitans nous aient poursuiuy et supplié que d'icelles franchises et ordonnances nous voulussions consentir leur confirmer et approuuer desquelles lettres la teneur s'ensuit de mot à autre [1].

XLVIII.

Confirmation des mêmes priviléges par Charles-Quint.

1517. — Charles, par la grace de Dieu Roy de Castille, de Léon, de Grenade, d'Aragon, de Nauarre, des Deux-Cecilles, de Jhlrm [2], de Valence, de Sardêne, de Majorque, de Corfue, et archiduc d'Austrice, duc de Bourgoigne, de Lothr, de Brabant, de Stier, de Hornite, de....., de Lembourg, de Luxembourg et de Geldres, conte de Flandres, de Dasbourg, de Tirol, d'Artois, de Bourg^{ne}, palatin de Hayun, lantgraene d'Elsace, prince de Zwane, marquis de Burgaub et du Saint-Empire, d'Hollande, de Zélande, de Ferette, de Kibourg, de Namur et de Zuitphen, conte seigneur de Frizes, des Marches, de Stanouic, de Portenaub, de Salins et de Malines, sçauoir faisons a tous presens et a venir, nous auons receu l'humble supplication et requeste de nos biens

---

[1] C'est le texte sur *le droit d'issue* (sortie) qui précède, dont il est ici question. Quant à la suite de ces lettres du comte Louis de Mâle, confirmant celles d'Iolande de Flandre, et dont nous ne produisons en ce moment que les premières lignes, elle est comme aux lettres de confirmation du même comte concernant *la fabrication des draps à Cassel*, datées du même mois d'août 1378, pièce L.

[2] Jérusalem.

amez les escheuins, mannans et habitans de notre ville de Cassel, contenante comment icelle ville ait esté et soit douée de plusieurs beaux priviléges a eux octroyés et accordez par feue dame Iolente de Flandres, comtesse de Bar et dame dudit Cassel, et depuis confirmés par feu Louis, comte de Flandres, duc de Brabant, comte de Neuers, de Rethel, et sire de Malines, que Dieu absoille, et entre autres que les dits supliants pourroient auoir, prendre et leuer de tous biens et auoirs quelconques appartenants a bourgeois ou bourgeoises d'icelle ville echeu ou venu par formorture ou mariage a personne foraine ou etrange non bourgeois, pour droit d'issue le douzieme denier pareillement que si aucuns bourgeois ou bourgeoises d'icelle vendait entierement ou en vne fois tous ses biens meubles, catheaux et heritages à vn autre non bourgeois, le vendeur payeroit issue de tout en la maniere des susdites ; mais si les vendoit par partie ou a diuerse fois, il ne payeroit issue que du dernier vendage ; aussy que si aucun desdits bourgeois ou bourgeoises delaissoit sa dite bourgeoisie, il payeroit issue de tous ses biens qu'il auroit lor ainsy que ces choses et autres sont plus amplement contenues et déclarées es lettres sur ce expediées par lesdits feu seigneur et dame, desquelles lettres de mot à autre la teneur précède, etc.

(Voir pour la suite de ces lettres le *Registre aux priviléges de Cassel*, où elles ont été copiées sur les anciennes pièces authentiques, aujourd'hui la plupart perdues. Ce registre est encore conservé à la mairie de cette ville ; c'est à la page 7 que cette copie se trouve. Il serait trop long de la reproduire ici, n'étant d'ailleurs qu'un accessoire à notre sujet principal.)

XLIX.

Lettres-priviléges d'Iolande de Flandre, dame de Cassel, concernant la fabrication de draps à Cassel et dans le Cassel-ambacht.

1378, *6 août*. — Nous, Iolente de Flandres, comtesse

de Bar et dame de Cassel, faisons scauoir a tous comme nos bonnes gens et habitans de notre ville de Cassel se soient trais par deuers nous et en nous suppliant montrer plusieurs fois la pauureté de notre dite ville des bourgeois et habitants dicelle et quelle est petitement peuplée et habitée de bourgeois et bourgeoises pour le pauvre lieu et grand trauail ou elle est scituée et assise, par quoy ils ne peuuent faire les frais appartenans et necessaires au proffyt et auancement d'icelle, et aussy qu'ils ne nous peuuent honorablement recevoir quand nous venons en notre dite ville ni faire pardeuers nous ce que bonnes gens et sujets font et doiuent faire a leur seigneur ou dame ; nous, pour consideration des choses dessus dites et qu'icelle notre ville est chef de toute la chatelnie et cour d'icelle, desirans le proffyt et auancement du bien publicq especialement de nosdits sujets, auons voulu, consenti, accordé et octroyé, et par ces presentes consentons, accordons et octroyons de certaine science et grace especialle a nos bonnes gens bourgeois et habitans dudit lieu qu'en notre dite ville de Cassel ou metier de Cassel d'icelle qu'on dit les Unze-Paroisses et appendances d'iceluy mestier ils puissent auoir tenir et maintenir draperie ordinaire selon les points, formes et manieres qui sensuiuent :

Premièrement. Pourront faire et feront en notre dite ville et audit mestier draps.... blans saies [1], contenans chacun vingt et quatre aunes de long et sept quartiers et demy de large tout retrait et retondu.

Item. Pourront faire et feront autres draps de couleurs et melles contenans chacun vingt et quatre aunes de long, et demy draps contenant douze aunes ou plus, l'vn ou l'autre large de sept quartiers et demy ou plus tout retrait et retondu, sauf aies comme autres draps, et ne pourront faire draps demeure moisson *(sic)* si ce ne fut pour l'vser de celuy ou ceux qui le feroient et non autrement ; et s'il auenoit par

---

1 *Saies, sayette,* petite étoffe de laine.

auanture ou meprisure qu'aucuns d'iceulx draps fut demy ausne ou vne ausne plus long de vingt et quatre ausnes en ce cas qu'ils ne feroient par coutume ou voudroient tenir du vs et ne paieroient aucune chose l'acheteur de ce qu'il contiendroit plus de vingt et quatre ausnes ; mais s'il contenoit moins, le vendeur parferoit le surplus audit achepteur et paieroit 10 sols d'amende.

Item. Que les draps et saies dessusdis soient apportez à Cassel pour les *eswarder* [1] par les comis à ce, et pour les sceller du sceel de ladite drapperie.

Item. Que les draps dessus dits soient mis à vente à la halle de la ville de Cassel trois jours continuels l'vn apres l'autre auant qu'on les puisse aillieurs vendre si ce n'est par grace especiale des escheuins de notre dite ville pour les mener à certaines festes.

Item. Que nuls demeurans en notre dite ville et mestier de Cassel ne pourra drapper ou faire drapper hors de notre dite ville et mestier ; qu'il ne fasse ses draps ainsy que dessus est dit, et les ferat eswarder et sceller par les eswardeurs dessus dits.

Item. Que tous les tisserans, foulons et autres ouuriers de ladite drapperie demeurans en notre dite ville et metier sont et seront tenus de ouurer de leurs mestiers en ladite drapperie auant qu'ils puissent ouurer de leur dit metier en autres draps de dehors si ce ne fut qu'ils aient commencé à ouurer en vn drap de dehors pour le parfaire et non autrement ; et si aucun drappier ou ouurier de drapperie etoit rebelle ou desobeïssant es choses dessus dites, il sera contraint d'obeir a celles par notre bailly de Cassel, au decret et du jugement des escheuins, c'est a sçauoir de ceux de la ville qui peut appartenir a leur connoissance et jugement, et de

---

[1] *Eswarder, warder*, garder, surveiller ; en allemand, *warten*, observer, garantir, et *wagten* en flamand, garder ; et d'où *warrant*, mot anglais signifiant prise de corps.

ceux de dehors notre dit bailly au jugement et decret de la loy et justice du lieu ou la chose sera faite et trouuée au proffyt de nous et de notre dite ville comme dit est.

Item. Que toutes les choses dessus dites et chacune d'icelles soient et seront corrigées et amendées au commun proffyt de nous et de notre dite ville et ceux a qui il touche pour amender ladite draperie par le rewaert et decret des escheuins de notre dite ville en tant qu'il touche la moison de draps ; mais tant qua la laine, ils le pourront faire en amendant la drapperie, lequel amendement ou empirement de la moison ne peut ou pourra estre fait sans notre volonté, congé, licence et authorité.

Item. Nous aurons et emporterons de chacun drap entier contenant vingt-quatre ausnes ou plus, retrait et retondu, qui a Cassel et au mestier d'icelle sera fait 12 deniers pars monnoye de Flandres, et demy drap 6 deniers, et parmy ce n'aurons aucune chose du scel.

Item. Ceux de notre dite ville auront et emporteront de chacun drap entier comme dessus 6 deniers monnoye comme deuant dite, et de demy drap 3 deniers, mis et conuertis au commun proffyt de notre dite ville, des bourgeois et habitans d'icelle.

Item. Les wardeurs et scelleurs auront de chacun d'iceux draps entiers 4 deniers, et de demy drap 2 deniers au decret des escheuins.

Item. Nous aurons et emporterons la tierce partie de toutes amendes quelconques qui escheront et amendront pour le fait de ladite draperie pour quelconque fait ou cause que ce soit; et les escheuins et eswardeurs auront les deux parts desdites amendes ; c'est ascauoir les escheuins l'vn des tiers, et les eswardeurs l'autre tiers.

Item. Si aucun drap fut scellé de scel faux outre contrefait, il seroit fourfait et confisqué, et celuy qui fait l'auroit en seroit puny au jugement des escheuins, et si aucune amende pecunielle y auoit auec ce que le drap seroit perdu, nous aurions le tiers en icelle amende non contestant que le drap nous fut acquis.

Item. Si aucun drap fut fait mains.... en aucune maniere et jugés à déchirer par les eswardeurs, celui qui fait l'auroit en seroit en l'amende jugée par escheuins au recouurement de notre dit bailly, laquelle amende seroit distribuée comme dessus.

Item. Si aucuns forains drappiers de dehors notre dite ville et metier de Cassel demeurans en ladite chatelnie volusent confiermer leur drapperie a la drapperie dessus dite et mettre a vente les draps a Cassel, les escheuins auront pouuoir de le consentir au proffyt de nous et de notre dite ville en païant pour cette cause proffit tel comme lesdits escheuuins jugeront et distribuer comme dessus.

Item. Voulons que les escheuuins de notre ville ayent pouuoir de refaire et muer ewardeurs au..... du bailly et au proffyt de nous et de ladite draperie.

Item. Pourront les dits escheuins faire...... et statuts pour ladite draperie chacun an au proffyt de nous et de notre dite ville et de la drapperie par le commandement de notre dit bailly de Cassel, reserue toutefois ce que deuant est dit et tantost que le.... desdits cures sera fait et que celles seront jugés les escheuins seront tenus de les baillier par escript audit bailly et les luy bailleront sans contredit aucun.

Item. Pour ladite draperie aurat deux scels dont l'vn sera signé d'vne clef, et l'autre scel sera signé de deux clefs et d'vne espée entre les deux clefs; lesquels deux sceaux tenderont et garderont les eswardeurs et scelleurs qui a ce seront commis et éleus par les escheuins et au commandemt du bailly, et y aura quatre eswardeurs et scelleurs bons et suffisans bourgeois de notre dite ville, c'est a scauoir pour..... chacun scel deux; lesquels quatre eswardeurs et scelleurs feront serment solemnel que bien et loyalement garderont lesdits scels au proffyt de nous, de notre dite ville, des eschevins et de la draperie, et s'il estoit trouué que lesdits eswardeurs et scelleurs ne fusent pas suffisans en celuy cas, lesdits escheuins seront tenus de les ôter en payant amende condigne au commandement dudit bailly et de n'y mettre des autres bons et suffisans audit commandement, et s'ils etoient defaillans de les y mettre, nous les contraindrions à le faire.

Item. Nosdits escheuins compteront chacun an vne fois audit lieu de Cassel, le jour de la quinzaine de la Saint-Remy et es jours continuellement et sans moyen en suiuant si celuy jour ne se pouuait parfaire ; lequel compte serait fait deuant nous ou nautre receueur général, ou deuant ceux qui de par nous ou notre dit receueur seront a ce comis et deputez s'il nous plait de toutes amendes ou autres choses et proffyts quelconques auenus pour le fait et cause de ladite draperie; mais si nous ou aucuns de nos gens n'y estions ou n'y vouloient estre ne laisseront pas pour ce nos dits escheuins a compter en iceuz jours toutes lesquelles et singulières choses ainsy qu'elles sont dessus dites, nous avons promis et promettons par ces presentes pour nous et pour nos hoirs tenir, garder et faire tenir et conserver inuiolablement a toujours sans aller faire ou souffrir aller contre en aucune maniere, sauf en toutes choses notre droit et l'autruy.

En tesmoing desquelles choses et pour ce qu'elles soient fermes et stables, nous avons fait mettre notre grand scel à ces presentes lettres scellées et données à notre chatteau de Nieppe, l'an de grace mille trois cent soixante et dix huit, le vendredy sixieme du mois d'aoust.

(Extrait du registre aux priviléges de Cassel.)

L.

Confirmation de ces lettres d'Iolande par le comte Louis de Mâle, du 22 août 1378.

1378. — Nous, Louis, comte de Flandres, duc de Brabant, comte de Neuers, de Rethel, etc., faisons scauoir a tous que comme les escheuins et habitans de la ville de Cassel soient venus pardeuers nous et nous ont fait montrer que notre tres chere et feale cousine la comtesse de Bar et dame de Cassel, leur a donné et octroyé certaines franchises et ordonnances contenues en ses lettres qu'elle leur a données, scellées de son scel, et lesdits escheuins et habitans nous ayent poursuiuy et supplié que d'icelles franchises et ordonnances nous voulussions consentir, leur confirmer et approuuer, desquelles lettres la teneur s'ensuit de mot à mot : Nous, Iolente, etc. . . . .

Ici suit le texte de la précédente pièce justificative XLIX, puis le comte dit :

Nous veues et diligeament examinées lesdites lettres par notre conseil a la supplication desdits escheuins et habitants de la ville de Cassel, desirans qu'icelle puisse estre mieux peuplée et que gens pour cause de franchise ayent plus grande volonté de edifier et venir demeurer pour la seureté et amendement d'icelle ville qui est assise sur les frontières de notre comté et pays de Flandres, auons tous les points declarés esdites lettres et chacun par luy pour nous, nos hoirs et successeurs comtes de Flandres comme sires et princes, consenty, loué, confirmé et approuvé, consentons, louons, confirmons et approuvons par ces présentes, et voulons qu'ainsy soient tenues et gardées perpetuellement sauf en tout cas notre droit et l'autruy et sauf ce que si aucune obscureté ou debat en auint et nous ou nos hoirs en fusent poursuiuy que nous en receuons la connoissance, ordonnance et declaration pardeuers nous et nos successeurs comtes de Flandres dessus dits; et pour ce que ce soit ferme chose et bien tenue a toujours, nous auons fait appendre a ces lettres notre grand scel, qui furent faites et données a Gand, le vingt deuxiesme jour du mois d'aoust l'an de grace mille trois cent soixante dix huit; et sur le ploy est escrit ce que s'ensuit : *Par Monsieur*, presens le doyen de Saint-Donas de Bruges, messire Colard de le Clitte, messire Guilliaume de Stanle, Henry Luppin et plusieurs autres, et signé *Waghn.*

Nota. Déjà cinquante années avant, en 1308, il y eut lettres du comte Robert de Bethune datées de Bergues (mardi 24 octobre), par lesquelles il déclare que toutes sayes et draps de laine qu'on fera dans tout le territoire de Cassel pour vendre et qui auront été examinés par les wardeurs (gardeurs ou surveillants) choisis par les échevins, seront marqués d'un plomb sur lequel sera la figure d'une clef, qui se trouvera chez quelqu'un nommé par lui dans la paroisse d'Oxelaere.

LI.

Confirmation, par Charles-Quint, des précédentes lettres de priviléges d'Iolande de 1378 [1].

1517, *septembre.* — Charles, par la grace de Dieu, roi de Castille, de Léon, de Grenade, d'Aragon, de Navarre, etc., etc., sçavoir faisons à tous présents et à venir, nous avons reçu l'humble supplication et requeste de nos bien améz les eschevins, mannans et habitans de notre ville de Cassel contenante comment icelle ville ait esté et soit douée de plusieurs beaux priviléges à eux octroyés et accordez par feue dame Iolande de Flandres, comtesse de Bar et dame dudit Cassel, et depuis confirmés par feu Louis, comte de Flandres, duc de Brabant, etc., etc., et combien que y ceux supliants et leurs prédécesseurs aient toujours jouy et paisiblement usé jusqu'à présent de ces priviléges, néanmoins obstant que les lettres susdites n'ont par nous été renouvellées ny confirmées, ils doutent que l'on leur pourroit ou voudroit cy ces aprèz bailler empechement en la jouissance d'y ceux priviléges, et que leur retourneroit à grand regret

---

1 Voir notre « Topographie de Cassel », p. 45. (Extrait du registre aux priviléges de la ville de Cassel, conservé dans sa mairie.)

dommage et interest si de notre grace ne leur est sur ce pourvueu si comme ils disent en nous suppliants tres humblement, qu'attendu ce que dit est mesmement en ladite ville est pauvre et petitement peuplée, et que les guerres qui par cy devant ont régnées, elle a souvente fois esté arsée et bruslée, et à cette cause soutenu pertes et dommages innumérables, notre bon plaisir soit confirmer, ratifier et approuver les lettres cy dessus mentionnées en tous leurs points et articles et sur ce que leur faire expédier nos lettres de patentes de confirmation et nouvel octroy à ce pertinentes; pourquoi nous, ces choses considérées, désirans le bien et entretenement de notre dite ville de Cassel et obvier à sa totale désolation et depopulation, par leur avis et meme délibération du conseil, avons les lettres desdits feus sieur et dame cy dessus incorporées, louées, agréées, ratifiées, confirmées et approuvées, et afin que ce soit chose stable et ferme à toujours, nous avons fait mettre notre scel à ces présentes, sauf en autres choses notre droit et l'autry en toutes.

Donné en nostre ville de Middelbourg, au mois de septembre lan de grace mil cinq cent et dix sept, et de notre regne le second.

LII.

Promesses des autorités de Cassel faites à la comtesse Iolande.

1378, *7 septembre.* — Faisons remarquer, à propos de ces précédentes pièces officielles, curieuses, qu'on trouve aux archives départementales du Nord, un autre document en date du 7 septembre 1378, regardant *les priviléges de draperie*, accordés par Iolande en faveur de Cassel, le 6 août de cette année, en son château de Nieppe; ce sont des *lettres des échevins et conseil de la ville de Cassel* portant promesse d'exécuter et observer ces priviléges de la comtesse de Bar, pour l'établissement de cette draperie dans la ville de Cassel et le *métier d'icelle dit les Onze-Parroches* ou paroisses. Cette pièce, de septembre, commence ainsi :

« A tous ceux qui ces présentes verront, échevins et con-
« seil de la ville de Cassel, salut. — Comme à notre suppli-
« cation et requeste nostre très redoubtée dame Madame la
« comtesse de Bar et dame de Cassel nous ait de sa grace
« especial donné et ottroyé certains priviléges pour les causes
« contenues en yceux des quiex la teneur sensieut :

« Nous, Iolent de Flandres, comtesse de Bar et dame de
« Cassel, faisons savoir, etc.... » (comme ci-dessus).

(Original, grand parchemin ; scellé en cire jaune du grand scel au *château crénelé de la ville de Cassel* de cette époque ; sans contre-scel.)

Ce scel a été reproduit par nous dans notre travail *historique sur les armoiries, scels et bannières de Cassel et de sa châtellenie*. Nous le représentons aussi à la fin du texte de notre présent travail [1].

Nota. Il y a un scel semblable appendu aux lettres de promesse des mêmes échevins et conseil de Cassel, aussi du 7 septembre 1378, concernant le *privilége du droit d'issue, franchises*, etc., accordé par Iolande de Flandres, le 6 août 1378.

LII bis.

Lettres des échevins et conseil portant promesse d'exécuter les priviléges de leur dame Iolande.

1378. — A tous chiaux qui ces lettres voiront, eschevins et conseil de la ville de Cassel, salut. Comme à nostre

---

[1] Son contre-scel est représenté à la même planche nº II, fig. 4, des *sceaux communaux de Cassel*.

supplication et requeste, Nostre très redoubtée dame Madame la comtesse de Bar et dame de Casseil, Nous ait de sa grâce espécial donné et ottroié certaines previléges pour les causes continues en yceux de quiex la teneur sensuit : Nous, Yolent de Flandres, comtesse de Bar et dame de Casseil, faisons savoir à tous, comme nos boines gens bourgois et habitans de nostre ville de Casseil se soient trais par devers nous, et en nous suppliant, monstré par plusieurs fois le poverté de nostre dite ville des bourgois et habitans d'ycelle et qu'elle est petitement peuplée et habitée de bourgois et bourgoises pour le povre lieu et de grand travail où elle est située et assise. Par quoy ils ne puent faire les frais appartenans et nécessaires au profit et avanchement d'icelle, et aussi que il ne nous puent honorablement rechevoir quant nous venons en nostre dite ville ne faire par devers nous ce que boines gens et subgetz font et doivent faire à leur singneur ou dame. Nous, pour considération des choses dessus dites et que icelle nostre ville est chief de toute la chastelrie et court d'icelle. Désirans le profit et augmentation dou bien publike espécialment de nos dis subgets, Avons volu, consenti, ottroyé et accordé, voulons, consentons et accordons à nos dites boines gens bourgois et habitans, que il aient, lievent et puissent lever et avoir yssue et profit de tous biens appertenans à bourgois ou bourgoises d'icelle nostre ville, escheus ou venus à personne estrainge non bourgois, si comme il est accostumé en plusieurs autres villes de Flandres, selonc la fourme et manière qui s'ensieut : Chest assavoir que de tous biens et avoirs quelconques appertenans à bourgois ou bourgoise de nostre dite ville escheus ou venus par fourmorture ou mariage à personne forain ou estrainge non bourgois, nos dis bourgois et habitans d'icelle prendront, auront et levront pour issue le dousime denier, chest assavoir de douze deniers un, pour mettre et convertir au profit commun de ladite ville des bourgois et habitans d'icelle.

Item. Se aucuns bourgois ou bourgoise dou dit lieu vendoit entirement à une fois tous ses biens meubles, hiritages et catelx à un autre non bourgois, le vendeur payeroit yssue de tout selonc la manière dessus dite, mais se il les vendoit par parties sans fraude ou malice et sans vouloir deffrauder ladite yssue et franchise d'icelle nostre ville, il ne payeroit yssue que du darain vendage.

Item. Si aucuns desdis bourgois ou bourgoises vouloit délaissier sa bourgosie, il payeroit issue de tous ses biens qu'il auroit lors.

Item. Avons consenti et accordé et ottroyé à nos dis bourgois et habitans que nos eschevins d'icelle nostre ville aient la cognissance des biens des orphanins enfans de bourgois ou bourgoises forains et demourans hors d'icelle nostre ville qui ont esté et sont de lonc tamps, eulz et leurs prédécesseurs bourgois ou bourgoises dudit Casseil paravant l'accort et appointement fais entre ceuls de nostre dite ville et cheulz de la chastellerie sans préjudice desdis accors et appointemens, tant toutesvoyes et si longuement comme yceuls orphanins seront dessous aige, et quant venu seront à leur aige, ils devront requerre le franchise et bourgosie de leur peire et meire et devenir bourgois quarante jours après ce que de par la loy de nostre dite ville en seront souffissamment requis, ou payer yssue ainssi que dit est.

Et pour ce que les choses dessus dites soient deuement demenées et governées et sans aucuns abus, les advoés compteront chascun an une fois des biens de tous orphanins pardevant nostre bailli et eschevins aussi comme on a acostume. Et nos dis eschevins compteront une fois l'an de ladite yssue, à Casseil, le jour de la quinsaine de la Saint-Rémy, et es jours continuelment ensiervans se on ne pooit celluy jour perfaire, pardevant nous ou nostre receveur et nostre bailli de *Casseil* ou devant nos commis et députés ad ce, se il nous plaist, mais se nous ou aucun de nos gens ny estions ou voulions estre, ne laisseroient mie pour ce nos dis eschevins lors à compter. Toutes lesquelles choses ainssi que elles sont dites et divisées. Nous voulons estre tenues et gardées, promettans par ces présentes, pour nous et pour nos hoirs, de le tenir et faire tenir, observer et maintenir inviolablement à tous jours, sauf en toutes choses nostre droit et l'autruy.

En tesmoing de ce, et pour ce que ce soit ferme chose et estable, nous avons fait mettre nostre grand seel à ces présentes lettres faites et données à nostre chastel de Nieppe, l'an de grâce mil trois cens soixante dis et huit, le venredi syssime jour dou moys d'aoust.

Nous, pour nous, pour les bourgois et habitans et toute la communiauté de ladite ville de Casseil, les dis previléges dessus transcrips, emsamble les causes, poins et articles comprins et contenus en yceux, avons receu et recevons très agréablement et les promettons garder et tenir en leur termes sans les trespasser ou aucune chose faire au contraire en préjudice de nostre dite dame ne de ses hoirs. Et en recognissans lesdites choses et li regraciant du bien et de la grâce que en ce nous a fais, avons mis le grant scel de la dite ville à ces présentes lettres. En tesmoingnage de vérité des choses dessus dites qui furent faites et données à Casseil, l'an de grâce mil trois cens soixante dys et huit, le seeptyme jour de septembre l'an dessus dit.

(Original en parchemin ; un scel en cire jaune. — N° 6976, et carton B 967 des Archives du Nord.)

LIII.

Conditions et accords pour fabrication et pose d'une horloge au château de Nieppe (la Motte-au-Bois), par ordres d'Iolande [1].

1379. — L'an mil IIIe LXXIX, le premier jour de janvier, fu marchandé à *Pierre Dannleville*, faiseur d'oreloges, demo-

---

[1] Archives départementales de Lille, B 976. — Pièce copiée par M. le comte de la Borde dans son ouvrage sur les « Ducs de Bourgogne », t. I, des Preuves, p. LXI, Introduction (2e partie).

rant à Lille, pour faire une oreloge pour ma très redoubtée dame Madame la comtesse de Bar, dame de Cassel, et ycelle mectre et asseoir en son chastel de Nieppe, pesant ycelle toute ouvrée IIIe l. de fer, lequel fer yl doit lui pour faire l'ouvrage dessus dit; et cas où il li sembleroit que icelluy ouvrage ne seroit mie assés fort, et il y meist plus de fer en lui, toutes voies où il apartendroit avoir plus fort ouvrage, et qu'il fust bien emploié, madicte dame paiera tout le fer qui sera audit ouvrage au pardessus de IIIe l. de fer, et pour celui ouvrage faire bien loiaulment et justement audit et regart d'ouvriers et gens connaissans et expers en tel ouvrage, ledit Pierre ara et emportera la somme de XL francs d'or ou moien à levallue, c'est assavoir XXXVII gros de Flandre pour le franc, tant pour l'ouvrage dudit oreloge comme pour les IIIe l. de fer, dont mention est faite pardessus, et en cas ou ledit oreloge peseroit plus de IIIe l., ma dicte dame l'y fera rendre et payer le sourplus du pois, comme dit est.

Item. Mectera et assera ledit Pierre ycelle oreloge ou clochier ou l'autre oreloge est à présent, et tant comme il mectra de temps à l'asseoir, il aura ses despens en l'ostel ma dicte dame sans autres gages.

Item. Se aucun deffaut avoit oudit oreloge, et qu'il ne fust mie fait en la fourme et manière qu'il appartient, il seroit tenu de y amender à ses propres coûts, frais et dépens, au dit de bons ouvriers, experts et cognoissans en tel ouvrage.

Item. Il doit estre baillé et délivré par *Cassard Molinet* pour et ou nom de ma dicte dame toutes manières de bois carpenté et ouvré, et ycellui asseoir et mectre où il ordonnera estre mis pour asseoir et mectre ledit orloge.

Item. Doit avoir et aura ledit Pierre pour gouverner cescun an ledit oreloge, une cote des dras des officiers, toutefois que Madame fera sa livrée, et sera aux despens de ma dicte dame toutes les fois qu'il venra visiter ledit oreloge et qu'il y faudra aucune chose, et y doit venir toutes fois qu'on le mandera; lequel ouvrage ledit Pierre doit rendre tout fait et assis oudit clochier dedens le jour de Pasques prochain venant, toutes lesqueles choses ont esté faites ou ordenées par Colard Levesque et Jehan de Chastillon, clercs et secretaires de ma dicte dame.

LIIl bis.

Mandement d'Iolande pour paiement de certaines fournitures au chastel de Nieppe.

1380, *5 avril, à Nieppe.* — Yoleut de Flandres, contesse de Bar, dame de Cassel, à noste amé Taffart de la Fontaine, nostre repceveur general, salut; nous vous mandons que.... et deduction de ce que nous poons estre tenue a nostre amé chevalier, messire Henri d'Antoing, signeur du Plaissiet, pour cause de certaine mesure de blez et avaies quil a delivré a nostre chastel de Nieppe, pour la pourveance de nostre hostel, vous paiez et delivrez a nostre amé conseiller maistre Thibaut de Bourmont, la somme de 115 libvres 7 solz 6 deniers en quoi nostre dit chevalier est tenu a nostre dit conseiller pour cause de sa rente que il a chascun an au Neufbrequin dont la dame de Beauval, veve de feu messire Jehan, jadis signeur de Beauval et de Havesquerque, a levé le tier lez deux années devant passées a cause de douaire pour ce que nostre dit conseiller aquesta picca ladite rente audit feu signeur de Beauval, et nostre dit chevalier en doit et v.... desdamagier nostre dit conseiller pour cause de la terre de Havesquerque quil a deirainement achatée. Et nous mandons auz deputez a oir noz comptes que en apportant quittance de nostre dit chevalier contenant la somme toute que nous li poons devoir pour la cause devant dite ou au moins ladite somme avec cest présent mandement icelle somme vous comptent et rabatent a vos comptes.

Donné à Nieppe soub nostre scel lan mil trois cens quatre-vins, le cinquiesme jour du mois d'avril.

(Original en parchemin, jadis scellé, et signé Iolent, par Madame Jo. Petri.)

C'est à cet acte qu'est la signature autographe d'Iolent représentée à notre planche 3 de Bar, accompagnant le présent texte.

LIV.

Donation pieuse de la dame de Cassel.

1383, *18 novembre, à Nieppe*. — Yolent de Flandres, contesse de Bar, dame de Cassel, à nos amez Fournier Laignel et Jehan Metkerke, noz marchans de la taille moienne de nostre forest de Nieppe, salut : Nous, pour Dieu et en aumosne et pour faire dire dez messes tant de *Requiem* pour noz predecesseur, comme du Saint-Esprit et de Nostre-Dame pour nous et tous ceux dont nous avons memoire, avons donné et octroié aux Frères-Prescheurs du couvent de Saint-Omer, du bois jusques la value de 12 livres parisis monnoye de Flandres pour l'édification ou refection de leur eglise audit Saint-Omer. Si vous mandons que vous leur delivrez ou a leur certain commandement du bois en vostre taille moienne jusques à la value de ladite somme de 12 livres, et nous mandons à nostre maistre marchant et receveur de nostre dite forest et aux gens de noz comptes que en apportant cest nostre present mandement et quittance ou presence desdiz religieux avoir receu ledit bois dont vous mettrez largent en recepte et en mise la dicte somme de 12 livres vous comptent et deduient a vos comptes.

Donné à Nieppe, soubz nostre scel, lan mil ccc IIII^{xx} et trois le XVIIIe jour de novembre.

(Original en papier avec le scel de ladite dame de Cassel en cire rouge plaqué. Contresigné : J. Petri.)

LV.

Lettres concernant recouvrement de sommes dues à ceux de Cassel.

1384, *8 juin.* — Iolent de Flaudres, comtesse de Bar, dame de Cassel, a notre ame Messrs Ector de Goisancourt, notre bailly de Cassel, a tous nos autres justiciers a qui ces lettres seront montrées, salut, nos bonnes gens bourgeois et habitans de notre ville de Cassel, nous ont fait montrer que plusieures personnes de notre pays en Flandres sont tenues à eux plusieures et diuerses sommes des deniers a cause de lasise et de lissue de ladite ville dont ils ne peuuent estre payé si comme ils disent parce quon ne fait point de loy au dit lieu suppliant en ce leur pourveu, et pour ce est-il que nous vous mandons et commettons et à chacun de vous si comme aluy appartiendra que de toutes debtes claires ou connues qui pour lesdites causes vous apparoitront estre deues aux dits bourgeois et habitans tant par lettres, instruments, unie voix comme autrement, suffisamment vous les en faites payer vigoureusement et de fait en contraignant les debteurs et aussy tous bourgeois et bourgeoises forains de lissue de leurs peres et meres par prise vendue et execution de leurs biens et auoirs, et emprisonnement de leurs corps si metier est et a ce sont obligez, et si aucun se veut opposer au contraire notre main garnie auant tout œuure du contenu es lettres daucunes de nos cours donnez et assignez jour certain et competent pardeuant vous aux parties proceder en fait de lopposition et autrement comme raison sera, auxquelles parties icelles ouyes, vous faites bon et bref accomplissement de droit et de justice sans longue poursuitte de ce.... Vous donnons pouuoir, authorite et mandement especial, mandons et commandons à tous nos sujets, prions et requerrons tous autres qu'a vous et à chacun de vous en ce faisant entendent et obeissent diligiment durant ces presentes jusques a vn an.

Donné a Nieppe, lan mille trois cent quatre vingt quatre, le huitiesme jour de juin.

Extrait du registre aux priviléges de Cassel, page 102 v°.

LV bis.

Commission de la comtesse de Bar, dame de Cassel, au bailli de Bourbourg pour ajourner devant elle Guillaume d'Aras, chevalier et Ernoul du Wez, chevalier, sur le procès qu'ils avaient pour vingt-huit mesures de terre.

1386, *20 novembre, à Nieppe.* — Yolent de Flandres, contesse de Bar et dame de Cassel, à nostre amé bailli de Bourbourc, Herbert de Vlargelo, salut. Sur le plait et prochés de messire Guillaume d'Aras, chevalier, demandeur, d'une part, et messire Arnoul du Wiez, chevalier, deffendeur, d'autre, par devant nostre conseil à Nieppe, pour cause de xxviii mesures de terre, mouvant en fief de nous en nostre chastellenie de Bourbourc, que ledit messire Guillaume demande et dit à lui appartenir, à cause de son fief de la Mote en nostre dite chastellenie, et ledit messire Arnoul dit au contraire, et les détient comme siennes. Lesdictes parties avoient jour le mercredi tiers jours d'octobre darrain passé, duquel ledit messire Guillaume apporta certain get et ordenanche par escript de acort sur ce pourparlé entre eux, etc., leur fu par nostre court, à leur requeste, donné congié de pacifier et acorder ensemble dedens le xv° jour apprès, ou à icely jour venir procéder en la cause comme il appartenoit, laquelle coze il ne firent point, et pour ce ont esté adjournés à comparoir devant nostre dit conseil à ce samedi passé à Nieppe pour raporter ledit acort par devens nostre court, se fait estoit, ou procéder en la cause comme il appartenroit et respondre à notre recheveur général ad ce que de par nous demander leur voudroit. Auquel jour icelles parties n'ont point esté ne auttre pour eulx et pour ce ont esté conthumas et mis en défaut en jugement. Si vous mandons que en cognoissance de deux de nos hommes ou eschevins dudit Bourbourc vous transportés aux lieux ou domicilles des dictes parties et icelles adjournés souffisamment à leurs personnes, se les trouvés, ou senon à leur dis domiciles ou fiez estans en nostre dicte chastellenie, à estre, à comparoir pardevant nostre dit conseil à Nieppe à de mercquedi prochain en wit jours pour veoir jugier le prouffit dudit deffaut, respondre à nostre dit receveur général sur tout ce que demander leur vaudra comme dessus, et procéder en outre comme il appertendra, en certifiant dedens le temps nostre dit conseil, souffisant de ce que fait en aurez.

Donné à Nieppe, le dimenche xxe jour de novembre l'an mil ccc quatre vingt et six.

Par Madame la contesse,
Signé : Io. PETRI.

(Original, parchemin, dont le scel est perdu.—Archives du département du Nord, « Lettres missives » t. 1er pièce 97).

1386, *31 janvier*. — Sentence arbitrale par Villaume, prévost de l'église de Watten, Gui Ponche et Jean de Nielles, entre Guillaume d'Aras, seigneur de Danebreuc et de Saint-Pierrebrouc, et Ernoul Du Wez, chevalier, laquelle condamne ledit Ernoul Du Wez à rendre et restituer audit Guillaume d'Aras vingt-huit mesures de terre qui sont déclarées faire partie de la seigneurie de Saint-Pierrebrouc.

LVI.

Jugement d'Iolande de Flandre pour pacification entre partis.

1391, *9 avril*. — Ordonnance de la comtesse de Bar, dame de Cassel, pour établir une paix bonne et solide entre Wautier, sire de Morbecque, d'une part, et Gilles Walins et le sire de Pienes, d'autre part, qui ont fait serment entre les mains de Jacquemart Le Saige, bailli de Cassel, de l'exécuter sous peine de 1,000 francs. Cette querelle provenait de la mort du sire de Morbecque ; de Jean, son fils ; de Henri de Walin et Jean de La Bourre, et d'un pied coupé à Zegherkin.

Furent présents à ce jugement comme hommes de cour : Henri d'Antoingt ; Ector de Coiseaucourt ; François de Wische ; Pierre de Metkerke ; Jacques de Houdain ; Gilles de Waloncapelle ; Jacques De le Becque ; Jean de Waloncapelle ; Robert Morteroel ; Baudin Surien ; Mathieu De le Pue ; Jacquin Slener ; Sauvage De le Court ; Gille le Chien ; Eloy Surien, et Louis Feurier.

> Original, scellé de 17 sceaux dont une partie sont endommagés ; y joint une copie en papier de l'ordonnance.

LVII.

Extrait de l'accord fait et passé en Parlement, par manière d'arrêt, entre les procureurs des ducs et duchesse de Bourgogne, d'une part, et la comtesse de Bar, Iolande de Flandre, d'autre, au sujet des demandes de cette comtesse touchant ses domaines du pays de Flandre, et confirmation d'Iolande comme dame de Cassel, etc. (Chambre des Comptes de Dijon [1].)

1392. — Comme noble et puissante dame Madame la comtesse de Bar, dame de Cassel, eut pieça fait adjourner en la court de Parlement, hault et puissant prince Mons. le duc de Bourgogne, comte de Flandres, etc., et Madame la duchesse et comtesse desdits lieux, et sur ce que ladite Madame la comtesse maintenoit, entre autres choses, que le conte *(sic)* de Flandre son ayol, dez l'an mil ccc et vint, avoit baillié et délivré à Mess. Robert de Flandres, son fils, père de ladite Madame la comtesse, pour une partie de son

---

[1] Tome III, p. CLX ; Preuves nº CLX de l'« Histoire de Bourgogne » de Dom Planchez.

partage ou apenage des terres qui pourroient lui competer et appartenir à cause de ses successions de ses père et mère et d'une sienne tante ; la ville et chastellenie de Bergues, la ville et appartenance de Neufport, et la ville, terres et appartenances de Donze, pour le prix de 2,131 livres de rante au vieil et ancien prix ou environ, et que ledit Mess. Robert, son père, en avoit esté receu en foy et homage, et mis en possession et saisine par ledit comte Robert, son père, et qu'après son décès ladite Madame la contesse en avoit joy et possessé paisiblement jusqu'à l'an mil ccc cinquante quatre ou environ, que Mons. Louys, conte de Flandres, dernier trespassé, père de ladite Madame la duchesse avoit mis en sa main, pris et occupé de fait lesdites villes, chastellenies, terres et appartenances, et combien que ladite Madame la contesse l'eût sommé et requis par plusieurs fois de luy restituer et delivrer lesdites villes, etc. Il en avoit esté refusant, et que après le décez dudit Mons. le conte Louys, lesdits Mons. le duc et Madame la duchesse, héritiers à cause d'elle dudit Mons. le comte avoient aussi détenu et occupé et encore détenoient et occupoient lesdites villes, chastellenies et terres.

. . . .

Si requeroit ladite Madame la contesse par lesdits M. le duc et Mme la duchesse fussent condamnez et contraints à lui restituer et delaisser lesdites villes, chastellenies, terres et appartenances, et d'être tenues de lui faire recompensation des terres de La Bourre, de Watenes, qui valoient bien 300 livrées de terre qui avoient été baillées audit feu Mess. Robert, son père, pour prisée de son assiette qui luy devoit estre faite, et que depuis luy avoient esté évincées par arrêt de la court de Parlement.

. . . .

Lesdits Mons. le duc disais et entendais à dire et proposer au contraire que lesdites villes, chastellenies et terres de Neufport et de Donze avoient esté baillées audit Mess. Robert en assiette par certaine forme et manière ; c'est assavoir que les heritiers dudit comte Robert les pouvoit recouvrer en baillant autres terres au pays de Flandres, jusqu'à la valeur de 2,131 livres de rente ou environ, et que Mons. le conte Loys de Flandre, père dudit conte Loys, dernier trespassé, ayeul de madite dame la duchesse, avoit baillié et délivré audit messire Robert de Flandre une grant partie des 2,131 livres de rante, en deschargeant les terres de Cassel qui lui avoient été bailliées en son partaige ou apenage, de certaines rentes à heritage, desquelles elles estoient chargées, et luy avoit offert à parfaire le demourant en certains lieux bons et convenables oudit pays de Flandre.

Et quant aus dites terres de La Bourre et Watenes, elles avoient été bailliées bien et deuëment en assiette dudit Mess. Robert, qui les avoit aliénées ou en fait sa volonté, et que lesdits Mons. le duc et Madame la duchesse ne savoient point qu'elles eussent été évinées audit Mess. Robert, et entendoient à proposer prescription avec plusieurs autres faits, raisons et deffenses.

. . . .

LVIII.

Suite des accords et renoncements conditionnels d'Iolande.

Finalement pour eschiever les débats qui pouroient entrevenir entre lesdites parties.... et mettre grant temps pour nourrir bonne paix et accord entre lesdites parties, elles ont traittié, composé et accordé ensemble par la manière qui s'ensuit, c'est assavoir que ladite Madame la contesse a renuncié et renunce pour luy, ses hoirs et successeurs perpétuellement, etc., pour et au prouffit desdits Mons. le duc et Madame la duchesse.

. . . .

Avec ce (23,000 francs d'or), lesdits Mons. le duc et Mad.

la duchesse baillent, cèdent et transportent à ladite Madame la contesse, pour elle et ses hoirs, successeurs et ayant-cause, les reliefs des fiefs et arrière-fiefs de la chastellenie de Cassel, Bourbourt et le bois de Nieppe prisiez à huit vingt-cinq livres scire et les parisis, momoire de Flandre, estimez à la somme de 2,000 francs d'or, et veulent et consentent que dez maintenant ladite Madame la contesse ait et prengne la possession et saisine, realement et de fait desdits reliefs, etc., et qu'elle en joisse et exploitte paisiblement pour elle, ses gens et officiers tels qu'il luy plaira à y commettre et ordonner.

Et à tenir ce présent accord, veulent les parties être condamnées par arrêt fait le quatorzième jour de février l'an M CCC LXXXXII (1392) [1].

LIX.

Sommaire de la cession par Iolande au duc de Bourgogne, Philippe-le-Hardi, de Bergues, Nieuport, Donze, etc. [2]

1391, *23 juillet, à Nieppe, et 28 juillet, à Paris, en Parlement.* — Accord fait en Parlement entre Yoland, comtesse de Bar et dame de Cassel, d'une part, et Philippe-le-Hardi, duc de Bourgogne, comte de Flandre, etc., et Marguerite de Flandre, sa femme, d'autre part, par lequel est ordonné que les duc et duchesse de Bourgogne bailleront à la comtesse de Bar, pour le restant de la recompensation des villes, terres et châtellenies de Bergues, Neuport et Donze, 1,300 livres de rente ou terre, outre les 830 livres déjà données [3].

---

1 Extrait de l'« Histoire générale et particulière de Bourgogne », par un religieux bénédictin de l'abaïe de Saint-Benigne de Dijon et de la congrégation de Saint-Maur. Dijon, 1739, 4 vol. in-fol. — Ces auteurs sont Dom Urbain, Planchez et Dom Merle.

2 Voir aux pièces justificatives LXXII et LXXII *bis* pour autres sommaires.

3 Ainsi, dès 1392 la châtellenie de Bergues n'appartenait plus à l'administration seigneuriale d'Iolande après l'accord passé entre elle et le duc

A l'égard des terres de Watenes et de La Bourre, les duc et duchesse de Bourgogne assurent à ladite comtesse 100 liv. de rente qui seront, avec les 1,300 liv. ci-dessus, tenues en fief, hommage, obéissance, ressort et souveraineté des comtes de Flandres.

Et quant aux autres demandes que faisait ladite comtesse, qui ne sont pas comprises au présent accord, ses droits et actions lui demeureront, et aux duc et duchesse leurs défenses.

Double de cet accord en parchemin.

(Orig. en parch. scellé. — Inventaire des chartes de la Chambre des Comptes de Lille, t. IV.)

1392, *14 février, à Paris.* — Lettres de Philippe, duc de Bourgogne, portant promesse de payer dans le terme de la Magdelaine les 10,000 livres qu'il devait encore à la comtesse de Bar, pour parfaire les 23,000 livres qu'il était convenu de payer à cette comtesse, au lieu de 14,000 livres de rente qu'il lui devait assigner, suivant un accord fait entre eux au Parlement.

(Orig. en parch. scellé.)

LIX BIS.

Requête d'Iolande au comte de Flandre, Philippe-le-Hardi. (Pièce trouvée dans la Chambre des Comptes de Lille [1], et éditée dans les « Analectes historiques sur la Flandre maritime » [2].)

Cette pièce ne porte pas de date, mais, d'après son contenu, elle a été écrite à la fin du XIVe siècle [3]. C'est une re-

---

de Bourgogne à cette date. C'est ce qui explique pourquoi il n'est plus question de ce territoire du temps de Robert, duc de Bar, fils d'Iolande de Flandre.

1 Extrait de son *supplément*. Original en papier assez détérioré.

2 Edités par M. de Coussemaker et insérés dans le *Bulletin* du Comité flamand de France, t. VI, n° 1, année 1872; mais plusieurs sont fautifs.

3 Vers 1393, sans doute à cause de la cession de Bergues, Nieuport, etc., faite en 1392, qui est mentionnée à la fin. — Voir pièces justificatives LIX, LX et LXI, et sommaires LXXII et LXXII *bis*.

quête adressée par la dame de Cassel au comte de Flandre. Elle y expose la situation déplorable du pays depuis la dernière guerre. Les habitants des châtellenies de Bergues, de Furnes et de Bourbourg sont entièrement ruinés; ils ont perdu chevaux, bêtes, grains, et sont hors d'état de cultiver les terres. Les digues et les écluses sont rompues; le pays est exposé à être inondé.

La chose urgente à faire est la réparation des digues et des écluses dont la rupture menace le pays d'être envahi par les eaux de la mer.

Les habitants sont disposés à faire ces travaux, mais ils refusent de concourir à réparer et à garder la forteresse près Bourbourg; car loin d'avoir servi à protéger leur personne ou leur bien, elle n'y a été que nuisible. Ils préfèrent quitter le pays plutôt que d'être contraints à cette charge insupportable. La comtesse accuse à cet égard son cousin, le seigneur de Fiennes, mais on sait qu'elle était en procès avec lui pour certains droits féodaux, ce qui pourrait peut-être faire considérer comme exagérées les plaintes qu'elle fait peser sur lui.

Quoi qu'il en soit, cette pièce est précieuse pour les renseignements qu'elle contient sur la situation générale du pays. — E. DE COUSSEMAKER.

LX.

La dame de Cassel expose au comte de Flandre la situation déplorable de la châtellenie de Bourbourg.

Fin du XIVe siècle (environ). — Che sont les requestes que Madame fait faire à Monsieur de Flandres :

Premiers. Que veue et considéré la perte, désolacion et destruction misérables de la ville et chastellenie de Bourbourc, qui sont du propre domaine et héritage de ladicte contesse, des bourgois, habitans et manans en toutes leurs maisons, édifices, leur avoirs et biens quelconques qui par ces présentes et derraines guerres leur sont advenues, par quoi il a convenu de neccessité et ancor convient qu'il se soient absentez et fuiz hors du pays sans espérance de y revenir ne de y retourner pour ce qu'il ne aueroient où demourer, ne habiter, ne de quoi eaux réédifier, de quoi labourer et semer leurs terres ; considéré ce que il ont perdu leurs chevaux, bestes et grains dont il devoient labourer et semer, et, ne oultre, pour ce que il convient retenir et réparer présentement les dikes et escluses contre l'inundacion et force de la mer, ou tout le pays seroit noyé, aussi bien Berghes, la chastellenie et le pays là entour, jusques à Furnes que Bourbourc et la chastellenie, et ce ont il tous jours voulentiers contribué selon leur porcion et poissance, pour le commun proufit du pays, jusques à présent qu'ils n'ont de quoi li faire pour les causes des susdictes ; et, que pis et plus dur leur est à présent, le bailli de Furnes, par commission que il se dit avoir de vous, de les contraindre par prinse de corps et de biens à réparer et garder une forteresse près de Bourbourc, qui est à Monsieur de Fiennes, mouvant et tenue en fief de ladicte contesse, en laquelle forteresse lesdits de Bourbourg ne eurent onques retrait, ayde, ne confort pour eaux ne pour leurs biens, mais toujours se sont doubtez, et ancor sont de ceux qui ont tenu et gouverné ladicte forteresse, et encore se doubtent plux de ceux qui à présent la tiennent que d'autre chose ; et pour ceste cause laisseront plux à revenir et à retourner en ladicte ville et chastellenie que pour autre cause, car ils aiment mieux estre fugitifs, chaciez du pays que y retourner sur tèles charges et servitutes importables, que soustenir ne pourroient; et parmi ce, vous, redoubtés Sire, madicte dame la contesse et tout le pays commun averiez et soufferriez très-grans, merveilleux et irrécupérables damages qu'il vous plaise obvier aux damages et inconvéniens dessusdis, en y pourveant de remède convenable, et mandés à vostre dit bailli qu'il ne constrainte point les dessus dits à faire ce que dit est jusques à ce que vous en aurez ordené, et qu'il cesse de procéder contre eux par vertu de celle commission ou autre mandement qu'il pourroit sur ce avoir et que se aucune chose a jà fait au contraire qu'il le remette en son premier estat, et mander audit signeur de Fiennes que sa dicte forteresse, qui est de son propre héritage, avec les subgets, rentes et revenues qui y appartiennent, il garde et tiègne par tèle manière que vous, vostre pays, en ladicte contesse et sa terre n'y ayez damage, et sur ce en escrire à Monsieur de Berry et à lui envoïer aucun de voz gens qui lui sache bien monstrer tout le fait de la besoingne.

Item. Vous plaise donner lettres de commission pour faire payer ladicte contesse de ce qui li est deu, du transport à Berghes, à Furnes, ès chastellenies, à Neuport, Meureville et ailleurs, desoulz vous, et à ce soient constrains les debteurs par exécucion de leurs biens et par prinse de leurs corps, se besoing est, car ledit transport est du propre héritage à ladicte contesse, et les deffaillans à le payer elle les peut de son droit et a accoustumé à faire arrester partout desoubz elle, aprez ce que par son receveur en auroient esté requis; mais pour faire plux au plaisir de vous et pour considération du temps qui queurt, elle en a plux chier à présent avoir le tout se estre peut, et se faire ne se peut, le plux que faire s'en pourra par vostre bonne ordenance que en avoir le tout par rigueur, ne aucunement à vostre desplaisir, combien qu'elle ait grand besoing d'avoir le sien, considéré les grans damages et pertes qu'elle a eu par le temps des guerres.

Item. Semblables lettres pour estre païée des demourans soubz vous qui lui doivent pour cause de vendage de bois en sa forest de Nieppe.

(Supplément à la Chambre des Comptes de Lille.
— Orig. en papier détérioré.)

LX bis.

Hommage de Robert de Bar au duc Philippe-le-Hardi, comte de Flandre.

1393, *21 janvier, à Paris.* — Lettres de Philippe, duc de Bourgogne, par lesquels il déclare que son cher et amé frère le duc de Bar et marquis de Pont lui a aujourd'hui fait foi et hommage pour les terres et châtellenies de Cassel, du bois de Nieppe et de toutes les autres terres assises en Flandre ou royaume, à lui échues par la succession de la comtesse de Bar, sa mère.

(Inventaire des chartes, Chambre des Comptes de Lille, t. II.)

Voir à la pièce suivante pour observations relatives à la date de cet hommage du duc de Bar Robert.

LXI.

Hommage d'Iolande au comte de Flandre, le duc Philippe-le-Hardi.

1394. — Iolande fait hommage au duc de Bourgogne, comte de Flandre, pour et au nom du duc de Bar, son fils, des terres qu'elle avait en Flandre, par acte passé à Ypres, le 10 mars 1394.

(Père Anselme, t. II, p. 736.)

Obs. Est-ce là une erreur de date, ou bien la pièce qui précède est-elle postérieure à l'hommage dont il vient d'être parlé (Iolande mourant le 12 décembre de 1395)?

C'est là ce que nous nous demandions en 1862.

. . . .

Cette *observation dubitative* était excusable pour nous au moment où nous commencions à écrire notre *travail héraldique sur Cassel et ses env'rons* [1], nous ne possédions pas encore

---

[1] « Notice historique sur les *armoiries, scels et bannières de Cassel*, de ses seigneurs et dames, de sa châtellenie, etc. »; 1862.

alors les matériaux que nos recherches nous ont fait découvrir depuis. Maintenant nos doutes à l'égard des dates ci-dessus désignées sont levés : ces dates étaient exactes.

M. V. Servais, l'historien récent du Barrois, nous écrivit le 19 mars 1865 ce qui suit :

« L'espèce d'incohérence que vous avez remarquée, mon
« cher collaborateur, dans les reprises faites par le duc de
« Bar le 21 janvier 1393 (v. st.) et par la comtesse de Bar
« le 10 mars 1394, pour les biens composant la succession de
« cette dernière n'est point une erreur. Elle s'explique par-
« faitement par les traités souscrits au Temple, en 1373,
« pour la délivrance d'Iolande, qui a dû, en vertu de ces
« conventions, mettre de son vivant le duc de Bar en pos-
« session de ses terres de Flandre, et même le faire recevoir
« à foi et hommage par le comte. C'est évidemment en exé-
« cution de ses engagements du Temple que les deux re-
« prises dont vous avez retrouvé la trace ont été faites. »

M. J. Carlier était donc aussi dans l'erreur lorsque dans ses *Rectifications et notes critiques* concernant les écrits d'*Aubert Lemire (Miræus)*, insérées dans le n° 13 du tome III du *Bulletin* du Comité flamand de France (1865), il se basait particulièrement sur la date de la mort de la comtesse pour certains faits d'hérédité.

Cet auteur disait alors qu'il était certain que le duc de Bar Robert ne devint propriétaire de château au bois de Nieppe et ne put agir en cette qualité que postérieurement à 1395.

Cependant, nous voyons qu'une cession conditionnelle des terres d'Iolande en Flandre eut lieu en 1373 [1] entre elle et

---

1 M. Carlier dit, page 36 du même *Bulletin*, d'après G. Duchesne (Hist. généalogique du Bar, p. 56) que ce ne fut qu'à la mort de sa mère que le duc Robert hérita de ses seigneuries de Flandre et du Perche ; nos pièces justificatives font connaître des droits antérieurs. En voici encore des preuves, l'une à la date de 1386, et la suivante de l'année 1389 :

« **1386.** — Robert avait en Flandre un fief de 300 livrées de terre ou de rente dont il n'avait pu faire encore ses reprises du duc de Bourgogne depuis l'avénement de ce prince au comté de Flandre en 1383. Pressé de son fils, lors des conditions royales imposées cette année pour la délivrance de prison de la comtesse. Dès lors le duc Robert put donc y agir en se regardant en partie comme successeur légitime des domaines de la branche cadette de Flandre, sauf en ce qui concerne les 3,000 livrées de terre réservées par la dame de Cassel. — L'hommage de celle-ci en 1394, dans les circonstances dont il est fait mention à la pièce justificative LXI, ne fut probablement que pour satisfaire aux coutumes flamandes d'alors. Le duc ayant d'ailleurs prêté foi et hommage l'année précédente.

LXII.

Inventaire des biens d'Iolande, en Flandre, qu'elle tenait en fief de Philippe-le-Hardi, comte de Flandre.

1395. — C'est le dénombrement et adveu des châteaux, châtelleries, villes, terres et possessions qu'Iolande de Flandre, comtesse de Bar, dame de Cassel, tiens et advoue tenir de très haut, noble et puissant prince Monsieur le duc de Bourgogne, comte de Flandre, à cause de sa comté de Flandre :

Premièrement, le chastel et ville de Dunkerque; item, le chastel, chastellerie et terre du Bois-de-Nieppe; item, le chastel, ville et chastellerie de Warneton; item, la ville de Gravelines; item, le pont d'Estaires; item, la ville et chastellerie de Bourbourg avec leurs appendances et dépendances: item, la ville et chastellerie de Cassel, etc.

---

remplir cette obligation, il chargea, le 14 juillet, le duc d'Arrentières, chevalier, de le représenter près de Philippe pour l'accomplissement de la formalité dans le cas où il ne pourrait obtenir un délai qui lui permit de la remplir en personne. »
(Du Fourny, « Invent. de Lorr. », t. VI, fol. 263.)

« **1389**, *décembre.* — Extrait des registres de l'abbaye de Corbie contenant la déclaration des fiefs que Robert de Flandre, seigneur de Cassel *(sic)*, tenait de cette abbaye aux territoires de Bornhem et de Rodes. »
(Carton B. 1089, Archives du Nord.)

Et à icelle cause sui-il pannetière de Flandre avec toutes les noblesses, justices, droits et seigneuries appartenant aux terres et possessions devant dites et se plus y a. Il l'advoue tenir a mondit seigneur et bailler par dénombrement toutes les fois qu'il viendra à ma connoissance par protestation d'adjouter et diminuer de plus à plain déclarer, se mestier ce est, faire en outre si comme il appartiendra de raison.

En témoins de ce ay-je mis mon scel à ces présentes lettres.

Donné à Paris, le sixième jour du mois de mars de l'an mille-trois-cens nonante-cinq (n. st.?)

(Extrait des Archives de Flandre, Lille. — O. Vredius, Galland et Faulconnier ont parlé de cet acte.)

LXIII.

Arrêt du Parlement contre les hommes de fief de Cassel et en faveur d'Iolande.

1393, *26 avril, à Paris, au Parlement* (en latin). — Arrêt du Parlement pour la comtesse de Bar, dame de Cassel, contre les hommes de fiefs et jugeant en sa terre et châtellenie de Cassel refusant d'y faire loi, qui ordonne que noûvelle sommation soit faite aux hommes de fiefs de faire loi sinon et faute par eux de satisfaire à icelle dans la huitaine, autorise la dame de Cassel à faire la loi.

(Orig. en parch. scellé.)

LXIV.

Vidimus-Lettres de Charles VI, roi de France, concernant Cassel et la comtesse Iolande.

1393, *26 avril*. — A tous ceux qui ces presentes lettres verront ou oyront, les eschevins de la ville de Cassel salut, scaschent tous que le quinzieme jour du mois de juin lan de grace mille trois cent quatre-vingt-treize, nous auons veu les lettres du Roy notre sire saines et entières de son sceel scellées si comme il apparoit contenant la forme qui s'ensuit :

Carolus dei gratia francorum Rex Vniuersis presentes litteras inspecturis salutem notum facimus quod eum dilecta et fidelis consanguinea nostra Iolendis de Flandria comitissa de Barro ac domina de casleto nobis nuper fecisset exponi quod licet ipsa plures ex suis hominibus in curia sua de Casleto judicantibus ex et pro eo ad manum suam fecisset arrestari quod dicti homines nonnulla peruersa judicia tam in ejusdem exponentis per judiciam quam in partium aliarum personnarum dixerant et pronuntiauerant prout eidem de vsu et consuetudine patrie facere licebat predicti homines in curia sua predicto de Casseleto legem et justitiam facere desierant et omiserant et ad eorum instar aly homines curiarum seu justitiarum dictæ curie subjectarum in castelania predicta de Cassello similiter justitiam et legem prout moris est patrie facere deliquerant in reipublice, et hominum habitantium in dicta castellania nec non ejusdem exponentis atque justitie lesionem atque prejudicium maxime supra quibus eidem consanguine nostre per carissimum nostrum ducem Burgundie comiten Flandrie vel ejus officiarios prouideri non poterat eo quod ipsa per medium ejusdem appellationis per eam interjecte ab ipsius erat jurisdictione exempta vt dicebat et idcirco dictarum harum per ipsam a nobis xxv^a die nouembris ultimo lapsi obtentarum nec non commissionis Balliui ambianensis cui dirigebantur inde subsequenti virtute Joannem Rey, tasardum de l'Escaigne Henricum Macieti, Simonem Macieti, Joannem de Hooghberg, Joannem Guy dominicum Maiscopensi, Joannem Wenin christianum Baille, Balduinum de loo, petrum de Lefder, joannem destines et joannem de pratis, homines prout fertur judicantes in terra et castellania de Cassello propter oppositionem seu recusationem et dilationem aduersus iniunctiones et precepta sibi earumdem vigore litterarum per Mattheum Manessie supremum nostrum in Baillima ambianensi de faciendo legem et justitiam in dicta terra et castellania de Cassello exteraque in dictis litteris contenta adimplendo factas in nostro presenti parlamento non obstante quod sederet ad xx^{am} diem mensis decembris nouissime Lapsi fecisset adjournari causas sue oppositionis siue dilationis et recusationis dicturus et allegaturus eidem comitisse responsuros ac ulterius processuros et facturos quod feret rationis prout de adjournamento hujusmodi et alys premissis tam predictas litteras nostras et commissione domini Bailliui quam relationem prefati sermentis constitit nostre curie supra dicte verum cum prenominati homines judicantes in eadem curia et ad hostium camere dicti parlamenti more solito die nona january ultimo preteriti per adolphum nigri hostiarium ejusdem euocati non comparuerunt aut aliis pro ipsis nec ad diem sibi uni permittitur assignatam reperti fuerunt presentati ob hoc ad instantium dicti comitisse positi fuerunt in defectu ad ipsius defectus vtilitatem adjudicari visuri et ulterius ut jus et ratio suaderent processuri ad xx uyam diem mensis february nuper lapsi et tunc et immediate sequentes adjournati prout ex dicti defectus tenore et relatione prenominati sermentis liquide constitit nostre curie memorale ydem etiam homines judicantes in prefata nostra curia et ad hostium camere dicti parlamenti die iij^a marty immediate precedenti per Guillarium de spina hostiarium ejusdem more solito euocati non comparuerunt aut alius proipsis idcirco prefata curia nostra contra ipsos homines et eorum quemlibet secundum defectum eidem comitisse requirenti concessit prout extenore dicti defectus dicitur apparere qua propter ex dictis duobus defectibus predicta comitissa certam in scriptis eidem nostre curie traditam sibi petierit adjudicari vtilitatem aut alium talem qualem nostre dicte curie discretioni videretur faciendum visis igitur per eandem nostram curiam litteris defectifus commissione relationibus et vulitate predictis consideratisque et attentis diligenter omnibus curia his attendendi et que dictum curiam inhac parte mouere proterant et debebant prefata curia nostra dicte commitisse per arrestam talem ex dictis duobus defectibus adjudicauit et adjudicat vtilitatem videlicet quod dictus Balliuus predictis hominibus judicantibus.... ex parte nostra precipiat et iniunget seu precipi et iniungi faciet quatenus legem et justitiam in dicta terra et castelanie de casseleto faciant et hominibus dicte terre et castelanie ministrent et in casu recusationes seu quod negligentes et in mora hoc faciendi octo diebus post dicti baliui preceptum eisdem factum lapsi fuerunt memorata nostra curia jam dicte comitisse justitiam et legem in dicta terra et castelania faciendi et exercendi licentiam ex tunc pro nunc per idem arrestum concessit et concedit dictos homines judicantes in expensis dictorum duorum defectuum condemnando earumdem expensarum taxatione eidem nostre curie reseruata in cujus rei testimonium presentibus litteris nostrum jussimus apponi sigillum datum Parisys in parlamento nostro die xxvj aprilis anno domini millesimo ccc nonagesimo tertio et regni nostri xiij sigillatum sigillo nostro in absentia magni ordinato.

Ainsy signées, per arrestum curie, et ainsi pardessous P. Vilergum. En témoin desquelles choses nous eschevins dessusdits auons scellé ces lettres du sceel aux causes de ladite ville, lesquelles furent faites et données l'an et jour dessus dits.

(Extrait du registre aux priviléges de Cassel conservé à la mairie, page 103, verso.)

LXV.

Epoque du décès d'Iolande de Flandre, 12 décembre 1395, et indication précise du lieu de sa mort, qui a été contesté.

1395 (v. s.), *mars*. — A très puissant et très redouté seigneur monseigneur le duc de Bar.

Supplient très humblement provisurs de l'église de Morbeque, comme le chastel de Nieppe est situé dedens le paroche de Morbèque [1], en laquele au plaisir de Dieu ma très redoubtée dame madame vostre mère receut son derrain sacrement et fut apporté hors de le dicte église et termina vie par trespas en ycelle, dont Dieu ait l'âme. Que pour Dieu mon très redoubté seigneur, considéré les choses dessus dictes, qu'il vous plaist de vostre bénigne grace à faire vostre aumousne à ledicte église ; les dessus dis suppléant et tous les bonnes gens de le dicte paroche prieront Dieu dévotement pour s'ame et pour vous, mon très redoubté singneur, que par sa sainte miséricorde il vous tiengne en bonne vie et longue.

(Copie du temps. — Archives du Nord à sa date. Invent. des chartes, vol. VIII, p. 8, et carton B. 1256 ; pièce en papier.)

LXV bis.

Notes sur le château de la Motte-au-Bois de Nieppe [2], souvent habité par la comtesse de Bar, Iolande de Flandre.

Le château de la Motte-au-Bois, au wall ou val de Cassel et dans sa châtellenie, riche domaine avec vaste forêt (*arx regia ampla et valida*), fut bien des fois habité par d'illustres personnages, soit comme propriétaires directs, soit à titre de douaire.

Le comte de Flandre Robert I (le Frison) fit bâtir ce castel et le fortifia comme défense contre les entreprises de l'Artois. Depuis lors, il appartint assez longtemps à ses successeurs.

---

1 *Morbecque*, village appelé Morbeke avant 1251, situé entre Hazebrouck et Saint-Venant, était une seigneurie qui fut érigée en comté en faveur de *Denis de Morbeque*, célèbre comme guerrier et comme diplomate. C'est lui qui reçut l'épée du roi de France, Jean le Bon, vaincu à la bataille de Poitiers. — D'autres hommes remarquables de la famille de Saint-Omer en furent seigneurs, tels *Josse*, le chambellan, et *Charles de Saint-Omer*, savant naturaliste, etc.

2 Il ne faut pas confondre ce *Nieppe*, château-fort en un temps, avec Nieppe, Niepkerke, Nieppeéglise, situé près la Lys et domaine où Marguerite, comtesse de Flandre et du Hainaut, fonda en 1242 un prieuré de religieux. Ce village seigneurial se trouve à l'orient de Bailleul.

L'histoire relate que ce charmant manoir féodal fut habité dès 1192 par Mathilde de Portugal (la reine Méhault), veuve du comte Philippe d'Alsace [1]. Cette demeure devint ensuite, en 1219, par son retour à la Flandre, la propriété féodale de Jeanne de Constantinople ; plus tard il fut habité par Béatrix de Brabant, veuve, depuis 1247, de Guillaume de Dampierre, fils aîné de la comtesse Marguerite, sœur héritière de Jeanne. Béatrix avait reçu ce domaine avec d'autres avantages comme douaire, après 1251 [2]; selon le P. Anselme, elle y vivait encore en 1285.

Robert de Cassel, fils puiné du comte Robert dit de Béthune, posséda la Motte-au-Bois et ses dépendances, dès 1320, comme faisant partie de son apanage comprenant toute la Flandre occidentale extrême [3]. Après ce prince, cette propriété appartint à sa fille Iolande dont nous venons de nous occuper, puis à ses descendants.

A la fin de la première moitié du XVe siècle, ce domaine passa aux mains des ducs de Bourgogne, comtes de Flandre. C'est ainsi qu'Isabelle de Portugal (Isabeau), femme de Philippe-le-Bon, en fut la douairière. Lassée du monde et de la cour, elle se retira dans ce paisible castel et y vécut longues années.

Cette princesse était en même temps dame de Cassel dont son fils Charles, alors comte de Charolais (et plus tard comte de Flandre et duc, sous le nom de Charles-le-Téméraire)

---

[1] Philippus comes Flandriæ, Mathildem, Portugalensis regis sororem, multis locis in nuptiis ditavit, scilicet sancto Audomaro, Ariæ, Duaco, Sclusâ, Orciis, Insula, Nieppa, Cassello, Furnis, Dicomuda, Berghis, Berbuch.
(Ex gisleberti mortensis, D. Bouchet, t. II, p. 375.)

[2] Le bois de Nieppe était estimé valoir en ce temps, 1,650 livres par an.

[3] En 1339 et aux années suivantes, *Wautier de Medekerque* était le châtelain de la Motte-au-Bois *(Castelain de ma dite très haute et puissante Madame de Cassel* (alors encore Jeanne de Bretagne) *de sen castel de la Mote-ou-Bos de Nieppe.*

Ce *Wautier* le fut aussi sous Iolande de Flandre.

prit l'administration; le duc Philippe, son père, lui en accorda le titre de seigneur par acte de 1456.

Le duc Charles-le-Téméraire, père de Marie de Bourgogne, d'où sont issus les rois d'Espagne, laissa à Marie, son héritière, le domaine de la Motte-au-Bois avec beaucoup d'autres non moins importants de ce pays, et ils devinrent peu après la propriété de ces princes qui gouvernèrent les Pays-Bas jusqu'aux conquêtes de Louis XIV en Flandre, à la seconde moitié du XVIIe siècle, et c'est à partir de ce moment que toute la West-Flandre fit retour à la France par le traité de Nimègue, du 17 septembre 1678.

Quant à la forêt de Nieppe, ou *Yepen* (*Ormes* en flamand), elle était dans les temps reculés d'une très grande étendue; quoique aujourd'hui son bois, dont l'orme, le charme et le chêne forment encore l'essence, contienne 2,521 hectares de terre : cette étendue dépassait alors 3,000 hectares [1].

Pour terminer ce petit article, voici l'extrait d'une pièce originale en parchemin des archives du Nord qu'on peut consulter : *compte incomplet des coupes des bois de Nieppe faites en 1319* ; son contenu prouve l'importance de leurs revenus (et déjà du temps de la comtesse Jeanne) : depuis ils n'ont fait qu'augmenter. (Les bois voisins de Clairmarais en étaient des annexes.)

« Chest li comptes abregiés des trois tailles du bois de
« Nieppe, taillées en une année, ke Thomas Braine fist tail-
« liet en hivier mcccxix, venant et ensuiwée chequc vendût
« en est en l'esté mcccxx, dont li payement sont de l'une
« moitiet à la Paske l'an mcccxxi et l'autre moitiet à la
« Saint-Jehan prochain apries ensuiant. »

---

[1] Sylva Niepensis totius Flandriæ maxima atque amenissima.
(Sanderus.)

LXVI.

Extraits du testament de la comtesse Iolande de Flandre, dame de Cassel.

1388, *12 octobre*. — En nom du Père et du Filz et du Sainct Esperit, amen.

Nous, Yoland de Flandres, comtesse de Bar, dame de Cassel et des baronnies et terres d'Alluye et de Montmirail, sçavoir faisons à tous que nous, considérans et attendans les jours et temps de ceste mortelle vie estre briefz et que chose n'est plus certaine de la mort ne moins certaine du jour et heure d'icelle, comme bonne et vraie catholicque et fille de Saincte Eglise, voulans pourveoir au salut et sauvement de nostre âme, saine de cuer, de corps et d'entendement, par la grâce de Dieu, avons, de nostre propre et pure volunté, fait, ordené et devisé, faisons, ordennons et devisons nostre testament, ordonnance et darrène volunté en la forme et manière que cy après est escrite et devisée, en rapplant tous autres testamens par nous fais devant cestuy, lequel voulons estre valable pour nom, manière et tiltre de testament, codicile ou autre quelconque darriène volenté, ainsi que mieux et plus fermement et seurement faire se pourra.

Premièrement, recommandons nostre âme ès mains et en la saincte garde de Nostre Seigneur Jésuchrist et de la très benoite et glorieuse Vierge Marie, sa mère, et de tous saints et sainctes et de toute la benoite court de Paradis.

Item, volons, ordenons et devisons que nos tors faiz soient amendiez et clameurs, si aucunes en venoient ou apparussent après nostre décès contre nous, soient plainement adreciez et appaisiez, ainsi qu'il appartiendra, à nostre plaine descharge, selon ce qu'il semblera mieulx à noz exécuteurs.

Item, volons, ordenons et devisons que toutes noz debtes que nous ou autres pour nous pouvons et pourrons debvoir en quelconque lieu, en quelconques personnes que ce soit qui seront trouvées et prouvées estre loiaulment deues, soient paiées, et que les créditeurs, s'ilz sont dignes de foy, soient creuz par leurs sermens jusques à la somme et value de cent solz.

Item, voulons, ordenons, devisons et eslisons nostre sépulture en l'église de Nostre Dame de Térouane, devant le grand autel on cuer de ladicte église, enclavée dedans les degrés montans du cuer vers ledict grand autel ; à laquelle église laissons, ordenons et devisons la somme de huict cens livres tournois pour acheter quarante six livres de annuelle rente par noz exécuteurs et ceulx de l'église dudit Thérouane, c'est assavoir seize livres de rente pour y faire chacun an, une fois, solemnelment nostre anniversaire à tel jour que nous trespasserons, à départir à ceulx de ladicte église qui présens seront aux vigiles et messes, aux chanoines chacun cinq solz tournois, aux vicaires et chapellains chacun deux solz, pour sonner les cloches aux vigiles et messe vingt cinq solz, et pour luminaire en deux cierges sur ung drap pour la représentation vingt cinq solz, aux enfans de cuer à chacun douze deniers, et le surplus de ladicte somme de seize livres sera distribué et donné as prestres pour dire messes de requiem pour l'âme de nous, le jour dudit anniversaire ; et pour une chappellenie fonder en ladicte église de quatre messes de *requiem* après nostre décès chacune sepmaine, en quatre jours célébrer à l'autel prochain derrier ledit grand autel, trente livres de rente annuelle pour ung chappellain déservant ladicte chapelle, qui sera du corps de ladicte église, portera l'habit et penra distribution comme les autres chappellains.

Item, donnons, laissons et devisons à ladicte église de Thérouane nostre ymage d'argent de Nostre Dame, avec les sanctuaires qui y sont et les adoremens de nostre chapelle qui sont eschaquftez en tant de pièces comme il seront, et auxi les deux draps de parement d'autel, dossier et devancier qui sont yndes ouvères à angéles qui tiennent noz armes, et l'estroit parement vermeil à franges et à perles à mectre sur la quarre de l'autel au devant des nappes, et auxi les meilleurs et plus déliés nappes d'autel que nous avons, que on mect aux bons jours.

Item, ordenons, laissons et devisons à ladicte église de Thérouane les adormemens noirs de chasubles, chappes et autres vestemens ad ce appartenans, se auchuns en avons noirs au jour de nostre trespas, telz et en tant de pièces comme il seront; et se auchuns n'en avons lors, voulons et ordenons que du nostre en soient acheteis uns noirs, par l'ordenance de noz exécuteurs, pour vestir et mectre quant on fera nostredit anniversaire, et avec ce une chasuble noire pour mectre et vestir ledit chapellain quant il dira chacune sepmaine les quatre messes de *requiem* pour nostredicte chapellenie, comme ordené l'avons, ainsi que dessus est dit.

Item, ordenons, laissons et divisons, pour faire nostre service et enterrement, tant pour cire à faire luminaire, pour prebtres à dire messes et pour offrandes, comme pour le mangier et autres choses ad ce nécessaires et appartenans, la somme de mil livres aordenée par noz exécuteurs.

Item, pour donner pour Dieu et départir aux pauvres le jour dudit service, deux cens livres; et se tant y avoit de pauvres qu'il n'en puissent estre asseniz, le sourplus y soit mis par l'ordenance de noz exécuteurs.

Item, voulons, ordenons et devisons que nostre sépulture soit bien et honnourablement faicte par l'ordenance de noz exécuteurs, si en nostre vie ne la faisons faire.

Item, laissons, ordenons et devisons à l'église Nostre Dame de Chartres.....

Item, à l'église de Sainct Pierre de Cassel lassons et devisons la somme de trente livres pour acheter autant de rente comme on en pourra avoir pour faire chacun an nostre anniversaire en ladicte église.

Item, à l'église collégial de Nostre Dame de Cassel vingt cinq livres pour ce mesmes et en tele manière.

Item, à l'église conventual de Warennes, pour ce mesmes, vingt cinq livres.

Item, à l'église des religieuses de Bourbourch, vingt livres pour ce mesmes.

Item, à l'abbaie de Clamars (Clairmarais), vingt livres pour ce faire.

Item, à l'abbaie de la Wastine, pour ce meismes, quinze livres.

Item, à l'abbaie de Rauesberghe, pour ce mesmes, quinze livres.

Item, à l'abbaie de Warneston, où gist feu nostre très cher seigneur et père, de bonne mémoire, monseigneur Robert de Flandres, seigneur de Cassel et des baronnies d'Alluye et de Montmirail, que Dieux pardoint, pour ce faire, quarante livres.

Item, aux hospitaulx de Cassel, Bourbourch, Dunkerke et Warneston, pour Dieu et en aulmosne, pour aidier à acheteir rente perpétuelle pour les pauvres, à chacun d'iceulx hospitaulx, dix livres.

Item, à l'église de Dunkerke, pour acheter rente perpétuelle pour faire nostre anniversaire chacun an, à tel jour que nous trespasserons, vingt livres.

Item, aux prieur et curé de Bornhem, pour acheteir rente pour ce que dit est, dont le prieur aura les deux pars et le curé le tiers, trente livres.

Item, pour ce mesmes, à nostre chapelle de Sainct Thomas en nostre chastel de Nieppe, quinze livres, avec la chasuble, dossier et devantier de drap d'or vermeil, à parer l'autel, avec aubes et amitt de telz parremens.

Item, à celle de Sainct Denis, en nostredit chastel, auxi quinze livres, avec la chasuble, dossier et devantier de parement d'autel, bleux besancez, l'aube et amitt parez de telz paremens.

Item, aux chanoines et chappelains de l'église Sainct

Nicolas en nostre chastel de Montmirail.... trente livres.....

Item, laissons et ordenons la somme de quatre cens livres pour départir aux pauvres mariages, hospitaux, vefves femmes et pucelles à marier, tant en noz terres de Flandres et de Perche, comme en la duchié de Bar, pour Dieu, pour l'âme de nous, en restitution de noz torfais qui ne seroient poursuyne déclairées à en faire par l'ordonnance de noz exécuteurs [1]....

Item, pour ce que feu nostre très chier seigneur et père.... laissa et ordonna en son testament mil livres pour ung homme d'armes faire le sainct voiaige d'outre-mer, à penre la croix, quant commun passage se feroit oultre mer, et depuis n'a point le voiage esté faict, voulons, devisons et ordenons que, quant ledit commun passaige se fera, ung homme d'armes souffisant y soit ordenés et envoiiez qui preigne la croix et face ledit voiage. Pour laquelle chose laissons et ordenons la somme de mil livres tournois, dont nous chargeons noz hoirs pour penre et bailler ladicte somme de et sur tous nos héritaiges, fiés et possessions que nous aurons et avoir pourrons, au jour de nostre trespas, tant en Flandres comme en noz baronnies et terres d'Alluye et de Montmirail et de Nogent le Rotrou....

Et pour toutes et singulières les choses dessus dictes, et cy après escriptes, contenues et comprinses en cest nostre présent testament et darraine volenté.... avons esleu, nommé, constitué et establi, eslisons, nommons, constituons et establissons par ces présentes noz vrais testamentaires et exécu-

---

[1] « **1400**, 6 *mai*, *à Hesseghem*. — Robert, duc de Bar, seigneur de Cassel, mande, par le conseil d'un curé, de distribuer la somme de 20 livres tournois, selon le testament de sa mère (Yolent de Flandre) qui avait ordonné de donner 400 francs aux pauvres pucelles pour les engager à se marier avec de pauvres ouvriers dans toute l'étendue des terres qu'elle possédait. »

(Orig. en papier, cacheté en rouge, etc. — Carton B. 1306.)

teurs de cest nostre présent testament, codicille et darraine volunté : Révérend père en Dieu messire Jehan Tabary, par la grâce de Dieu évesque de Thérouane ; noz amez et féaulx chevaliers et conseilliers messire Jehan, s^r de Lor ; messire Tercelet de la Baire, nostre maistre d'hostel ; m^{re} Jehan de Villeaminou, nostre conseillier, et Jehan de Chastillon, nostre secrétaire, ausquels et aux quatre, trois ou deux d'iceulx, si tous ou plus grand partie n'y pouvoient estre ou vaquer, donnons povoir, autorité et mandement espécial par ces présentes de penre et recevoir tous noz meubles, quelz qui soient et en quelque lieu, tant on royaume de France comme ailleurs, en fère inventoire.... et semblablement lever, recevoir et exploicter toutes et singulières noz debtes que on nous pourra debvoir au jour de nostre décès, et en donner quictances......

Et avons prié et requis aux notaires apostoliques cy desoubz escrips que, en signe de vérité, y weullent mectre leurs signés et subscriptions.

Et nous Jehan Tabari, par la grâce de Dieu évesques de Thérouane ; Jehan, sire de Lor ; Tercelet de la Barre, chevaliers ; Jehan de Ville Animon et Jehan de Chastillon, exécuteurs dessus nommés, à la prière et requeste de nostre très redoubtée dame, devant dite, avons noz scelz mis et appenduz avec le sien à ces présentes, faictes et données l'an mil trois cens quatre vingtz et huict, le douzième jour du mois d'octobre. Présens honnorables personnes sires Giles de Truaucourt, doyen de l'église Sainct Pierre de Cassel ; Jacques Destrasselles, prévost et chanoine de Sainct Pierre de Douay, noz chappellains, et Pasquin Barthelemieu de Morbeke, tesmoings ad ce requis et appellés en nostre chastel de Nieppe. Et ego Johannes Dominicus de Dohem, clericus........

Séellees de six séelz cire rouge sur soye noire, cordon bleu, et doubles queues de parchemin.

(« Trésor des chartes de Lorraine, cartulaire : Mariages et testaments », fol. 296 v° à 303, le testament en entier a treize grandes pages.)

LXVI bis.

Diverses pièces sommaires ayant trait à la succession d'Iolande et des faits postérieurs à son décès.

Hommages au duc de Bourgogne, dénombrements, etc.

1395, *25 décembre, à Paris.* — Lettres de Philippe-le-Hardi, duc de Bourgogne, par lesquelles il accorde à Robert de Bar, jusqu'à la Nativité Saint-Jean-Baptiste pour fournir le dénombrement des terres et fiefs qu'il tient du duc de Bourgogne en Flandre [1].

(Orig. en parch.)

1395, *21 janvier, à Paris.* — Lettres de Philippe, duc de Bourgogne, aux gens des comptes à Lille, au bailli d'Alost et à ses autres officiers, par lesquelles il leur fait savoir que le duc de Bar et marquis du Pont lui a fait hommage des terres qu'il avait au comté d'Alost et dans le comté de Flandre hors le royaume, et qu'ils aient à le laisser jouir de toutes ses terres.

(Orig. en parch. scellé.)

Sous le vidimus des échevins de Gand, du 25 février 1395.

(Orig. en parch.)

1395, *30 janvier, à Paris.* — Mandement de Robert, duc de Bar, marquis du Pont et seigneur de Cassel, à Pierre de Watrelet, son receveur général en Flandre, de payer les salaires raisonnables à ceux qu'il avait commis à dresser son dénombrement des fiefs et seigneuries qu'il tenait en Flandre du duc de Bourgogne.

(Orig. en parch. scellé.)

1396, *juillet.* — Accord entre Guillaume, prévôt de

---

[1] Nous renvoyons à la pièce justificative **LX** *bis d'Iolande* pour l'hommage du duc de Bar Robert au duc de Bourgogne, Philippe-le-Hardi, de 1393, des terres de Flandre du temps de sa mère.

l'église de Watten, et le bailli de Cassel, au sujet de la juridiction des seigneuries de Nordpeene et de Ballinberg.

(Carton B. 1260.)

1396, *3 août, à Breteuil*. — Prolongation accordée jusqu'à la fête de Noël prochain par Philippe, duc de Bourgogne, au duc de Bar, son beau-frère et fils de la comtesse de Bar, dame de Cassel, pour fournir le dénombrement des terres qu'il tenait du duc de Bourgogne tant en France, Flandre et comté d'Alost [1], pendant lequel temps le duc de Bar pourrait recevoir les revenus de ses terres, sans préjudice à la saisie que le duc de Bourgogne en avait fait.

(Orig. en parch. scellé du grand scel du duc de Bourgogne, en cire rouge.— Carton B. 1261, ancien inventaire, t. VII, p. 9.)

Ancien inventaire, t. VII, p. 6 :

1396, *19 novembre, à Arras*. — Lettres par lesquelles le duc de Bourgogne quitte au duc de Bar, moyennant la somme de 2,000 liv. parisis, monnaie de Flandre, le reste des frais et dépens faits pour mettre en la main et obéissance du duc de Bourgogne les châteaux, villes et terres que la comtesse de Bar avait en Flandre.

(Orig. en parch. scellé.— Carton B. 1264.)

Le duc de Bar donne caution pour le paiement de la susdite somme.

1396, *décembre*. — Nouveau délai accordé par le duc de Bourgogne au duc de Bar pour fournir le dénombrement de la châtellenie de Cassel.

(Carton B. 1265.)

1397, *avril*. — Dénombrement des terres de Cassel, Dunkerque, Gravelines et bois de Nieppe, fournies au duc de Bourgogne par Robert, duc de Bar.

(Carton B. 1270.)

---

1 Il existe aux Archives départementales de Lille une quittance de juin 1397, par Guillaume Van den Hille, conseiller du duc de Bar, pour huit journées de vacation à Alost. (Carton B 1271.)

1397, 1ᵉʳ *mai, à Bar.* — Dénombrement rendu par Robert, duc de Bar, marquis du Pont et seigneur de Cassel, au duc de Bourgogne de toutes les terres situées en Flandre qui avaient été données en partage à Robert de Flandre, seigneur de Cassel, par Robert de Béthune, comte de Flandre, son père.

(Cahier de 15 rôles de papier.)

1399, *juillet.* — Retranchement des protestations insérées dans le dénombrement présenté au duc de Bourgogne par le duc de Bar, seigneur de Cassel, et ce sans préjudice aucun desdites réclamations, notamment en ce qui concerne les terres de Merville et de Bailleul.

(Carton B. 1297.)

1400, *avril-mai.* — Causes du refus de l'aveu et dénombrement de la seigneurie de Cassel, présenté au duc de Bourgogne par le duc de Bar.

(Carton B. 1306.)

Inventaire des archives départementales de Lille, t. VIII, p. 12 :

1405. *Donné à Paris, le* xxvɪɪᵉ *jour d'aoust, l'an de grace mil quatre cens et cinq.* — Jean, duc de Bourgogne, déclare avoir reçu l'exprés de son oncle le duc de Bar, seigneur de Cassel, qui dit que, par le trépas de la comtesse de Bar, sa mère, il lui est advenu les terres de Cassel, Bourbourg et autres situées en Flandre, sur lesquelles il a plusieurs grands priviléges dont il demande le maintien. A cet effet, le duc de Bourgogne mande au premier huissier de sa chambre à Audenarde de faire appeler à Bourbourg tous ceux que de droit et leur enjoindre de respecter les priviléges ci-dénoncés.

(Orig. scellé d'un reste du sceau.)

Même inventaire t. VIII, p. 4 :

1405, *11 novembre, à Paris.* — Reconnaissance de Jean, duc de Bourgogne, d'avoir reçu le duc de Bar à l'hommage pour la terre de Cassel et autres qu'il tenait de lui; mande aux gens de son conseil à Audenarde et de sa chambre des comptes à Lille de laisser jouir le duc de Bar de ses biens pourvu qu'il donne son dénombrement en temps dû.

(Orig. en parch. scellé du scel de ce duc en cire rouge, rompu, pendant à simple queue de parchemin.)

LXVII.

Inventaire des biens d'Iolande de Flandre, tenus en fief du duc Philippe-le-Hardi, comte de Flandre.

1395. — C'est le denombrement et adveu des chateaux, chatelleries, villes, terres et possessions que Iolande de Flandre, comtesse de Bar, dame de Cassel, tiens et advoue tenir de très haut, noble et puissant prince Monsieur le duc de Bourgogne, comte de Flandre, à cause de sa comté de Flandre :

Premièrement : le chastel et ville de Dunkerque ; item, le chastel, chastellerie et terre du Bois-de-Nieppe ; item, le chastel, ville et chastellerie de Warneton ; item, la ville de Gravelines [1] ; item, le pont d'Estaires ; la ville et chastellerie de Bourbourg, avec leurs dépendances ; item, la ville et chastellerie de Cassel [2].

Et à icelle cause sui-il pannotière de Flandre avec toutes les noblesses, justices, droits et seigneuries appartenans aux terres et possessions devant dites et se plus y a. Il l'advoue tenir à mon dit seigneur et bailler par denombrement toutefois qu'il viendra à ma connoissance par protestation d'ad-

---

[1] Le duc de Bar Robert eut la permission par lettres de Philippe, duc de Bourgogne, du 24 janvier 1400, de se déshériter des terres, villes et château de Gravelines, et d'en adhériter sa fille Bonne de Bar, comtesse de Saint-Pol. (Voir cette pièce à la p. 37 de notre travail sur l'apanage de Robert de Cassel, de 1864. — Comité flamand de France, t. VII.)

[2] Les villes, terres et châtellenies de *Bergues, Nieuport,* et *Donze* avaient été cédées par Iolande (qui en fut aussi l'héritière après Robert de Flandre, son père) à Philippe-le-Hardi, 1391, 23 juillet, à Nieppe, et 28 juillet, à Paris, en Parlement. — Il en fut de même des terres de *Wattenes* et de la *Bourre.* (Voir p. 35 de notre même mémoire sur l'apanage susdit.)

jouter et diminuer de plus à plain déclarer, ce mestier ce est, faire en outre si comme il appartiendra de raison.

En témoins de ce ay-je mis mon scel à ces présentes lettres.

Donné à Paris, le sixième jour du mois de mars l'an mille-trois-cens nonante cinq (avant Paques).

(Extrait des archives de Flandre.)

Obs. — Cette pièce fait ici double emploi; elle est mentionnée au n° 62, mais sans notes.

LXVII bis.

Dénombrement des biens d'Iolande en Flandre orientale.

Pour ce qui regarde les biens de la comtesse de Bar Iolande en *Flandre orientale*, on les voit dénombrés par son fils, le duc de Bar Robert, comme suit [1] :

1406. — C'est le denombrement des chastels, chastelleries, terres, rentes revenues et possessions, noblesses, haulteurs et justices que je, Robert, duc de Bar, seigneur de Cassel, tiens et avoue tenir en Flandres, en ce qui est tenu de l'Empire, de mon très cher et grand seigneur Mgr le duc de Bourgogne, comte de Flandre, d'Artois et de Bourgogne, c'est assavoir :

Les chastels, chastelleries et terres de *Bournhem* et des appartenances, à cause de *Viezbourg* de *Ghandt* et les terres de *Roddes, Muntes, Boëtelaer* et *Melle* et leurs appartenances à cause de la *comté d'Olon*, qui furent baillées en partage par

---

[1] Outre *Donze* cédé à Philippe-le-Hardi par la comtesse, comme nous venons de le noter. — Quant aux terres et seigneuries *orientales de Flandre*, telles que *Roedes, Vindich* et autres, elles furent données par le duc Robert à Robert de Bar, fils de feu Henry d'Oisy, son aîné, en avril 1409, en même temps que *Dunkerque, Warneston*, etc. C'est ainsi que ces domaines devinrent les propriétés de Marie de Vendôme, aïeule du roi de France, Henri IV.

Mgr Robert, jadis comte de Flandre, à feu, de bonne mémoire, mon grand seigneur et père messire Robert (de Cassel), que Dieu absouille, fils mainsné dudit comte et frère de messire Lois, jadis comte de Nevers et de Rethel.

Les quelles terres je tiens et possède à cause de la succession de feue ma très chère et aimée dame et mère, à qui Dieu pardoin, Madame Iolande de Flandre, comtesse de Bar et dame de Cassel, fille du dit messire Robert de Flandre, etc.

Donné à Bar, le second jour du mois de novembre l'an MCCCCVI.

LXVIII.

Pièces supplémentaires regardant certaines questions religieuses des cartons de la série B, des Archives départementales de Lille.

Nous avons tenu à produire des sommaires d'affaires religieuses d'Iolande dont les actes originaux sont déposés aux archives départementales, parce qu'ils sont intéressants sous plusieurs rapports. Tout en prouvant, comme les précédents (pages 105, 106, 107 et 108), les sentiments intimes de la dame de Cassel, comtesse de Bar, ces sommaires résument les habitudes et tendances du clergé au XIVe siècle, dans le Barrois et particulièrement dans les Flaudres, etc.

(Nous verrons aux pièces justificatives n° LXXII que Iolande s'occupa beaucoup alors, et aux années suivantes, de religion).

1344, *décembre-janvier* (v. s.). — L'official de Térouanne mande au doyen de chrétienté de Bailleul de déclarer à la dame de Cassel qu'il n'a pas entendu, par les monitoires accordés à Colle de Coysancourt, veuve d'Alerin dit Mulard, préjudicier à ses droits de haute justice dans le bailliage de Nieppe, et qu'il consent que cette dame fasse procéder contre ladite Colle, accusée d'avoir participée au meurtre commis sur ledit Alerin.

(Carton B. 797.)

1346, *avril-juillet.* — Clément VI, pape, permet à Iolande, comtesse de Bar, d'avoir un autel portatif pour y faire célébrer la messe et autres offices divins.
(Carton B. 804.)

1346, *avril-juillet.*— Clément VI, pape, accorde à Iolande, comtesse de Bar, le pouvoir de faire célébrer la messe et autres offices divins à voix basse et sans sonner les cloches, dans les églises interdites et lieux excommuniés.
(Carton B. 804.)

1353, *juin-juillet.*— Clément VI, pape, autorise Iolande, comtesse de Bar, dame de Cassel, à choisir un confesseur.
(Carton B. 836.)

1354, *août-octobre.*— Jean, roi de France, commet Philippe, évêque de Tournai, et Regnaud de Molinis, secrétaire dudit roi, afin de poursuivre à Rome la levée des excommunications et autres peines prononcées contre les Flamands, à la requête des rois de France.
(Carton B. 840.)

1354, *août-octobre.*— Innocent VI, pape, absout le comte et les habitants de Flandre de l'excommunication par eux encourue, pour les infractions faites à la paix jurée entre le roi de France et ledit comte.
(Id. 840.)

1354, *novembre-janvier* (v. s.) — Philippe, évêque de Tournai, délégué par le pape, lève tous les interdits et sentences d'excommunication, prononcés contre les Flamands, pour n'avoir pas exécuté les traités de paix entre les rois de France et le pays de Flandre.
(Carton B. 841.)

1356, *le 11 d'avril* (v. s.) — Lettres de François, évêque de Florence, légat du Saint-Siége, par lesquelles il accorde à Iolande, dame de Cassel, de ne pas jeûner pendant le carême, si son confesseur le permet, lequel confesseur en sera chargé sur sa conscience.
(Carton B. 852).

1357, *novembre-janvier* (v. s.) — Quittance par Hamart, frère de la maison de Saint-Antoine-du-Pont, d'une somme reçue d'Iolande, comtesse de Bar, dame de Cassel, pour la fondation d'une messe perpétuelle, chaque dimanche.

(Carton B. 857.)

1360, *février-mars* (v. s.) — Iolande, dame de Cassel, déclare que, par son ordre, Guillaume Tonnelare, son receveur en Flandre, a donné à Reigneron, bourgeois de Bar, une somme qui doit servir à acheter des épices et provisions pour elle en carême.

(Carton B. 869.)

1362, *avril-mai*. — Les doyen et chapitre Saint-Pierre de Cassel promettent d'entretenir la fondation d'une grand'messe tous les samedis, faite par Iolande, comtesse de Bar et dame de Cassel.

(Orig. en parch. scellé du sceau du chapitre, en cire jaune pendant à double queue. — Carton B. 875. t. 9 de l'inventaire des Archives du Nord, p. 157.)

1362, *à Avignon, 10 des kalendes d'avril 23 mars.* — Lettres (en latin) de Guillaume, cardinal-diacre, par laquelle il donne pouvoir à l'évêque de Tulles, d'absoudre Iolande de Flandre, comtesse de Bar, des sentences d'excommunication qu'elle avait encourues pour crimes contre des clercs, églises et autres.

Lettre de même date pour absoudre les personnes de la maison de la comtesse de Bar, pour mêmes crimes.

Ancien inventaire VII, pris à cette date de 1362.

1362, *à Avignon, 10 des kalendes d'avril*, la 10ᵉ année du pontificat d'Innocent VI, *23 mars*. — Lettres (en latin), de Guillaume, cardinal-diacre, par laquelle il donne pouvoir à l'évêque de Térouanne, d'absoudre Iolande, comtesse de Bar et dame de Cassel, à cause d'une sentence d'excommunication par elle encourue, pour avoir fait forger de la fausse monnaie de France.

(Orig. en latin, parch. dont le scel est tombé. Carton B. 879.)
Ancien inventaire VII, p. 5, de cette année.

En **1365** (v. s.) — Un interdit ecclésiastique est mis sur les terres de Cassel et Bourbourg, appartenant à Iolande.

Inventaire des Archives du Nord, t. X.

1366, *mai-juin*.— Robert, évêque de Térouanne, mande aux doyens de chrétienté de Bourbourg et de Cassel, de faire publier ès-dites villes, la cessation des offices divins dans l'abbaye de Bourbourg, à cause des offenses faites à la juridiction ecclésiastique par la dame de Cassel, ses gens, la prieure et ledit couvent.

(Carton B. 898.— Voir aux pièces justificatives).

1366, *juillet-août*.— Les doyen et chapitre de Saint-Pierre de Cassel donnent quittance d'une somme à eux partagée par le receveur de la dame de Cassel, pour un quartier de la rente assignée à ce chapitre sur le tonlieu de ladite ville par cette comtesse, pour la fondation d'une messe solennelle par semaine.

(Carton B. 899.)

1366, *août-novembre*.— L'official de Térouanne mande au doyen de chrétienté et aux prêtres de son diocèse de faire publier, dans toutes les églises et sur les cimetières, de ne point retenir, sous peine d'excommunication, les dîmes qui appartiennent à Robert, évêque de Térouanne, à Hazebrouck, Vallon-Cappel et Praelle, sis en la seigneurie de Cassel.

(Carton B. 900.— Registre inventaire X.)

1367. — Absoute de divers méfaits par Iolande : fausse monnoie, etc.

Inventaire t. X.

1367, *à Avignon, le jour des nones de mai*, la 3e année du pontificat d'Urbain V. — Lettres (en latin) de Guillaume, cardinal-prêtre du titre de Saint-Laurent-en-Lucine, pour laquelle il donne pouvoir à l'évêque de Toul d'absoudre la comtesse de Bar de l'excommunication qu'elle avait encourue pour avoir fait mourir Raoul de Bonney, prêtre-chanoine de l'église de Verdun, et pour avoir commis plusieurs autres crimes.

(Orig. en parch. scellé d'un scel oblong en cire rouge enchassée dans de la cire blanche, pendant à un cordon de cire verte. — Inventaire 10 et Carton B. 904.)

1367, *septembre-novembre*. — Absolution donnée par le vicaire de l'église de Toul, à Iolande, dame de Cassel, pour avoir fait fabriquer de la fausse monnaie et fait mourir Raoul de Bonney, chanoine de Verdun.

(Carton B. 908.)

Voir l'inventaire des Archives du Nord, t. VII, p. 5.

1369. — Le prieur des Frères-Prêcheurs de France permet que les frères de son ordre mangent de la viande lorsqu'ils sont à la cour de la comtesse de Bar, dame de Cassel.

1370, *janvier-mars* (v. s.). — Gérard, évêque de Térouanne, confirme la fondation faite par Eloi Surien, receveur du bois de Nieppe, d'une chapelle sous l'invocation de Saint-Christophe, en l'église de Morbecque.

(Carton B. 930).

1371, *avril-juin*. — Gai, prieur général de l'ordre des Frères-Ermites de Saint-Augustin, associe Iolande, dame de Cassel, aux prières dudit ordre.

(Carton B. 932.)

1372, *novembre-janvier* (v. s.). — Quittance du chapitre Saint-Pierre de Cassel, d'un à-compte de la rente due par la dame de Cassel à ce chapitre pour la fondation d'une messe solennelle par semaine.

(Carton B. 940.)

1376, *juin-septembre*. — Pierre, abbé de l'église de Saint-Ived de Braine, déclare avoir reçu de Jean de Hellin, receveur de la dame de Cassel, à Warneton, une somme pour les arrérages d'une rente perpétuelle due par ladite dame à cette abbaye, sur le travers de Warneton.

(Carton B. 954.)

1376, *septembre-octobre*. — Sentence de l'official d'Arras, qui renvoie à quinzaine les deux procureurs de la dame de Cassel, qui prétendaient à l'exclusion l'un de l'autre, défendre ladite dame au sujet de la succession d'un prêtre bâtard, chanoine de Cassel, contre le chapitre de cette ville qui affirmait n'être point sujet à ce droit.
(Carton B. 955.)

1376, *mars* (v. s.). — Iolande, comtesse de Bar, et le chapitre Saint-Pierre de Cassel, remettent à des arbitres la décision du procès soulevé entre eux à cause de la succession d'un chanoine de Cassel, bâtard.
(Carton B. 957.)

1378, *juin*. — Jean, abbé et les religieux de l'abbaye de Saint-Augustin-lez-Térouanne, promettent de célébrer tous les ans une messe pour Iolande, dame de Cassel, et de la rendre après son trépas, participante aux prières de ce monastère.
(Carton B. 964.)

1378, *janvier-février* (v. s.). — Clément VII, pape, autorise les huit clers ou chapelains d'Iolande de Flandre, dame de Cassel, à percevoir les revenus de leurs bénéfices bien qu'ils ne fussent pas de résidence.
(Carton B. 970.)

1379, *20 mai* (en latin). — Lettres de l'official de Reims qui annulent la sentence de l'évêque de Térouanne et de ses officiaux qui avaient fait cesser l'office divin à Cassel.
(Orig. en parch., scellé. — Invent. X, p. 476, n° 7020.)

1379, *sans date*. — Mandement adressé aux doyen et chapitre de Saint-Pierre de Cassel pour recevoir en qualité de clerc et conseiller Henri du Briart (*sic*) [1].
(2e cartulaire de la dame de Cassel, p. 105.)

1380, 25 *février, au château de Nieppe* (en latin). — Fon-

---

[1] Iolande avait une collation de prébende à Saint-Pierre de Cassel. — Voir *notre historique des collégiales de Cassel*.

dation de la chapelle de Saint-Denis au château de Nieppe, paroisse de Morbèque, par Iolande de Flandre, comtesse de Bar, pour y dire des messes pour elle, pour son père Robert de Flandre, seigneur de Cassel, et pour sa mère Jeanne de Bretagne, fille d'Artus, duc de Bretagne. Pour l'entretien de laquelle chapelle ladite comtesse donne 40 francs de rente à prendre sur le sous-bailliage de Cassel appelé *Martghelt*. La chapelle susdite était destinée à la célébration des offices.

Cette fondation a été confirmée le 13 ou 17 janvier 1381, par l'abbé de Saint-Augustin-lez-Térouanne, ordre des Prémontrés.

Ancien registre d'inventaire n° VII.— (Carton B. 994).

1382, *juin* (en latin). — Le prieur et définiteurs du chapitre général du Val-des-Ecoliers, déclarent avoir associé Iolande de Flandre, dame de Cassel, aux prières dudit ordre.

(Orig. en parch.— Carton B. 998.)

1391, *octobre*. — Eloi Seaet, bailli d'Ypres, Ghéraerd, Du Bos, écuyers, commissaires du comte de Flandre, chargent Jacques Roelot, Jean de Dickebusch et Joris Derelehaghe, sergents du duc au bailliage d'Ypres, d'assigner devant lesdits commissaires, les abbé et religieux de Saint-Bertin, ainsi que la dame de Cassel, à Saint-Omer, au sujet du débat qui est entre eux.

(Carton B. 1141.)

1395, *septembre*.— Association d'Iolande, dame de Cassel, aux prières et bonnes œuvres des religieux de Citeaux.

(Pièces du n° LXIX.— Carton B. 1250.)

LXIX.

Autres sommaires de documents relatifs à Iolande de Flandre, mais de nature principalement administrative [1].

Nous ne donnerons ici qu'une partie des principaux som-

---

[1] Extraits de l'Inventaire sommaire des archives du Nord.

maires d'actes de la comtesse Iolande durant ses longues administrations seigneuriales et sa gérance du comté de Bar [1]. Ceux que nous avons collationnés, de l'époque antérieure à son mariage, se trouvent mentionnés au chapitre consacré à sa mère Jeanne de Bretagne qui, nous le savons, fut sa tutrice.

Quant aux sommaires de documents concernant Iolande de Flandre, d'elle émanés à partir de l'année 1340, et par conséquent à partir du moment où elle fut unie au comte de Bar Henri IV, ils se trouvent cités à la fin du texte regardant ce prince jusqu'à 1344, année où il mourut.

Nous pouvons affirmer qu'il n'y a pas de personnage dont les papiers existent à l'hôtel des archives du Nord à Lille, qui ait fourni pendant plus de cinquante années, autant de titres et autres pièces intéressantes de toutes sortes, qu'Iolande, fille de Robert de Cassel, sans compter les nombreuses quittances, mandements, lettres et ordres, d'un intérêt secondaire, sur Cassel et les châtellenies voisines de la *Flandre occidentale extrême*, dépendantes de cette dame, feudataire de premier ordre.

Nous ne nous appesantirons pas sur les documents particuliers au Barrois, que la comtesse administra comme tutrice et régente, et nous négligerons de mentionner d'autres pièces officielles concernant Iolande qui ont rapport à la baronnie d'Alluye et de Montmirail au Perche, ainsi qu'aux domaines héréditaires de la fille de Robert de Flandre. Il en est de même des documents sur la Puisaye en Auxerrois, dont la comtesse fut longtemps la douairière [2] à cause de son premier mari.

---

[1] Il nous serait impossible de donner ici tous les sommaires de pièces concernant Iolande, comtesse de Bar, encore conservées, leur nombre, outre celles mentionnées dans les cartulaires de la *dame de Cassel*, s'élève à plus de 400. Nous devons par conséquent laisser à d'autres le soin de parler de toutes ces pièces dans des travaux historiques dont le but serait moins restreint que le nôtre.

[2] Voir nos « *Recherches historiques sur la Puisaye* et ses seigneurs de la maison de Bar du XIIIe et du XIVe siècle », publiées en 1869 dans les « Annales de la Société des sciences d'Auxerre ».

Notre principal but, nous l'avons dit, est de nous arrêter aux faits regardant les domaines de l'apanage de Robert de Cassel de 1320 [1] de la West-Flandre qui furent transmis aux descendants d'Iolande, son unique héritière.

1345, *août-novembre*. — Quittance par Jean Grelle, procureur, d'une somme reçue pour les frais des procès de la dame de Cassel.
(Carton B. 800.)

1352, *mai-septembre*. — Etat des dépenses de l'hôtel de Iolande, comtesse de Bar, dame de Cassel, et des personnes employées pour le service dudit hôtel.
(Id. 831.)

1353, *mai*. — Iolande, dame de Cassel, confirme la vente faite par Bernard Prieur à Jean de Le Delf, de terres et rentes sises en la châtellenie de Cassel.
(Id. 833.)

1353, *juillet-septembre*. — Henri, prévôt de Clermont, certifie que Renaud, varlet de ladite comtesse de Bar, a reçu du receveur de Clermont, une somme et trois chevaux pour aller en Flandre au-devant d'elle.
(Id. 837.)

1357, *avril-mai*. — Iolande, dame de Cassel, concède à Robert, sire de Ficules (Fiennes), châtelain de Bourbourg, le tiers des confiscations, bâtardises et déshérences à échoir en ladite châtellenie pendant deux ans, sans que cette possession puisse lui attribuer aucun droit.
(Id. 854.)
Ancien inventaire VII ou VI ?

1357, *vendredi, 2 juin*. — Lettres des bailli et hommes de la cour de Cassel qui déclarent Coeuraet non coupable d'un meurtre.
Sous le vidimus d'André, abbé de Saint-Winoc de Berghes.
(Orig. en parch., scellé. — Carton B. 855.)

---

[1] *L'Apanage de Robert de Flandre*, de 1320, fait le sujet de l'un de nos mémoires précédents, qui a été publié à Lille en 1864, dans les « Annales du Comité flamand de France ».

1357, *janvier-mars* (v. s.) — Lettres de Robert, sire de Fiennes, contenant l'accord entre Iolande, dame de Cassel, et le sire de Fiennes, châtelain de Bourbourg, connétable de France, réglant les droits qui appartiennent au sire en sa qualité de châtelain.

(Carton B. 858.)

Extrait des comptes rendus par les receveurs de la comtesse de Bar en Flandre, depuis 1357 jusqu'à 1407, concernant les compositions, rémissions et pardons faits par les seigneur et dame de Cassel.

(Reg. VIII, p. 5 de cette année.)

1358. — *Donné à Warneston, le* VIIIe *jour d'avril, l'an de grâce* MCCCLVIII. — Mandement d'Iolande de Flandre, comtesse de Bar et dame de Cassel, à Jean Le Blonde, receveur de Nieppe, de délivrer à Tassin Le Waghenare, receveur de Warneton, la somme de 800 livres parisis pour aider à payer des ouvrages faits au château dudit Warnêton.

(Orig. en parch.; scel perdu.)

1360, *17 février.* — Iolande donna 100 écus de 24 sols la pièce, qui valent six-vingt, monnaie de Flandre, pour acheter épices et provisions pour elle en carême (à Reigneron, bourgeois de Bar).

(Invent. IX., n° 4905, p. 71.)

Vers **1360.** — Eloi Surien, de Nieppe, receveur d'Iolande, dame de Cassel, de Zuydcoote [1], etc.

(Voir p. 123 du t. II des « Annales du Comité flamand. »)

1360, *juillet.* — Etat de ce qui est dû à Dunkerque

---

1 Il est singulier que l'on donne ici le titre de dame de *Zuydcoote* à Iolande, tandis qu'elle était dame de tant de lieux importants de ces contrées.

A propos de ce nom de village près de Dunkerque, autrefois on disait Soût-Côte (*Côte-au-sel.*) Peut-être y avait-il là, pas loin des Moëres, des marais salants comme on en voit aux côtes de Bretagne près de Guérande et le Croisic ?

— Que voudrait dire Zuyd-coote (ou côte du Sud) pour une situation toute septentrionale ?

pour la dépense de l'hôtel d'Iolande [1], dame de Cassel, faite aux *Renenghes* du mois de juillet.

(Carton B. 862, et ancien invent. VII et vol. IX, p. 31.)

1360, *juillet-novembre*. — Dépenses faites à Nieppe par Mes Thiébaut, Colinet Le Clerc, André Le Paintre, Jean de Valenciennes, Willaume Longhemance, Baudelet Le Keuz et autres, ainsi que leurs valets, duquel lieu Iolande, dame de Cassel, partit pour se rendre vers Bourbourg.

(Carton B. 867.)

1360. — Hue de Lorraine réclame contre Iolande, dame de Cassel, et le comte de Bar, la dot de Mahaut de Flandre, femme de Mathieu de Lorraine [2].

(Carton B. 870.)

1360, *avril-juin*. — Marie d'Artois, comtesse de Namur, certifie que les biens de Mahaut de Flandre, femme de Mathieu de Lorraine, laissés par son testament à Robert de Flandre, seigneur de Cassel, ont été ensuite donnés par elle à Robert de Namur.

(Carton B. 865.)

1360, *février-mars*. — Iolande, dame de Cassel, fait un accord avec Robert de Namur par lequel ils décident de nommer des arbitres pour débattre et juger leurs demandes respectives.

(Id. 869.)

---

1 Iolande possédait un hôtel à l'extrémité nord de cette ville, c'est le château dit des *Dunes*, qui touchait au port et que son fils Robert habita aussi quelque temps.

Elle séjournait au château du bois de Nieppe en 1360, vers juillet. La comtesse partit de là pour se rendre à Bourbourg. Il reste un état des dépenses qu'elle y a faites. (Carton B. 867.)

2 Voir pour ce procès au texte et aux pièces justificatives de Jeanne de Bretagne (article *Contestations*). Ces différends commencèrent déjà du temps de Robert de Cassel et dès la mort de sa sœur Mahaut de Flandre, survenue en 1329.

1360. — Demandes et répétitions faites par Iolande, comtesse de Bar, dame de Cassel, à Robert de Namur.
(Id. 870.)

1360. — Demandes par Robert de Namur à Iolande, comtesse de Bar, dame de Cassel.
(Id. 870.)

1361, *décembre-janvier* (v. s.). — Accord entre le seigneur de Dringham, Malin de Le Nieppe, trésorier de Cambrai; Villaume Le Tolnare, receveur de la dame de Cassel, d'une part; Jean de Varennes, prévôt du chapitre Saint-Pierre d'Aire, et Jacques de Cambronne, au nom de ce chapitre, d'autre part, sur ce que ladite dame prétendait que le bailli du chapitre à Cappellebrouck ne peut mettre aucun malfaiteur à la question sans la présence du bailli de Bourbourg.
(Id. 873.)

1362, *août-septembre*. — Adhéritement donné par les bailli et hommes de la cour de Cassel à Thiébaut de Bourmont d'une rente sise à Neuf-Berquin et tenue en fief de la dame de Cassel, à lui vendue par Jean de Beauval, seigneur d'Haveskerque et de Neuf-Berquin.
(Id. 877.)

1362, *octobre-janvier* (v. s.). — Marguerite, comtesse de Flandre, consent que Thierry de Hazebrouck, bailli de Cassel, puisse s'emparer dans le comté d'Artois et dans ses autres terres, de tous les malfaiteurs sujets et justiciables de la dame de Cassel.
(Id. 878.)

1362. — Comptes des revenus et rentes de la comtesse de Bar, dame de Cassel, au Pont-d'Estaires, Steenwerck, Robermès? et appartenances, rendus par François Delebecque.
(Id. 880.)

1364, *juin-juillet*. — Iolande, dame de Cassel, renonce à ce qu'elle peut prétendre sur les bourgeois de Dunkerque,

à cause de plusieurs d'entre eux que son bailli avait emprisonnés.
(Id. 886.)

1364, *septembre*. — Obligation d'une somme donnée par les villes de Dunkerque, Bourbourg, Gravelines et plusieurs chevaliers et écuyers, au profit de François Chiabodano qui avait prêté ladite somme à la dame de Cassel.
(Id. 888.)

1364, *septembre*. — Iolande promet garantir les échevins de Bourbourg du cautionnement par eux souscrit en sa faveur, pour une somme à elle prêtée par François Chiabodano.
(Id. 888.)

1364, *octobre-mars* (v. s.). — Quittance par Warris de Brie, curé de Cheminon, d'une somme reçue de Girard Massat, prévôt de Révigny, pour les dépens de son logement et de ses chiens en allant à Clermont, vers la dame de Cassel, pour chasser avec cette dame, et pour les dépens faits en revenant de ladite chasse.
(Id. 889.)

1365, *13 septembre*. — Eloi de Staples, sous-bailli de Cassel, déclare que, en présence de Bauduin de Hallines, receveur de la comtesse de Bar, et de plusieurs hommes vassaux de la cour de Cassel (dont les noms sont cités), comparut Guillebert de Winnizelles, receveur des tailles de cette châtellenie, qui rendit ses comptes pardevant eux et les trouvèrent justes.
(Copie en parch. — Carton B. 895.)

Invent. IX, p. 464, no 5828. (Il suit un autre de 1360.)

1365. — Mémoire de la dépense faite à Varennes pour la dame de Cassel qui s'y rendit avec quarante-cinq chevaux.
(Carton B. 896.)

1366, *mai-juin*. — Les bourgmestres et échevins de Dunkerque déclarent que si la comtesse de Bar, leur dame, révoque les lettres par lesquelles ses sergents porte-masses et autres en ladite ville ne peuvent vendre vin et autres boissons, ni jouir de la franchise des autres bourgeois, ils laisseront lesdits sergents jouir des priviléges de cette ville.

(Id. 898.)

1366, *juillet-août*. — Jacques, prévôt de l'église Notre-Dame de Watten, reconnaît que Bauduin de Hallines, receveur d'Iolande, comtesse de Bar et dame de Cassel, lui a payé les arrérages d'une rente perpétuelle à lui donnée par ladite dame.

(Id. 899.)

1368, *septembre-février* (v. s.). — Iolande, dame de Cassel, retient à son service Jean Haquelin, pour la conseiller dans la garde de ses droits et héritages, sauf contre Louis de Namur et ceux de la ville d'Ypres.

(Id. 912.)

1368, *mars* (v. s.). — Perrin, valet des palefrois de la comtesse de Bar, dame de Cassel, reconnaît que le receveur de ladite dame lui a fourni la somme nécessaire pour ses dépenses pendant son séjour à Clermont, où il s'était rendu pour y conduire deux merues (juments).

1368, *mars-avril* (v. s.). — Compte par Jean Terdeghem, bailli de la dame de Cassel, de tout ce qu'il a reçu des biens du Weede?

(Id. 914.)

1369, *avril*. — Robert, sire de Fiennes, connétable de France, déclare avoir reçu de Guillaume Rapponde, marchand de Lucques, une somme à lui prêtée par Iolande, dame de Cassel.

(Id. 915.)

1369, *mai*. — Iolande de Flandre, comtesse de Bar, dame de Cassel, déclare que la priste faite par son bailli d'Adrien Gadin, bourgeois de Dunkerque, ne portera aucun préjudice aux droits et lois de cette ville.

(Carton B. 916. — Ces lettres sont datées de Gand. Invent. X.)

1369, *25 juin*. — Iolande fait payer à son fauconnier 27 francs d'or pour le prix d'un cheval qu'il perdit dans le voyage de Bretagne pour porter, de la part de la comtesse, quatre faucons à ses cousins le duc de Bretagne et le sire de Laval.

(Orig. en parch. — Archives du Nord à Lille.)

1369, *juin-juillet*. — Iolande, dame de Cassel, mande à son receveur en Flandre, Guillebert du Dam, de payer à Guillaume Longuemanche, son fauconnier, une somme pour le prix d'un cheval qu'il perdit dans le voyage par lui fait en Bretagne pour, de la part de ladite dame, porter quatre faucons à ses cousins le duc de Bretagne et le sire de Laval.

(Orig. en parch. — Carton B. 919.)

1369, *octobre*. — Charles V, roi de France, fait ajourner au Parlement la dame de Cassel et son capitaine de Nogent-le-Rotrou pour se voir condamner à remettre à Jean Lagogne, ci-devant capitaine dudit château de Nogent, les effets y délaissés par lui, et ladite dame à payer en outre audit Jean une somme à lui due pour ses gages.

(Id. 921.)

1369, *décembre-février* (v. s.). — La dame de Cassel rend une ordonnance pour la vente des tailles de la forêt de Nieppe.

(Id. 923.)

1369, *décembre-février* (v. s.). — Louis, prieur de Notre-Dame de la Chapelle en Fava, reconnaît avoir reçu de la dame de Cassel, par son châtelain de *Manicamp*, une certaine quantité de blé qu'il reçoit annuellement sur les moulins dudit Manicamp pour son prieuré.

(Id. 923.)

1370. — Ecritures pour la comtesse de Bar, dame de Cassel, pour défendre, pardevant le conseil de la comté de Flandre, le jugement rendu par les officiers de cette dame à Nieppe, contre Guillaume Hallouart, exécuté pour meurtre et dont la veuve prétendait faire revoir le jugement, attendu que son mari était clerc.

(Id. 931. — Rouleau de papier. — Archives du Nord.)

1370, *avril-juin*. — La dame de Cassel commet Eloi Surien, son clerc, pour informer avec le bailli de Nieppe et autres de quelle manière on pourra séparer et limiter le bois qui appartient à la dame de Thiennes dans la forêt de Nieppe.

(Id. 927.)

1370, *avril-juin*. — Obligation d'une somme souscrite au profit de Thomas Bonderan et Brunet Carbon, lombards de Bruges, par Iolande, dame de Cassel; Jean, sire de Drincham, Thierri de Hazebrouck, chevaliers; Pierre de Le Nieppe, Eloi Surien, Jean de Wallon-Cappel, écuyers, et les bourgmestres et échevins de Dunkerque et de Gravelines.

(Id. 927.)

1371, *février-mars* (v. s). — Quittance passée devant le bailli de Dunkerque des sommes payées par François Delebecque pour ouvrages faits au château de Cassel.

(Id. 934.)

1373, *juillet-octobre*. — Quittance de Wautier de Hallewen, châtelain et garde du château au bois de Nieppe, d'une somme reçue de la dame de Cassel pour une année de ses gages de garde dudit château.

(Id. 943.)

1373, *juillet*. — Quittance de Pierre Jehans d'une somme reçue pour la garde de la maison de la dame de Cassel appelée le Bourg, à Dunkerque.

(Id. 943.)

1373, *15 octobre*. — Quittance de Wautier de Hallewen, chevalier, châtelain et garde du château du bois de Nieppe, de 300 livres parisis à lui payées par Eloi Sumen, receveur de la comtesse de Bar, dame de Cassel, pour une année de ses gages de garde dudit château.

(Id. 943.)

1375, *mai-août*. — Iolande, dame de Cassel, mande à Wautier de Hallewin, bailli de Cassel, de rendre quitte Orengoix de Réli d'une somme par lui due à ladite dame, à cause d'une seigneurie et justice sise à Rubrouck, tenue de la terre de Cassel, que Gui, sire de Réli, a cédée audit Orengoix, son frère, pour son partage.

(Id. 951.)

1376, *octobre-février* (v. s.). — Iolande, comtesse de Bar, dame de Cassel, mande à son receveur général en Flandre de payer à Toussart Merlin, gouverneur de la pourvoirie du château de Nieppe, une somme pour ouvrages qu'il a fait faire audit château.

(Id. 956.)

1376. — Permission de porter un couteau-pointe (coutel à pointe) accordée à Jean Alqin.

(2e cartulaire de la dame de Cassel, p. 42.)

1376, *le lundi 6 octobre*. — Quittance d'une somme de 1,200 livres en laquelle était tenu Thierri de Hazebrouck, à cause d'une composition qu'il devait payer pour le soupçon de la mort de Jean Surien.

(2e cartulaire id.)

1376, *le dimanche 8 mars*. — Mandement adressé à Clay Elgard, bailli de la *Noviescare* (sic) [1], pour recevoir la déshéritence d'un fief.

(2e cartulaire id.)

1378, *7 septembre, à Cassel*. — Lettres des échevins et conseil de la ville de Cassel portant promesse d'exécuter et observer les priviléges accordés par la comtesse de Bar, dame de Cassel, le 6 août 1378, au château de Nieppe, pour l'établissement de la draperie dans la ville de Cassel et le métier d'icelle dit les Onze-Paroisses.

(Orig. en parch. scellé du scel de ladite ville.— Carton B. 967. Archives du Nord.)

1 Est-ce la *Noordvierschare* de Cassel ?

1379, *mars* (v. s.). — Commission par la dame de Cassel pour informer au sujet d'une rixe entre Hasse Wennel et Jean de La Haye, du Mont-Cassel.

(Carton B. 977.)

1381, *janvier-février* (v. s.). — Ordonnance d'Iolande, dame de Cassel, touchant la vente des tailles de la forêt de Nieppe.

(Id. 995.)

1381, *janvier-février* (v. s.). — La dame de Cassel donne à Jean Perrenot dit de Châtillon, en récompense de ses services, une rente viagère à prendre sur sa recette générale en Flandre.

(Id. 995.)

1382, *juin-juillet*. — Iolande de Flandre, comtesse de Bar, dame de Cassel, mande à Firmin Picavet, receveur de la forêt de Nieppe, de remettre tous les deniers de sa recette à Pierre de Le Hole, son receveur général en Flandre.

(Id. 1000.)

1386, *juin-juillet*. — Clément VII, pape, dispense les huit chapelains d'Iolande, dame de Cassel, de résider en leurs bénéfices et leur permet d'en percevoir les revenus.

(Id. 1049.)

1386, *juillet-septembre*. — Jean, seigneur de La Chapelle, souverain bailli de Flandre, déclare avoir reçu Guillaume, comte de Namur, à l'hommage des terres de Bailleul, Peteghem et Quatre-Métiers, tenus du comte de Flandre et à lui échus par la mort de Louis de Namur, son frère.

(Id. 1050.)

1386, *octobre-novembre*. — Sentence rendue par Iolande, dame de Cassel, contre Arnoul Du Wez, chevalier, pour violences et injures commises envers Desramez Du Gardin, capitaine de l'église de Capellebroucq.

(Id. 1054.)

1387, *mai-juin*. — Iolande, dame de Cassel, cède la seigneurie du Pont-d'Estaires à Henri d'Antoing, sire d'Haverskerque.
(Id. 1061.)

1387, *mai-juin*. — Henri d'Antoing, sire d'Haveskerque, déclare accepter la seigneurie du Pont-d'Estaires en échange d'une rente que la dame de Cassel lui avait assignée sur le bois de Nieppe.
(Id. 1061.)

1388, *mars* (v. s.). — Jean de Vinnczeele et autres habitants de la châtellenie de Cassel, promettent de payer leur part de l'aide accordée au comte de Flandre pour la guerre contre le duc de Gueldre.
(Id. 1083.)

1389, *mai-juin*. — Défaut obtenu en Parlement par Iolande, dame de Cassel, contre le comte et la comtesse de Flandre, touchant les priviléges et autorités de Cassel, Dunkerque, Bourbourg, etc.
(Id. 1084.)

1389. — La dame de Cassel mande aux échevins de La Gorgue de faire réparer de suite le pont de leur ville.
(Id. 1093.)

1390, *mai*. — Arrêt du Parlement de Paris en faveur du comte et de la comtesse de Flandre, qui déboute Iolande, dame de Cassel, de ses prétentions sur les terres et seigneuries d'Elverdinghe et Vlamertinghe.
(Id. 1095.)

1390, *juillet*. — Charles VI, roi de France, mande aux comte et comtesse de Flandre de remettre la dame de Cassel en possession des terres d'Elverdinghe et Vlamertinghe en Flandre, et en cas de refus, les ajourne au Parlement.
(Id. 1097.)

1391, *avril*. — Arrestation du bailli et des hommes de la cour de Cassel, que Wautier, sire de Morbecque, Gilles Walins et le sire de Peene ont promis d'observer la sentence qui serait rendue par la dame de Cassel, sur le débat entre ledit de Morbecque, ses parents et ses amis, d'une part, et Gilles Walins avec le sire de Peene, d'autre part, au sujet de la mort de feu le sire de Morbecque, de Jean, son fils, et autres.

(Id. 1111.)

1391, *avril*. — Willaume Collette s'oblige de se conformer à l'ordonnance des hommes de la cour de Cassel au sujet d'une amende par lui encourue pour incurie dans les paiements de la recette dudit lieu.

(Id. 1113.)

1391. — Mémoires pour la comtesse de Bar contre les gens de Cassel qui se prétendent seuls juges des sires de Morbecque et de Pennes, que la comtesse avait fait emprisonner pour n'avoir pas exécuté la sentence rendue au sujet de la guerre privée qui était entr'eux.

(Id. 1165.)

1392, *juin*. — Charles VI, roi de France, ordonne l'exécution d'un arrêt du Parlement de Flandre, obtenu par Iolande, dame de Cassel, contre plusieurs particuliers de Gravelines.

(Id. 1174.)

1392, *juillet-août*. — Relation par Jean Herbert, sergent du Roi au bailliage d'Amiens de l'exécution d'un arrêt du Parlement de Paris, obtenu par la dame de Cassel contre plusieurs particuliers de Gravelines.

(Id. 1181.)

1392, *novembre*. — Charles VI, roi de France, ordonne qu'Iolande, comtesse de Bar, dame de Cassel, soit reçue par procureur en toutes ses causes dans son royaume.

(Id. 1193.)

1392, *novembre*. — Jean de Beauvoir, clerc et garde des provisions du château de Nieppe, déclare avoir reçu du receveur général de la dame de Cassel, en Flandre, certaine quantité de blé et d'avoine pour ledit hôtel.

(Id. 1191.)

1392, *janvier* (v. s.). — Thiébaut, seigneur de la Bussière, bailli d'Amiens, commet un sergent pour faire mettre à exécution la sentence prononcée par le prévôt de Monttreuil au profit de Louis, seigneur de Cohen et de Blaringhem, contre Casin Womin, bailli d'Iolande, dame de Cassel, à Renescure.

(Id. 1200.)

1392, *janvier-février* (v. s.). — Gui de Clarques, chapelain de Saint-Omer au château de Nieppe, reconnaît avoir reçu du receveur général d'Iolande, dame de Cassel, en Flandre, une somme pour une année de sa chapellenie.

(Id. 1202.)

1392-1393. — Iolande, dame de Cassel, mande à son receveur général de payer sur le tonlieu de Cassel les arrérages d'une somme due au sire de Montigny, chevalier.

(Id. 1205.)

1393, *mai*. — Compte des exploits et recettes du bailliage de Gravelines, présenté à la dame de Cassel par Enguerrand de Heuchin, bailli dudit Gravelines.

(Id. 1213.)

1393, *juin*. — Certificat de paiement d'une somme de 24 livres; à un marinier, pour avoir transporté les matériaux des maisons que les ermites font faire en la forêt de Nieppe.

(Id. 1214.)

1393, *septembre*. — Acquisition d'une maison à Steenvoorde et d'un pré derrière Warneton par Iolande, dame de Cassel.

(Id. 1222.)

1393, *septembre*. — Ordre donné par la dame de Cassel d'abattre sans délai ses moulins à vent de Warneton et de

Toutliffaut, et de les transporter, l'un à Dunkerque, l'autre à Gravelines.

(Id. 1222.)

1395, *novembre*. — Assignation devant le conseil du duc, à la requête d'Iolande, dame de Cassel, du bailli de la salle d'Ypres et de Jean de Médoin qui ont opéré diverses arrestations sur les terres de ladite dame.

(Id. 1252.)

1395, *novembre*. — Obligation d'une somme de 300 fr. en or, souscrite au profit de la dame de Cassel par François de Haverskerke, Wautier de Morbecque et Jean, seigneur de Pont.

(Id. 1252.)

1395, *novembre*. — Jean de Renenghes, écuyer, se porte caution envers ladite dame de Cassel pour François de Haverskerke.

(Id. 1252.)

LXIX bis.

Quelques sommaires de pièces sans date regardant la comtesse Iolande [1].

Carton B. 1330 :

— Note sur le service militaire dû au comte de Flandre par les sujets de la dame de Cassel.

— Liste des clercs de la vierschaere de Cassel qui refusent l'aide à ladite dame.

Carton B. 1331 :

— Humbelet de Gondi informe la comtesse de Bar de la prise du duc son fils.

— Le trésorier de Cambrai, doyen de Bruges, mande à la

---

[1] Ces sommaires sont pris parmi un grand nombre d'autres désignés aux p. 269 et suiv. de l'Inventaire imprimé des archives du Nord.

comtesse de Bar que le comte de Flandre est à Bruges, et que si elle veut venir le voir, ledit comte paraît disposé à la bien recevoir.

— Jacques de Meetkerke informe la dame de Cassel du refus des hommes de la loi de Berghes de faire le ban de Jean de Oxlare et de Pierre de Le Peire, sous prétexte que ce n'est pas la coutume.

— La comtesse de Bar mande à Guillaume de Bandeville, son receveur d'Auffay, de consigner le montant de sa recette entre les mains du doyen de l'église d'Amiens, ou, en l'absence de celui-ci, entre celles de *Simon de Fisseux*, maire de Harbonnières.

— Jacqueline, demoiselle de madame la duchesse de Bar, informe mademoiselle Tiphaine, demeurant avec madame la comtesse de Bar, de la santé des princes et princesses à la famille desquels elle est attachée, de la mort d'une domestique et autres détails d'intérieur.

Carton B. 1332 :

La comtesse de Bar mande à Tassart de La Fontaine, son receveur général de Flandre, d'envoyer en hâte au comte de Flandre la lettre faisant mention de l'arrivée de 4 ou 5,000 hommes qui commettent des excès dans le pays.

— Jacques de Le Bèque, receveur général de la dame de Cassel en Flandre, ordonne à Julien Jongheryc, bailli de Dunkerque, de se rendre incontinent au bois de Nieppe auprès de sa souveraine.

— La comtesse de Bar mande audit Jacques de faire travailler sans délai au décours de sa nouvelle rivière.

— Iolande prescrit à Fournier de Médekerke de différer la mise en vente des blés et avoines qui sont au grenier de Winchy : « Mais si vous oez que le Parlement qui est à Lille se départ en mal et que remoms doive esmouvoir en Flandre, si vendez nosdit blés et avoines, afin que nous ne les perdons mie. »

Carton B. 1333 :

La comtesse de Bar mande à Bléquin Ruffin, receveur des subventions de la châtellenie de Cassel, de ne point payer à François de Wisque, chevalier, la somme qu'elle lui avait ordonné de délivrer, et de remettre 300 francs, contre quittance, à Théry Prévost, bourgeois de Tournai.

Carton B. 1334 :

Réponse de la comtesse de Bar à ceux d'Ypres touchant le fait du schisme.

— Avis sur l'importance de la décharge accordée à ceux de Cassel et de Warneton dans l'aide de 45,000 nobles, consentie au profit du duc de Bourgogne.

— Requête de la comtesse de Bar, sur ce que les gens du comte de Flandre troublent et empêchent les franchises des villes de Bergues, Nieuport et Donze appartenant à ladite comtesse.

— Assénement (désignation du revenu) des terres et seigneuries de Dunkerque, Bornehem, Broigni en Champagne, Alluye, Montmirail, Cassel, La Bourre, Watten, Nieppe, Warneton, Pont-d'Estaires, Gravelines et Bourbourg.

— Transaction au sujet d'une rente de 500 livres à prendre sur le bois de Nieppe, entre Baudouin de Halmes, châtelain de Nieppe, et Thibaut de Bourmont, conseiller de la dame de Cassel, d'une part ; Jean de Lille, bailli de Bergues, et Tastard de La Wastine, agissant au nom de Louis, comte de Flandre, d'autre part.

Carton B. 1336 :

Enquête sur la juridiction de l'église de Clairmarais.

— Enquête sur le meurtre de Sohiers-Capelle, dessous le chapitre de Saint-Omer.

LXX.

*Extraits des cartulaires de la dame de Cassel,
Iolande de Flandres.*

Le premier de ces CARTULAIRES DE LA DAME DE CASSEL Iolande, est un petit in-folio en papier de 168 pages. Il contient 222 actes et sommaires presque tous émanés de la comtesse de Bar. C'est aux Archives du Nord qu'il est conservé [1].

Les titres que ce cartulaire (le 2° de ceux dits de la dame de Cassel) renferme, offrent plus d'intérêt historique que ceux du cartulaire en velin in-folio, de la dame Jeanne de Bretagne, mère de Iolande, qui précède les siens, et dont il est question au travail historique consacré à la veuve de Robert de Cassel.

Quant au 2ᵉ cartulaire d'Iolande, de l'an 1386, dit 3° cartulaire de la dame de Cassel :

« Ce est le Registre aus causes de la court souveraine [2] « madame Yolent de Flandres, comtesse de Bar, dame de « Cassel, fait l'an mil cccᶜ ɪɪɪɪˣˣ et six, pour les causes ven- « tillées et démenées en sa dite court souveraine en toutes « ses terres et chascune d'icelles. »

Il y existe beaucoup d'articles concernant Cassel, nous allons en extraire ici les essentiels, renvoyant aux Archives départementales de Lille pour les consulter plus en détail.

---

[1] M. A. Leglay a dressé un inventaire chronologique de ce cartulaire.

[2] *Registre aux causes de la cour souveraine de la dame de Cassel*, in-folio, papier, 66 feuillets remplis, non compris une addition contemporaine de six actes, et une table moderne de six feuillets. Ce dernier cartulaire s'étend de 1386 à 1390.— La dame de Cassel n'était plus alors Jeanne de Bretagne, mais bien Iolande sa fille, comtesse de Bar et de Longueville.

Des tables ont été dressées pour les deux cartulaires de la dame de Cassel.
(Note extraite d'un *Mémoire sur les Archives départementales du Nord*, par M. A. Leglay.— *Bulletin de la Commission historique*, tome 5, pages 244 et suivantes.)

Extraits des cartulaires d'Iolande, dame de Cassel. Registres B. 1574 et 1575. Archives du Nord, de 1370 à 1400 [1].

1º NOMINATIONS PAR LA COMTESSE IOLANDE.

1er cartulaire d'Iolande (Registre) B. 1574 :

— Nomination par Iolande de Flandre, dame de Cassel : d'Eustache de La Pierre, de Pierre de Ligny, de Thomas de La Hense et de Jean Noël, aux fonctions de ses procureurs généraux en Parlement.

De Jacques de Houdain, au poste de châtelain de Nieppe.

De Willaume d'Ablighem, au poste de châtelain et capitaine de la ville de Cassel.

D'Huguelin Gilet, au poste de garde du bailliage de Montmirail, d'Alluye, de Brou, d'Auton et de La Basoche.

De François Le Cupre, au poste de bailli de Dunkerque.

De Jacquemart de Meetkerke, et ultérieurement de Ghérart Louis, aux fonctions de bailli de Cassel.

De Jean Bricis, au poste de bailli de Bornehem.

De Jean Le Brunne, au poste de bailli de Bourbourg.

De Jean Hellin, au poste de receveur général des terres que la dame de Cassel possède dans les comtés de Flandre et d'Alost.

De Winoc Ommelop, dit Brisart, valet de la litière de la dame de Cassel, au poste de sergent-à-masse de la ville de Dunkerque, en remplacement de Jean Le Coustre.

De Jean de Meetkerke, au poste de sergent à cheval de la forêt de Nieppe.

De Jean Le Creusier, au poste de sergent à cheval des

---

[1] Un cartulaire précédant ceux-ci concerne, avons-nous dit, les actes de *Jeanne de Bretagne*. Les sommaires de ces actes sont malheureusement aussi sans dates à l'inventaire des Archives du Nord. Nous nous bornons ici de même à mentionner ceux ayant rapport à la West Flandre.

bois, forêts et eaux que la dame de Cassel possède au duché de Bar.

De Colart Jeannin et de Fournier de Meetkerke, et ultérieurement de Pierre Le Grote et de Jacquemart Nanin, aux fonctions de marchands des tailles en aval de la forêt de Nieppe.

De Jean Paulin et de Casin-Malvais, aux fonctions de marchands de la taille d'amont, en ladite forêt.

De Nicolas de Beauseiz, aux fonctions de chirurgien de l'hôtel de la comtesse de Bar.

De Jean Le Pape, aux fonctions de mesureur des draps fabriqués à Warneton, en remplacement de Pierre Mathieu.

De Perrin de la Magdeleine, messager de la dame de Cassel, au poste de gouverneur de la Maison-Dieu d'Anseville, en remplacement de Jean Regnaudet, décédé.

2e cartulaire d'Iolande (Registre) B. 1575 :

— Nomination de Lubin Le Moine, d'André Du Molin, de Ricart Le Petit et de Jean Le Clerc, aux fonctions de procureurs généraux de la dame de Cassel.

De Julien Jongheric, au poste de châtelain de Nieppe, de Philippe de Le Vièse-Maison, au poste de châtelain et bailli de Bornehem.

De Bloquet Russin, au poste de garde de la forteresse de Cassel, en compagnie de six arbalétriers.

De Ghérart Louis, et ultérieurement de Lorequin Le Ber, au poste de capitaine de Cassel.

Du dit Ghérart Louis, au poste de souverain bailli des terres de la dame de Cassel en Flandre.

D'Hector de Coisiaucourt, chevalier, au poste de bailli de Cassel.

De Jean Beaucompère, au poste de bailli du comté de Longueville.

De Guillebert Cattor, au poste de sergent de la forêt de Nieppe.

De Laurent Le Ver, au poste de sergent du plait de l'espée de Bellencombre, dans le comté de Longueville.

De Julien Platel, au poste de sergent de Bellencombre.

De Jean Rolant, au poste de sergent-à-masse de Dunkerque.

De Victor de Kienville, au poste de receveur des biens de l'abbaye de Warneton.

De Jean Choisel, au poste de receveur général du duché de Bar.

De Nicaise Monney, au poste de receveur des terres de la dame de Cassel en Flandre.

De Jacques de Le Beke, au poste de receveur des rentes de Nieppe.

De Thomas de Brabant, au poste de garde des provisions du château de Nieppe.

De Colart de Saint-Michel, au poste de clerc-juré de Clermont.

De Jean de Willaminon et Jean Filleul, comme avocats en Parlement de Paris.

De Raoul de Béry, comme avocat au siége d'Amiens.

De Louis de Chévery, comme maître d'hôtel.

De Robert Tiremande, comme mesureur et arpenteur de la forêt de Nieppe.

2º REQUÊTES. — AMORTISSEMENT. — COLLATIONS [1]. — PROTECTIONS.

1er cartulaire d'Iolande :

— Requête d'Iolande de Flandre : à l'évêque de Morins, commissaire du pape en cette partie, pour qu'il fasse jouir

---

1 *Collation*, acte de conférer.

Gilles de Traavearia, curé de Notre-Dame de La Motte et de Saint-Maximin de Bar-le-Duc, d'une prébende qu'elle lui a conférée dans le chapitre cathédral de Châlons.

— Collation par Iolande de Flandre : à Aléaume Pié-de-Vache, curé de Morbecque, de la chapelle fondée par la dame de Cassel dans le château de Nieppe.

— Protection accordée par Iolande de Flandre : à la personne, aux enfants et aux biens de Jean Dargues, paroissien de Renescure.

2e cartulaire d'Iolande :

— Collation par Iolande de Flandre : à Jean Le Moine, fils de Lubin, son procureur général, d'une chanoinie en l'église Saint-Jean-de-Nogent, vacante par le décès de Nicolas Lévêque.

A Guy de Clerques, curé de Berquin, de la chapellenie du château de Nieppe, vacante par le décès d'Aléaume Pié-de-Vache.

— Amortissement par Iolande de Flandre : d'une maison et terre sis à Renescure, que Colard de La Clite, sire de Comines, veut donner au chapelain qui desservira la chapelle que va fonder ledit Colard en la forteresse de Renescure.

— Protection accordée par Iolande de Flandre : aux abbayes de La Chalarde et de Verdun.

3o LETTRES DÉLIVRÉES. — CONFIRMATIONS. — PERMISSIONS. — COMMISSIONS.

1er cartulaire :

— Lettres par lesquelles Iolande de Flandre retient à son service, comme conseiller : Guillaume de Dormans, et lui assigne une pension viagère de 60 francs d'or.

— De non préjudice délivrées par Iolande de Flandre : aux habitants de Brou, qui, à cause de la pauvreté des villes précitées, avaient dû fournir à la dame de Cassel les nappes, draps et coussins que celles-ci lui doivent lorsqu'elle vient en son château d'Alluye.

Aux Cuerhers (administrateurs locaux), de la châtellenie de Bourbourg, pour un poing coupé, par ses ordres, à Gilles de Le Houque, qui avait frappé d'un couteau Jean Corbel, amman de la ville de Loon.

— Confirmation par Iolande de Flandre : de la franchise qu'a conférée dans le port de Gravelines, aux habitants de Bourbourg, le feu comte Philippe d'Alsace.

— Permission accordée par Iolande de Flandre : aux habitants de Steenbecque, de lever une taille dans leur ville pour se fabriquer des cloches.

Aux habitants de Morbecque, de s'imposer jusqu'à concurrence de 500 livres, pour se bâtir un clocher et faire quelques réparations à leur église.

A Guillebert de Winissen, de taxer ses parents et amis pour fournir l'amende qu'il a encourue dans un procès contre les habitants de Morbecque.

A Pierre de Bailleul, de convertir en terre vilaine 9 mesures de terre à lui échues par la mort de Louis d'Estrées.

A Orengois de Rely, d'arrenter certaines terres qu'il possède à Wydebrouc.

A Omaer Le Grave, de faire confectionner une main de fer, ou de baleine, pour son fils Hanequin, qui en a perdu une en tombant dans le feu à l'âge de neuf mois « par deffaut de garde ».

A Jean Alquin, de porter un couteau à pointe, nonobstant la défense de la dame de Cassel « que aucun ne porte armes deffenssables. »

2e cartulaire:

— Commission délivrée par Iolande de Flandre : à Henri d'Antoing, pour gouverner les terres qu'elle possède en

Flandre, pendant le temps qu'elle ira visiter ses domaines sis en d'autres pays.

A divers officiers de ladite dame de Cassel, pour procurer l'écoulement régulier des eaux qui séjournent sur le sol de Morbecque.

Pour assurer le passage libre à Wautier de Douai, qui se rend au château de Nieppe avec un chariot attelé de quatre chevaux, chargé de trousses et de malles.

Pour demander de la part de la dame de Cassel, une aide aux villes du duché de Bar.

Pour percevoir, au nom de ladite dame, une dîme à Steenvoorde.

Pour faire rembourser aux Lombards de Vienne, les rentes qu'ils possédaient dans cette ville, lorsqu'ils en furent expulsés par un ordre de la dame de Cassel.

Pour recouvrer, sur les hoirs de feu Fremin Picavet, en son vivant receveur des tailles de la forêt de Nieppe, les arrérages du montant de sa recette.

Pour tenir les renenghes et renouveler les lois (magistratures municipales) à Dunkerque.

Pour faire loi dans la ville et châtellenie de Cassel, à Bourbourg et à Warneton.

—Permission accordée par Iolande de Flandre: aux habitants de Varennes, d'employer à la réparation des fortifications de leur ville, les amendes de 60 sous et au-dessous, prononcées par les magistrats du lieu.

Aux habitants de Haveskerque, de s'imposer pour rembourser à Henri d'Antoing, chevalier, le prix d'une maison et d'un moulin qu'il avait eus dans leur ville et qu'ils avaient détruits lors des dernières émeutes.

Aux habitants de Dunkerque, de lever des tailles dans leur ville, afin de payer les arrérages d'une somme de

1,000 francs qu'ils avaient jadis allouée à la dame de Cassel, pour l'aider à réparer le château de Dunkerque.

Aux habitants de Warneton, de s'imposer pour couvrir les frais de la détention de ceux de leurs concitoyens que le bailli de la salle d'Ypres avait emmenés prisonniers, parce qu'ils ne voulaient point contribuer, avec les habitants de ladite ville d'Ypres, dans une aide de 45,000 nobles, accordée au duc de Bourgogne, par le commun pays de Flandre.

Aux échevins de Warneton, de prélever sur leurs concitoyens la somme de 15 livres, à laquelle les dits échevins avaient été condamnés pour avoir refusé de faire loi en leur ville.

Aux habitants de Cassel, de s'imposer pour couvrir « plusieurs frais et missions » auxquels ils ont été entraînés, et en particulier : pour subvenir à un don pécuniaire qu'ils ont offert à la dame de Cassel ainsi qu'à Julien Jongherie, châtelain de Nieppe, comme aussi pour payer les gages du receveur et du châtelain dudit Cassel.

Au seigneur de Lisques, de lever une taille sur les habitants de Steenvoorde.

A Jacquemet Le Paisnet, et à Jean Biétrix, de porter tonsure de clerc.

4° LETTRES D'OCTROI. — MANDEMENTS D'IOLANDE.

1er cartulaire :

— Lettres d'octroi accordées par Iolande de Flandre : aux villes de Bourbourg, de Gravelines, de Dunkerque, de Warneton et de Cassel, avec spécification que cette dernière ville a aidé, par ses secours pécuniaires, la dite dame Iolande à sortir de prison.

— Mandements d'Iolande de Flandre : pour laisser passer

et séjourner librement, dans le duché de Bar, le duc de Lorraine, son cher cousin.

Pour enjoindre aux doyen et chapitre de Saint-Pierre de Cassel, de recevoir Henri Du Briart, comme chanoine de leur église.

Pour procurer le paiement aux doyen et chapitre de Térouanne, des arrérages de plusieurs rentes et revenus qu'ils possèdent en Flandre.

Pour provoquer une enquête sur la quantité de bois qu'ils ont vendu, dans l'exercice de leurs fonctions, Eloi Surien, Wautier Buc et consors, chargés depuis six ans de l'administration de la forêt de Nieppe.

Pour prescrire la levée, sur les habitants de Warneton, d'un tonlieu et péage destiné à la réfection du pont de Warneton, détruit dans les dernières guerres.

Pour assurer le remboursement à Lubin Le Moine, procureur de la dame de Cassel, de tous les frais auxquels il pourrait être entraî en allant à Paris, à Orléans et à Chartres, pour les affaires de ladite dame.

Pour faire aider les Lombards de Varennes, dans le recouvrement de leurs dettes, par les prévôts de Clermont, de Vaucoix et de Vienne.

Pour faire inscrire en décharge, au compte de Nicaise Monney, receveur général de la dame de Cassel en Flandre, diverses sommes qu'il a payées pour blé, avoines et autres provisions livrées à l'hôtel de la dite dame.

Pour transporter à Jean Haquelin, son conseiller, la recette de 20 sous sur le tonlieu de Cassel, que prenait antérieurement Laurent Manesie.

Pour faire rembourser à Pierre Pevi, sur le produit des aides de la cité et diocèse de Châlons, une somme de 271 francs d'or qu'il avait prêtée à la mère de ladite Iolande.

2e cartulaire (Registre) B. 1575.

— Lettres d'octroi délivrées par Iolande de Flandre : aux villes de Dunkerque, Cassel et Bourbourg.

5º DÉCLARATIONS. — OBLIGATIONS SOUSCRITES.

1er cartulaire (Registre) B. 1574.

— Déclaration par Iolande de Flandre : qu'elle a remboursé à Claïs de Fribourg, orfèvre de Paris, ce qu'elle lui devait pour ouvrages de son métier.

— Obligations souscrites, au profit des Lombards de Lille et de Bruges, par Iolande de Flandre, duchesse de Bar, dame de Cassel : par Jean, sire de Dringham, par Henri d'Antoing, seigneur du Plaissict, par Jean de Hingettes, seigneur des Aubeaux, par plusieurs autres chevaliers et écuyers ainsi que par les bourgmestres et échevins de Dunkerque et de Gravelines.

6º DÉLÉGATIONS DE LA DAME DE CASSEL.

1er cartulaire :

— Délégation par Iolande de Flandre, de divers commissaires : pour recouvrer, au besoin par contrainte, les arrérages de la recette de Guillebert de Winnezeele, jadis receveur de Cassel.

Pour tenir les renenghes des domaines de ladite Dame en Flandre.

Pour ouïr les comptes des villes de Bourbourg et de Gravelines.

Pour ouïr les témoins dans un procès mû entre les habitants de ces deux villes, au sujet de leurs priviléges respectifs.

Pour prendre, dans les terres de la dame de Cassel en Flandre, toutes les perdrix et autres volailles qui s'y rencontrent.

Pour conduire au comte de Flandre 30 sergents et 10 arbalétriers.

Pour adhériter Sibille de Gavre, de la terre de Steenvoorde, que Jean de Berghes, son mari, veut lui donner en douaire.

Pour déshériter Jean Smekart, habitant de Dunkerque, d'un fief sis à Bollezeele, qu'il a vendu à Jean, seigneur de Dringham.

7° CONSTITUTIONS. — ASSIGNATIONS.

1er cartulaire :

— Constitution par Iolande de Flandre : au profit d'Henri d'Antoing, chevalier, d'une rente de 200 livres, pour le récompenser de ses services et particulièrement « de la prinse d'Henri de Bar. »

— Assignation par Iolande de Flandre : à Baudet Le Mol, d'une rente de 30 livres, sur la vente des tailles du bois de Nieppe, en compensation de 15 mesures de terre à lui précédemment données et que la dame de Cassel lui avait retirées.

8° SENTENCES. — RESTITUTIONS. — REMISES. — DÉLIVRANCES.

1er cartulaire :

— Sentences d'Iolande de Flandre : entre Orengois de Rely et les tenanciers qui devaient à ce dernier des rentes en blé pour le fief de Wydebrouc.

Entre Thierry Le Value et Jean Scale, tous deux bourgeois de Dunkerque, au sujet de querelles qu'ils avaient ensemble.

Entre les habitants du *Sec Bois* en la même paroisse [1], au sujet de leur part contributive dans les tailles et subventions de la châtellenie de Cassel.

— Restitution par Iolande de Flandre : à Pasquine et à

---

1 Le hameau dit *Vert-Bois* était situé dans la commune de Merville.

Agnès Aloart, des biens confisqués sur Guillaume Haloart, leur père, jadis banni par ses démérites.

— Remise par la dame de Cassel : à Rolin de Bar, receveur-général et secrétaire du duc de Bar, fils de ladite Dame, des cens et rentes auxquels il était tenu pour les maisons et terres qu'il avait achetées à Revigny.

A Jean et à Tassart Merlin, des détournements qu'ils avaient opérés dans les provisions du château de Nieppe.

— Délivrance définitive accordée par Iolande de Flandre : à Jean de Loz et à Guiot de Vaux, écuyers, qui, dans une course qu'ils avaient faite sous le commandement de Chauderon de Cumenières, avaient été arrêtés par les habitants de Sernon : Jean de Loz, en retour de son élargissement, se déclare homme lige de la dame de Cassel.

2e cartulaire :

Sentences d'Iolande de Flandre : entre Le Jean Le Gorget, mayeur du Petit-Louppy, et Jean Le Catrix, au sujet de coups et blessures.

Entre Evrard Le Kièvre, bourgeois de Douai, et Pierre de Watreleet, au sujet d'un fief de 28 bonniers sis au Pont-d'Estaires.

Entre Jean de La Boie et Jean de Le Dale, au sujet de 6 mesures de terre à Staples.

Entre les religieux de Saint-Augustin-lez-Térouane et les héritiers de feu Eloi Surien, au sujet de la dîme de Morbecque.

Entre le seigneur de Lisques et Hue Courtewille, bailli de Steenwoorde, lequel, en une taverne dudit Steenwoorde, s'était emparé des lettres closes que ledit seigneur de Lisques envoyait à sa belle-mère, la dame de Watten, par l'entremise d'un de ses valets nommé Piétrequin d'Ardenbourg.

— Restitution par Iolande de Flandre, aux habitants de

Gravelines, des priviléges qui leur avaient été enlevés lors de la prise de leur ville par les Anglais durant les dernières guerres de Flandre.

— Remise par ladite Iolande : à Josse, curé de Vienne, de tous les droits et cens qu'elle prélevait sur une pièce de terre « vaste plaine d'espines et de bruïères », que ledit curé, après l'avoir louée, avait entrepris de défricher et où il avait planté une vigne.

A Oudard, sire de Melles, du droit de dixième denier que la dame de Cassel prenait sur la terre de Nieuwerleet appartenant audit Oudard.

A Henri d'Antoing, chevalier, d'une somme que ladite dame de Cassel lui avait prêtée afin d'acheter, au sire de Longueval, la terre de Haveskerque.

9° PARDONS. — REMISES ACCORDÉES. — PROMESSES. — ACCORDS.

1er cartulaire :

Pardon accordé par la dame de Cassel : aux habitants de Dunkerque qui s'étaient ameutés et avaient tiré de prison quelques personnes arrêtées par le bailli de cette ville comme coupables d'avoir volé des lagans de mer.

A Tassart Merlin qui, pour sauver la vie de Jean, son fils, et de Pierre Pestée, son cousin, menacés par les émeutiers de Dunkerque, lesquels réclamaient violemment le corps de leur concitoyenne Chrétienne Voets, condamnée pour ses démérites par la cour de Nieppe à être enfouie vive, a déterré le corps de ladite Chrétienne sans la permission du châtelain de Nieppe et l'a ensuite livré auxdits émeutiers.

A Willaume Bamme qui, avec l'aide de plusieurs complices, est entré par la force dans la maison de Pierre Raingot et lui a fait, ainsi qu'à son fils, plusieurs blessures.

A Jean Choisel qui, en voulant dégager son cheval qu'une vieille femme tenait par la bride, tandis qu'elle appelait le cavalier « mauvais larron », blessa mortellement ladite femme.

2e cartulaire :

Pardon accordé : à Thierry et à Jean Courtewille qui, durant les dernières émeutes de Flandre, avaient excité les rebelles contre la dame de Cassel.

A Gillequin Perche qui, dans une taverne de Warneton, s'était pris de querelle déraisonnable avec Baudin Hellin et l'avait tué.

A Colin Le Sergentel, de Réceicourt, qui avait épousé Martine La Vailliate, franche femme, sans la permission de la dame de Cassel.

A Husson Ferrant, de Varennes, qui avait manqué à son serment de ne plus tenir table usuraire en ladite ville.

A Henri Mouds, lieutenant du bailli de Cassel, qui avait porté un faux jugement et causé un grand préjudice à la dame Iolande.

A Etienne Wiis, jadis bailli de Warneton, et à Jean Choisel, ci-devant receveur des terres d'Iolande dans le duché de Bar, lesquels s'étaient rendus coupables de malversations dans l'exercice de leur emploi.

— Remise accordée par Iolande de Flandre : à Aubriet de Réceicourt de l'amende de 500 liv. qu'il avait encourue pour les « extorsions, excès, délis et maléfices » qu'il avait commis étant bailli et prévôt de Clermont.

A Jacques Roedemont, le père, de l'amende qu'il avait encourue pour avoir renouvelé son sceau sans la permission de la dame de Cassel.

A la veuve et aux hoirs de feu Jean Maisiet, du restant d'une amende à laquelle ledit Jean avait été condamné lors des émeutes de Flandre.

A Luc Pontieu, d'un pèlerinage à Saint-Pierre de Rome

auquel il avait été condamné pour avoir dit « dures et rigoureuses paroles à l'encontre d'Enguerrand de Heuchin, bailli de Dunkerque ».

— Promesse par la dame de Cassel de rembourser à Pierre de Watreleet, receveur général des terres qu'elle possède en Flandre, une somme de 25 livres que les gens du duc de Bourgogne réclamaient audit Pierre, comme prix d'une composition qu'il avait perçue au profit de ladite dame, sur un sujet dudit duc.

— Accord entre Iolande de Flandre et Waleran de Luxembourg, comte de Liney et de Saint-Pol, châtelain de Bourbourg, au sujet de plusieurs dommages causés par les gens de la dame de Cassel dans la châtellenie de Bourbourg.

10° DONS FAITS. — RATIFICATIONS.

1er cartulaire :

Don par Iolande de Flandre : à Leurquin Le Fèvre, de 15 mesures de la terre appelée L'Estague, sise à Vieux-Berquin.

A Bette Rose dite la Grant-Bette, d'une moitié de grange à Hazebrouck.

A l'église Saint-Augustin de Térouane, d'une demi-mesure de terre en l'*oosthouc* (quartier oriental) de la paroisse de Bomizielle, à charge, pour ladite église, de célébrer chaque année une messe de Toussaint, à l'intention de la dame de Cassel.

— Ratification par Iolande de Flandre du don qu'a fait Thibaut de Bourmont, à l'église Sainte-Catherine du Val-des-Ecoliers à Paris, de la terre du Sauciel, afin d'avoir une messe quotidienne en ladite église.

2e cartulaire :

Don par Iolande de Flandre : à Thomas Blocquel, d'une maison sise à Dunkerque.

A Hugues, seigneur de Warignies, d'une masure à Gravelines.

A Marie de Morbecque, d'une somme de 600 livres sur celle de 1,000 à laquelle Wautier, son père, a été condamné dans un procès entre les habitants dudit Morbecque et ceux de Winnezeele.

A Jean Boit, secrétaire de la dame de Cassel, d'une somme de 262 livres que Chrétien Emeline devait à ladite dame.

11° QUITTANCES. — MODÉRATIONS D'AMENDES.

1er cartulaire :

Quittances délivrées par Iolande de Flandre : à Pierre Mirouer, jadis bailli et receveur de Puisoie-en-Auxerrois.

A Eloi Surien, jadis receveur des terres de la dame de Cassel en Flandre.

— Modération de l'amende à laquelle a été condamné Thierry de Hazebrouck pour soupçon de meurtre de Jean Surien, bailli dudit Hazebrouck ; ledit Thierry, en considération de cette remise, quitte la dame de Cassel de tous les services qu'il lui a rendus, et veut que toutes les constructions et réparations qu'il a fait faire en la basse-cour du château de Nieppe, demeurent la propriété de ladite dame.

2e cartulaire :

Quittances délivrées par Iolande de Flandre : à Pierre de Le Hole, de tout ce qu'il a reçu pour elle dans les domaines qu'elle possède en Flandre.

A Lubin Lemoine et à Pierre Mirouer, de tout ce qu'ils ont été chargés de percevoir dans tout le comté de Longueville pour le douaire de la veuve de Philippe de Navarre, Iolande.

12° CONSTITUTIONS. — ASSIGNATIONS. — AFFRANCHISSEMENTS.

2e cartulaire (registre B. 1575) :

Constitution par Iolande de Flandre : au profit de Jean de

Clermont, d'une rente de 4 livres sur les revenus des fours dudit Clermont.

Au profit d'Henri d'Espierres, chevalier, d'une rente de 6 chapons sur la terre de Busson, en la châtellenie de Warneton.

Au profit de Pierre de Bourmont, ancien sergent du comté de Longueville, d'une rente de 30 livres sur les revenus de ladite sergenterie.

— Assignation par Iolande de Flandre d'une rente de 40 livres à la chapelle de Saint-Denis, dans le château de Nieppe.

— Affranchissement de servitude dans le pays de Flandre accordé par la dame de Cassel à Colard Lonnet, à la supplication d'Aubin Lonnet, son fils, étudiant en lois à Orléans.

13° VENTES, etc. [1]

1er cartulaire :

Vente par Iolande de Flandre : à Firmin Picavet, de toute la superficie de la taille moyenne de la forêt de Nieppe.

A Chrétienne, veuve de Jean Le Ghapère, de 43 verges de terre en la paroisse Notre-Dame de Cassel, échues à la dame du lieu par le décès de l'enfant Grièle Le Bloetlattère, bâtarde.

A Ghérart de Le Rhode, des héritages et fiefs échus à ladite dame par le bannissement de Pietre Arnoul, jadis bailli de Dunkerque.

A Casin Le Waghenare, d'une maison sise à Bruges, avec le prix de laquelle la dame de Cassel compte indemniser les habitants de Longueval et de Boinvilliers des dommages que leur a causés Le Haze, bâtard de Flandre, à l'époque où ladite Iolande était en prison, en la tour du Temple à Paris.

---

[1] Nous ne mentionnons ici que les actes regardant Iolande qui ont rapport à la *Flandre la plus occidentale*.

2e cartulaire :

Vente par Iolande de Flandre : à Willemet dit le Wautinel, bourgeois d'Anseville, des biens que les lombards de cette ville avaient laissé tomber en déshérence par suite de leur départ du pays.

A Jacques de Meetkerke et à Pasquin Claïs, des biens échus à la dame de Cassel par le décès de Pierre Raingot.

A Pietre Le Viègle, des biens confisqués sur Guillaume et Gilles Le Chien.

A Michelet de Romaigne, valet-chevaucheur, des terres sises à Morbecque.

LXXI.

Sommaires concernant Philippe de Navarre, deuxième mari d'Iolande.

1363, *27 août, à Vernon.* — Extrait du testament de Philippe de Navarre, comte de Longueville, par lequel il nomme ses exécuteurs testamentaires [1].

(Orig. en parc., scellé. — Carton B. 882.)

Sous le vidimus de Jean Bernier, garde de la prévôté de Paris, du 23 août 1364 [2].

1363, *août-septembre.* — Iolande, dame de Cassel, renonce aux biens meubles, dettes actives et passives délaissés par Philippe de Navarre, comte de Longueville, son mari défunt. (Carton B. 882.)

1363, *août.* — Législation de la renonciation d'Iolande, dame de Cassel, par l'officier de Térouane. (Id. 882.)

---

[1] Les exécuteurs nommés par ce comte peu de temps avant sa mort furent la reine Blanche, le roi de Navarre, son frère, Madame Jeanne de Navarre, sa sœur, et l'évêque d'Avranches, chancelier ; nous l'avons déjà dit.

[2] Inventaire des archives du Nord, t. IX, p. 151.

1363, *août-septembre*. — Commission par l'official de Térouane à Jean de Dohem, notaire, pour recevoir la renonciation d'Iolande, dame de Cassel, aux biens meubles, dettes actives et passives délaissés par Philippe de Navarre, comte de Longueville, son mari défunt. (Id. 882.)

1363, *7 octobre*. — Extrait du testament de Philippe de Navarre, prescrivant que, après sa mort, toutes les forteresses situées ès terres de la comtesse de Bar, dame de Cassel, sa femme, lui seront rendues.
(Carton B. 883, et Invent., t. IX, p. 254, avec *vidimus*.)

1363. — *Indiction première, 7 octobre, à Hazebrouck, en la maison de Jean de Bies dit Hure* (en latin). — Renonciation par Iolande aux biens meubles, dettes actives et passives délaissés par le trépas de Philippe de Navarre, comte de Longueville, son mari. (Invent. du Nord, t. IX, p. 254.)

1363, *12 octobre*. — Protestation faite par la comtesse de Bar, dame de Cassel, contre la saisie et inventaire que le comte de Flandre a fait faire des meubles et cateux (biens) appartenant à feu Philippe de Navarre, son mari, et auxquels elle a renoncé, ainsi que le prouve la pièce précédente.
(Carton B. 883.)

1363. — Charles, roi de Navarre, comte d'Evreux, cède à la comtesse de Bar, dame de Cassel, tous ses droits sur les biens, meubles, châteaux et dettes de feu Philippe de Navarre, comte de Longueville, frère dudit Roi. (Id. 883.)

1364, *24 mars*. — Pierre Basin, confesseur de la reine Blanche [1], mande à Iolande, comtesse de Bar, dame de Cassel, que ladite reine a vu le mémoire par elle envoyé touchant le testament de Philippe de Navarre, son mari, et ne voulait pas être exécutrice des volontés dudit Philippe son frère, et

---

[1] Seconde femme de Philippe de Valois dès 1349 ; elle était fille de Philippe d'Evreux, roi de Navarre.

qu'en conscience elle n'était pas obligée de payer ses dettes, mais bien Jean de Navarre, etc. (Id. 885.)

1364, *juin-juillet*. — Mémoire sur la manière que la dame de Cassel devait employer pour se faire payer la moitié d'une rente que Philippe de Navarre, son mari, avait sur le trésor royal et qui appartint à ladite dame pour partie de son douaire. (Id. 886.)

1364, *17 juillet, à Paris*. — Lettres de Charles, roi de France, par lesquelles il ordonne à ses trésoriers de payer à madame la comtesse de Bar la moitié d'une rente de 4,000 livres que Philippe de Navarre, son mari, avait sur le trésor royal, laquelle moitié de rente appartenait à ladite comtesse de Bar pour partie de son douaire.
Orig. en parch. — (Archives de Lille, carton B. 886.)

Obs. Cette ordonnance fut délivrée après requête présentée au Roi par la comtesse Iolande avec supplication à Sa Majesté d'ordonner ce paiement.

1364, *juin-juillet*. — Le Roi de France consent à l'accord que la dame de Cassel voulait faire avec les héritiers et les exécuteurs testamentaires de Philippe de Navarre, pour rentrer dans les biens meubles délaissés par son mari, et auxquels elle avait renoncé. (Carton B. 886.)

1364, *juillet-septembre*. — Jeanne de Navarre cède tous les biens meubles situés en Flandre, délaissés par Philippe de Navarre, comte de Longueville, son frère, à Iolande, dame de Cassel, veuve dudit Philippe. (Id. 887.)

1364, *juillet-septembre*. — Jeanne de Navarre et Robert de Chartres vendent à Iolande, dame de Cassel, tous les biens meubles délaissés en Flandre par Philippe de Navarre.
(Id. 887.)

1364, *juillet-septembre*. — Blanche, reine de France, ratifie le traité conclu entre le roi de Navarre, son frère, et les exécuteurs testamentaires de Philippe de Navarre, d'une part, et la dame de Cassel, d'autre, au sujet desdits biens meubles. (Id. 887.)

1364, *juillet-septembre*. — Main-levée accordée par Louis, comte de Flandre, des biens meubles délaissés par ledit Philippe et qu'il avait saisis, à cause de la renonciation auxdits biens par la comtesse de Bar, dame de Cassel.
(Id. 887.)

1364, *septembre*. — Charles, roi de Navarre, consent que le comte et la comtesse de Flandre accordent à Iolande, dame de Cassel, la main-levée des biens meubles délaissés par Philippe de Navarre, son frère [1]. (Id. 888).

1364, *septembre*. — Charles, roi de Navarre, cède à la dame de Cassel, moyennant une somme, lesdits biens meubles. (Id. 888.)

1364, *septembre*. — Charles, roi de Navarre, reconnaît avoir reçu cette somme de la dame de Cassel. (Id. 888.)

1364, *octobre-mars* (v. s.). — Jean de Grelly, captal de Buch, lieutenant du roi de Navarre, reconnaît avoir reçu d'Iolande, dame de Cassel, une somme par suite du traité conclu entre cette dame et ledit roi de Navarre.
(Id. 889.)

1364, *octobre-mars* (v. s.). — Reconnaissance du trésor royal des arrérages de rentes dus à la dame de Cassel, veuve de Philippe de Navarre, à cause de son douaire.
(Id. 889.)

1364, *octobre-mars* (v. s.). — Ordre des trésoriers du roi à Jean Laborel, garde des portes et passages du bailliage de Vermandois, de payer à la dame de Cassel le montant de ces reconnaissances. (Id. 889.)

---

1 Ces biens furent repris par la comtesse Iolande, après ces actes.

1364. — Iolande, comtesse de Bar, dame de Cassel, supplie le roi de France d'ordonner à son Parlement de lui donner prompt jugement sur les empêchements à elle faits, tant à cause de la guerre entre ledit roi et le roi de Navarre qu'autrement, en la jouissance de la portion des biens de son mari qui lui appartenait à cause de son douaire.
(Id. 890.)

1364. — Mémoires pour le confesseur de la reine Blanche et autres personnes de son conseil, touchant le testament de Philippe de Navarre. (Id. 890.)

1364. — Projet d'un accord entre les héritiers et exécuteurs testamentaires de Philippe de Navarre et la dame de Cassel, au sujet des biens meubles. (Id. 890.)

1365, *mai-juin*. — Charles V, roi de France, requiert la dame de Cassel de tenir Clugnet de Brabant, chevalier, quitte et paisible de tout ce qu'il avait fait contre elle, attendu que le défunt roi a obligé ledit Clugnet de restituer à Philippe de Navarre, mari de ladite dame, les effets et joyaux pris sur elle. (Id. 891.)

1366, *avril*. — Iolande de Flandre, comtesse de Bar, dame de Cassel, déclare qu'ayant donné avec feu Philippe de Navarre, comte de Longueville, son mari, à Sohier de Calkin, chevalier, une somme à recevoir annuellement sur la ville de Nogent-le-Rotrou, elle assigne ladite rente sur la terre et châtellenie de Bornhem, et le nomme châtelain de ce lieu.
(Id. 897.)

1366, *août-novembre*. — Reconnaissance du trésor royal à Paris pour les arrérages d'une rente due à Iolande de Flandre, dame de Cassel, veuve de Philippe de Navarre, pour son douaire. (Id. 900.)

— Reconnaissance du même genre aux cartons 895 et 908 des archives du Nord.

1366, *novembre-décembre.* — Charles V, roi de France, ordonne au bailli de Caux et au vicomte d'Arches d'entériner les lettres obtenues de lui par Iolande, dame de Cassel, au sujet de son douaire de Philippe de Navarre. (Id. 901.)

1367, *juillet-septembre.* — Charles V, roi de France, permet à Iolande, dame de Cassel, de faire assigner par-devant son conseil Bertrand du Guesclin, comte de Longueville, qui s'opposait à ce que ladite dame se mît en possession, à cause de son douaire, du tiers des terres qui avaient appartenu à Philippe de Navarre, son mari. (Id. 907.)

1377, *décembre-janvier* (v. s.). — Charles V, roi de France, mande à ses trésoriers, à Paris, de passer des obligations de tous les arrérages d'une rente sur le trésor royal assignée à ladite Iolande, pour son douaire, par feu Philippe de Navarre, son mari. (Id. 961.)

1377, *décembre-janvier* (v. s.). — Hugues Aubriot, garde de la prévôté de Paris, vidime les obligations données par les trésoriers généraux à Iolande, dame de Cassel, d'une rente sur le trésor royal assignée pour son douaire.
(Id. 961.)

1381, *février-mars* (v. s.). — Charles VI, roi de France, ordonne à ses trésoriers généraux de payer dorénavant à Iolande, dame de Cassel, les arrérages de la rente à elle assignée sur le trésor, par Philippe de Navarre, pour son douaire, en rapportant lettres ou vidimus d'icelles après l'échéance, afin qu'elle n'ait plus lieu de se plaindre.
(Id. 996.)

1382, *décembre-février* (v. s.). — Reconnaissance des arrérages d'une rente sur le trésor royal donnée à Iolande, dame de Cassel, pour son douaire, par Philippe de Navarre.
(Id. 1004.)

1385, *octobre-novembre.* — Pierre Mirouer et Lubin Lemoine, commissaires de la dame de Cassel, déclarent avoir touché de Guillaume de La Mare, commis pour recevoir les rentes dues à ladite dame, dans le comté de Longueville, une somme provenant desdites rentes. (Id. 1042.)

1385. — Accord entre Iolande, dame de Cassel, d'une part; Olivier Du Guesclin, frère du connétable Bertrand, Jeanne, veuve dudit Bertrand, épouse de Gui, seigneur de Laval, d'autre part, touchant la troisième partie du comté de Longueville réclamée comme douaire, par Iolande, à cause du décès de Philippe de Navarre, comte de Longueville, son second mari. (Id. 1047.)

Sans date. — *Supplément.* — Détermination des lots dont se compose le comté de Longueville, qui est à partager entre Iolande, comtesse de Bar, douairière de Philippe de Navarre, jadis comte de Longueville, et Olivier Du Guesclin, aujourd'hui titulaire dudit comté, comme seul héritier de son frère Bertrand Du Guesclin, jadis connétable de France. (Id. 1330.)

1387. — Comptes des amendes échues à la dame de Cassel, en sa terre sise dans le comté de Longueville. (Id. 1069.)

1388, *mars* (v. s.). — Charles VI, roi de France, fait ajourner au Parlement, à la requête de la dame de Cassel, les exécuteurs testamentaires de Philippe de Navarre, son dernier mari, touchant l'indemnité par elle prétendue de la perte des fruits et revenus de la terre de Nogent-le-Rotrou, qui ont été adjugés aux duc et duchesse d'Alençon, seigneurs dominants dudit Nogent à cause de leur terre de Belleme. (Id. 1082.)

1388, *mars* (v. s.). — État des à-comptes reçus par la dame de Cassel, à cause de son douaire sur la terre de Longueville. (Id. 1083.)

1389. — Mémoire de ce que le sieur de Longueville doit à Iolande, dame de Cassel, à cause des arrérages de son douaire sur la terre de Longueville.
(Id. 1093.)

1391, *mars*. — André du Moulin mande à Iolande, comtesse de Bar, dame de Cassel, qu'il a remis à Jean de Châtillon, son secrétaire, une obligation par lui reçue du comte de Longueville pour ladite dame, ainsi que la somme à lui envoyée par le vicomte Don Fay.
(Id. 1108.)

LXXII.

Quelques pièces et sommaires regardant les différends d'Iolande avec le comte Louis de Mâle.

1349, *février-mars* (v. s.). — Mandement d'André Le Ruusse, receveur de Flandre, pour contraindre au paiement des rentes et revenus de la dame de Cassel, échus pendant que lesdits biens étaient en la main du comte de Flandre.
(Carton B. 821.)

1350, *mars-juillet*. — Quittance par André Le Ruusse, receveur de Flandre, d'une somme pour un accord entre le comte de Flandre et Iolande, dame de Cassel.
(Id. 822.)

1350, *août*. — Louis de Mâle, comte de Flandre, promet de défendre les échevins de Bergues contre la comtesse de Bar, pour raison de serment de fidélité prêté par eux audit comte.
(Id. 823.)

1352, *mai*. — Un accord est fait entre Louis, comte de Flandre, et la comtesse de Bar, au sujet de l'échange des villes de Bergues, Nieuport et Donze.
(Id. 831.)

1352. — Un accord est fait entre Louis de Mâle,

comte de Flandre, d'une part, et les trois villes de Gand, de Bruges et d'Ypres, ainsi que le commun pays de Flandre, d'autre part. — Il sera fait une enquête générale sur tous les méfaits, homicides, viols, arsins, destructions, etc., perpétrés pendant ces derniers temps ; des peines de mort prononcées ; et pour les crimes et méfaits qui se commettront dans la suite, ils seront punis d'après les lois des villes ou communes auxquelles appartiennent les coupables. — Les villes appartenant à Iolande de Cassel prennent part à cet accord comme toutes celles du plat pays de Flandre.

(Invent. des archives d'Ypres, t. II, p. 155.)

LXXII bis.

Divers sommaires regardant des différends et affaires entre Iolande et Philippe-le-Hardi, comte de Flandre [1].

Les différends entre les comtes de Flandre — Louis de Nevers, Louis de Mâle et Philippe-le-Hardi, — concernant Iolande et regardant Bergues, Nieuport, Donze, commencèrent du temps de Robert de Cassel et de sa femme. Ils se terminèrent enfin en 1392.

Des pièces justificatives, des accords entre les partis ci-dessus dits figurent aussi au nombre des documents-preuves à la fin des chapitres qui concernent les dames de Cassel, et particulièrement d'Iolande, à son texte.

1383, *novembre-janvier* (v. s.). — Charles VI fait ajourner au Parlement, à la requête d'Iolande, comtesse de Bar, dame de Cassel, le duc de Bourgogne et ses officiers, touchant les exploits de justice et arrêts de corps faits par eux, sur les terres de ladite comtesse, en Flandre.

(Carton B. 1014.)

[1] Voir à la fin de ces sommaires pour la levée de sommes, en Flandre, par Philippe-le-Hardi, pour aide lors des préparatifs de son départ pour la guerre contre les Turcs, de 1394, en Hongrie, où les Français furent vaincus à la bataille de Nicopolis en 1396, 28 septembre, et cruellement maltraités par le sultan Bajazet, victorieux.

1385. — Mémoires de la dame de Cassel au comte de Flandre, touchant les torts à elle faits par feu le comte de Flandre, Louis, en la jouissance des villes de Bergues, Nieuport et Donze.
(Id. 1047.)

1388, *octobre*. — Charles VI ajourne en son Parlement les comte et comtesse de Flandre, pour se voir condamner à restituer à Iolande, dame de Cassel, les villes et châtellenies de Bergues, Nieuport et Donze.
(Id. 1075.)

1388, *octobre*. — Mémoire touchant l'appel interjeté au Parlement par le procureur de la comtesse de Bar, dame de Cassel, de toutes les causes que ladite dame avait en la chambre du conseil du comte de Flandre.
(Id. 1076.)

1388, *octobre-novembre*. — Charles VI ajourne le comte de Flandre, sur un appel interjeté au Parlement par la dame de Cassel.
(Id. 1077.)

1388, *octobre-novembre*. — Inventaire des lettres parties à Paris tant pour le procès des terres de Bergues, Nieuport et Donze, que pour les lois, forfaitures et appel.
(Id. 1077.)

1388, *octobre-novembre*. — Acte notarié de la lecture faite par Nicolas Scaet à Nicolas Menney, receveur de la dame de Cassel, de certaines lettres-patentes du comte de Flandre, avec sommation audit Menney de se rendre à Bergues.
(Id. 1077.)

1388, *décembre*. — Relation de l'ajournement donné par Gobain de Pons, huissier au Parlement, à la requête d'Iolande, dame de Cassel, aux comte et comtesse de Flandre, pour la restitution à ladite dame des villes de Bergues, Nieuport et Donze.
(Id. 1078.)

1388, *décembre-janvier* (v. s.). — Charles VI, roi de France, mande au premier huissier d'ajourner au Parlement les officiers du comte de Flandre, au comté d'Alost, pour les excès par eux commis contre la dame de Cassel en sa terre de Rodes, au préjudice des lettres de sauvegarde qu'elle avait obtenues.

(Id. 1079.)

1388, *mars* (v. s.) — Philippe, comte de Flandre, ordonne au bailli de Flandre de défendre à la dame de Cassel de lever aucun tonlieu et maltôte sur la rivière qui aboutit de Bergues à Dunkerque et va à la mer, sur laquelle rivière il a toute justice.

(Id. 1083.)

1388, *mars* (v. s.). — Mémoire des excès commis par les gens du comte de Flandre contre la dame de Cassel et ses officiers.

(Id. 1083.)

1388, *mars* (v. s.). — Demande, par la dame de Cassel, contre le comte et la comtesse de Flandre, touchant le rachat des villes de Bergues, Nieuport et Donze.

(Id. 1083.)

1389, *mai-juin*. — Arrêt par défaut pour la dame de Cassel contre le souverain bailli de Flandre, le bailli de Bergues et autres officiers du comte de Flandre, au sujet des excès par eux commis contre ladite comtesse.

(Id. 1084.)

1389, *janvier-mars* (v. s.). — Iolande, comtesse de Bar, dame de Cassel, et son procureur obtiennent le consentement du roi de France pour faire ajourner au Parlement le souverain bailli de Flandre, le bailli de Bergues et autres officiers de Flandre, touchant les attentats par eux commis sur des terres de ladite dame et au préjudice de son appel au Parlement.

(Id. 1091.)

1389. — Demande par Iolande, dame de Cassel, des profits qui doivent lui être adjugés par les défauts obtenus contre Jean de La Chapelle, grand-bailli de Flandre, les baillis de Bergues et de la salle d'Ypres, à cause de leurs exploits de justice faits en la terre d'Iolande, au préjudice de l'appel par elle interjeté au Parlement.
(Id. 1093.)

1389. — Mémoires des griefs et excès commis contre la dame de Cassel, en ses terres de Flandre, par feu Louis et Philippe-le-Hardi, comtes de Flandre.
(Id. 1093.)

1389. — Ecrits produits par la dame de Cassel dans le procès qu'elle soutient au Parlement contre le comte et la comtesse de Flandre, touchant le rachat des villes de Bergues, Nieuport et Donze.
(Id. 1093.)

1390, *juillet*. — Arrêt du Parlement de Paris qui remet la cause d'entre Iolande, dame de Cassel, et le comte et la comtesse de Flandre, touchant Bergues, Nieuport et Donze.
(Id. 1097.)

1390, *août-septembre*. — Mandement de Jean de Saint-Verain et Etienne de Givry, conseillers et commissionnaires du roi de France, d'ajourner devant eux, à Tournai, le comte et la comtesse de Flandre, pour y entendre les témoins produits par la dame de Cassel, au sujet de la restitution des villes et châtellenies de Bergues, Nieuport et Donze.
(Id. 1098.)

1390, *octobre*. — Relation d'un huissier du Parlement au sujet des excès commis à Dunkerque par les officiers du comte de Flandre contre la dame de Cassel, touchant deux bateaux de harengs.
(Id. 1100.)

1390, *octobre-novembre*. — Demande par Iolande, dame de Cassel, à son receveur, s'il a reçu le transport de Bergues et autres villes et châtellenies qui sont sous le comte de Flandre, et réponse négative du receveur pour l'empêchement à elle connu.

(Id. 1101.)

1390, *décembre*. — Charles VI, roi de France, maintient Iolande, dame de Cassel, dans le droit de chasse en la forêt de Nieppe, et défend au comte de Flandre et à ses officiers de chasser en ladite forêt.

(Id. 1103.)

1390, *janvier-février* (v. s.). — Second défaut obtenu en Parlement par le procureur du roi et la dame de Cassel, contre Jean de Capelle, bailli de Flandre, Jean Slyp, bailli d'Ypres, et Clays Staet, bailli de Bergues, officiers du comte de Flandre, au sujet des excès commis contre ladite dame au préjudice de son appel.

(Id. 1106.)

1390, *janvier-février* (v. s.). — Arrêt du Parlement qui appointe sur la vue requise par le comte de Flandre, en sa cause par les lois et judicatures des villes de Cassel, Dunkerque et Bourbourg, que la dame de Cassel fera déclaration des autres villes et lieux dans lesquels elle se dit être empêchée pour don et création desdites lois.

(Id. 1106.)

1390, *janvier-février* (v. s.). — Arrêt du Parlement qui ordonne que la dame de Cassel ne fera point la vue requise par le comte de Flandre des villes et forteresses de Bergues, Nieuport et Donze, mais que les parties procéderont avant, ainsi que de raison.

(Id. 1106.)

1390, *février-mars* (v. s.). — Faits et articles de la comtesse de Bar, demanderesse en restitution des villes et châtellenies de Bergues, Nieuport, Donze, Merville, etc., par-devant MM. du Parlement, contre les duc et duchesse de Bourgogne, défendants.

(Carton B. 1107. Rouleaux de papier. Invent., t. XI, p. 406.)

1390, *février-mars* (v. s.). — Charles VI, roi de France, accorde au comte de Flandre une surséance pour toutes ses causes, devant les juges royaux, pendant l'absence dudit comte hors du royaume et un mois après son retour.
(Carton B. 1107.)

1390, *février-mars* (v. s.). — Charles VI, roi de France, commet Pierre de Thalemars, son lieutenant, pour signifier au comte de Flandre et à tous ses officiers de restituer à la dame de Cassel la terre et châtellenie de Bornhem, la terre de Rodes et ses appartenances, et d'assigner au Parlement ceux qui se refuseront à cette sommation.
(Id. 1107.)

1391, *avril*. — Ajournements donnés par Mathieu Roussel, sergent royal d'Amiens, aux villes de Cassel, Bergues, Furnes, Nieuport et autres, qui refusent de payer les rentes nommées transports, dues à la dame de Cassel par ces mêmes villes.
(Id. 1109.)

1391, *avril*. — Philippe, comte de Flandre, accorde à Iolande, dame de Cassel, un délai pour se pourvoir, comme bon lui semblera, contre les faits de chasse que le comte ou ses officiers auraient exercés sur la forêt de Nieppe.
(Id. 1109.)

1391, *avril*. — Procès-verbal constatant que Mathieu Roussel, sergent du roi au bailliage d'Amiens, s'est rendu à la ville de Tamise, non loin du château de Bornhem, et qu'il a fait sommation au comte de Flandre et à ses gens de restituer ledit château à Iolande, dame de Cassel, comme étant sa véritable propriété.
(Id. 1110.)

1391, *juillet*. — Philippe-le-Hardi, comte de Flandre, accorde à Iolande, comtesse de Bar, dame de Cassel, un délai jusqu'à Pâques, pour que le laps de temps ne puisse préjudicier à la plainte formée par elle sur les faits de chasse du comte et de ses officiers, dans la forêt de Nieppe.
(Id. 1123.)

1391, *juillet-août*. — Accord en Parlement entre Iolande, dame de Cassel, d'une part; Philippe, comte de Flandre, et Marguerite, sa femme, d'autre part, duquel il résulte que ledit comte et ladite comtesse bailleront à la dame de Cassel une rente en argent ou en terre, outre la somme déjà donnée pour restant de la compensation des villes, châtellenies de Bergues, Nieuport et Donze; plus une autre rente pour les terres de Watten et La Bourre.
(Id. 1125.)

1391, *août*. — Iolande de Flandre, dame de Cassel, donne pouvoir à Pierre de Le Court, curé de Merville, son chapelain, de vendre au comte de Flandre une certaine quantité de terre, en vertu du traité passé devant la cour du Parlement de Paris, et ce en récompense des villes de Bergues, Nieuport, Donze, Watten et Le Bourre.
(Id. 1132.)

1391. — Accord entre Philippe, comte de Flandre, et Iolande, comtesse de Bar, dame de Cassel, au sujet des terres de Bergues, Nieuport et Donze.
Triple copie. — (Carton B. 1165.)

1391. — Factum exhibé par la dame de Cassel devant le Conseil de Flandre, en un procès contre Philippe, comte de Flandre.
(Carton B. 1165.)

1392, *mai*. — Philippe-le-Hardi mande au souverain bailli de Flandre d'informer sur les méfaits commis par des officiers de la dame de Cassel, contre Willaume Du Bussone et Philippe de Castre, sa femme, et ordonne d'ajourner devant son conseil les auteurs des dits méfaits.
(Id. 1170.)

1392, *juin*. — Le Parlement de Paris commet le premier huissier, sur ce requis, pour mettre à exécution l'arrêt obtenu en cette cour par Philippe, comte de Flandre, contre Iolande, dame de Cassel.
(Id. 1173.)

1392, *juin*. — Philippe, comte de Flandre, déclare que la levée, dans une partie des terres d'Iolande, dame de Cassel, de l'aide à lui octroyée par la Flandre, ne portera aucun préjudice à cette comtesse.

(Id. 1173.)

1392, *juillet*. — Charles VI, roi de France, commet Jean de Saint-Vérin et Etienne de Guiri, ses clercs et conseillers, pour procéder à l'exécution d'un accord fait au Parlement entre Philippe, comte de Flandre, et Iolande, dame de Cassel.

(Id. 1177.)

1392, *juillet*. — Jacques de Sainte-Aldegonde, sire de Mortquelines, de Wisques et de Kienville, écuyer d'écurie du comte de Flandre, reconnaît que Laurent Du Gardin, receveur des reliefs et châtellenies de Cassel et de Bourbourg, l'a laissé jouir paisiblement de deux reliefs à lui échus par le décès de son frère.

(Id. 1178.)

1392, *juillet*. — Accord entre le comte de Flandre et la dame de Cassel, touchant le rachat des terres que, par arrêt du Parlement, ledit comte devait donner à ladite dame.

(Id. 1179.)

1392, *août*. — Philippe, comte de Flandre, déclare que le nouveau laps de temps ne portera aucun préjudice à la demande qu'Iolande, dame de Cassel, est en droit de former contre lui, pour avoir chassé ou fait chasser dans la forêt de de Nieppe.

(Id. 1183.)

1392, *octobre-novembre*. — Charles VI, roi de France, ajourne devant le Parlement, Philippe, comte de Flandre, et son conseil, pour y soutenir la sentence rendue par eux contre Iolande, dame de Cassel, en faveur de l'abbaye de Saint-Bertin.

(Id. 1190.)

1392, *octobre-novembre*.— Jean Piquet, écuyer, seigneur de Quesnel, lieutenant du bailliage d'Amiens, donne commission pour ajourner devant le Parlement Philippe, comte de Flandre, sur l'appel interjeté par Iolande, comtesse de Bar, dame de Cassel, d'une sentence rendue par elle par le grand conseil du comte, au profit de l'abbaye de Saint-Bertin.

(Id. 1190.)

1392, *février* (v. s.). — Accord fait en Parlement entre Philippe, comte de Flandre, et Iolande, dame de Cassel, par lequel le comte s'oblige d'augmenter et de payer à ladite dame la rente qu'il était tenu de lui assigner, pour l'indemniser des terres de Bergues, Nieuport, Donze, Watten et Le Bourre.

(Id. 1203.)

1392, *février* (v. s.). — Le comte de Flandre promet de payer au terme fixé par lui une somme qu'il doit encore à la dame de Cassel pour parfaire l'augmentation de la rente qu'il était tenu de lui assigner, pour l'indemniser des terres de Bergues, Nieuport, Donze, Watten et La Bourre.

(Id. 1203.)

1392-1393. — Philippe-le-Hardi, comte de Flandre, mande au receveur général de Flandre et aux baillis de Furnes et de Bergues, de laisser Iolande, dame de Cassel, jouir des reliefs des fiefs et arrière-fiefs des châtellenies de Cassel, Bourbourg et bois de Nieppe, achetés des Templiers et cédés par le comte à ladite dame.

(Id. 1205.)

1392-1393. — Procuration par la dame de Cassel pour prendre adhéritement des reliefs des fiefs et arrière-fiefs des châtellenies de Cassel, Bourbourg et bois de Nieppe, achetés des Templiers et cédés par le comte à ladite dame.

(Id. 1205.)

1392, *mars* (v. s.) — Philippe, comte de Flandre, accorde un nouveau laps de temps à la dame de Cassel pour

vider le débat qui existait entre eux au sujet d'une chasse faite par les gens dudit comte dans la forêt de Nieppe.
(Id. 1208.)

1392. — Accord entre le comte de Flandre et la dame de Cassel, touchant les villes de Bergues, Nieuport et Donze.
(Id. 1210.)

1392. — Le comte de Flandre s'oblige à payer les 10,000 livres restant des 22,000 dues par lui à la dame de Cassel, pour le rachat des 1,400 livres de rente.
(Id. 1210.)

1392. — Lettres closes du comte de Flandre adressées à la dame de Cassel, à Pierre de Le Zype, gouverneur de Lille, et à Jean de Pacy, maître en la chambre des comptes de cette ville, ses conseillers, pour parvenir au rachat de 1,400 livres de rente annuelle que, par traité, ledit comte doit faire à ladite dame.
(Id. 1210.)

1393, *juillet*. — Lettres de non-préjudice délivrées par le duc de Bourgogne à la dame de Cassel, parce qu'il a chassé et fait chasser grandes bêtes en la forêt de Nieppe.
(Id. 1220.)

1395, *20 août, à Paris, en Parlement*. — Accord fait entre le duc de Bourgogne et la comtesse de Bar, sur différentes contestations qui étaient pendantes en Parlement, par appel de la comtesse de Bar, Iolande de Flandre.
(Id. 1249. — Archives de Lille, départem. du Nord.)

1395, *août*. — Confirmation de l'accord entre la dame de Cassel et le duc de Bourgogne par Charles VI, roi de France.
(Carton B. 1249.)

1395, *août*. — Iolande, dame de Cassel, s'engage à remettre en les mains du duc les châteaux et terres qu'elle tient de lui dans le comté de Flandre, faute par elle de bailler audit duc son dénombrement desdites terres et châteaux.
(Id. 1249.)

1395, *septembre*. — Remise du château de Nieppe, par les officiers de la dame de Cassel, aux mains des commissaires du duc de Bourgogne.

(Id. 1250.)

1395, *septembre*. — Occupation du château de Nieppe durant huit jours, par Lancelot de Lisques, bailli de Nieuport. — Réintégration de la dame de Cassel dans son domaine.

(Id. 1250. — Voir un sommaire plus détaillé aux *Variæ*.)

1395, *octobre*. — Décision du duc de Bourgogne sur les débats existant entre le receveur général de Flandre et la dame de Cassel, au sujet du revenu des terres saisies sur ladite dame.

(Carton B. 1251.)

LXXII TER.

Sommaires d'affaires concernant l'aide-levée en 1394, en Flandre, pour la guerre de Hongrie contre les Turcs commandés par Bajazet [1].

(Le duc de Bourgogne s'occupa particulièrement de cette levée d'argent pour son voyage; Iolande s'opposa à cette mesure du comte de Flandre pour ce qui regardait spécialement Cassel.)

1394, *juillet*. — Fixation à 1,500 nobles de la portion que la châtellenie de Lille, Douai et Orchies doit payer dans l'aide accordée pour la guerre de Hongrie.

(Carton B. 1235.)

1394, *juillet*. — Réponses des villes, châtellenies, abbayes, chapitres et ecclésiastiques de Flandre sur la demande qui leur avait été faite d'une aide de 100,000 nobles pour ladite guerre de Hongrie.

(Id. 1235.)

---

[1] Nous verrons plus loin que, par la cruauté de ce sultan vainqueur à la bataille de Nicopolis, mourut l'élite de la noblesse française, parmi laquelle étaient deux petits-fils d'Iolande, Philippe et Henry de Bar, sire d'Oisy, à son retour.

1394, *juillet*. — Philippe, duc de Bourgogne, remet à la discrétion de sa femme et de son fils la taxe des gens d'église de Flandre.

(Id. 1235.)

1394, *17 septembre, à Lille*. — Commission du duc de Bourgogne au bailli de Berghes et autres pour asseoir et lever la somme 1,844 nobles 1/3 et 8 gros, sur les villes et terroir de Cassel, pour leur quote-part d'une aide de 65,000 nobles accordée par le pays de Flandre, pour réparer les dommages causés par les inondations de la mer et pour subvenir aux frais de la guerre contre les Turcs (en Hongrie).

Copie du temps en parch. (Ancien registre VII, invent. des chartes.)

Le 18 du même mois, la duchesse de Bourgogne écrit pour ordonner de se hâter en la levée de cette imposition.

1394, *décembre*. — Nomination de députés chargés de percevoir la part contributive des vierschares de Renescure, Ebblinghem, Sercus, Stapple et Bavinchove dans l'aide de 65,000 nobles, accordée au duc de Bourgogne par le pays de Flandre.

(Carton B. 1240.)

1394, *décembre*. — Opposition formée par la dame de Cassel à la levée de l'aide de 65,000 nobles dans sa châtellenie ; — appel en Parlement.

(Id. 1240.)

1394, *janvier* (v. s.). — Etat des sommes que Philippe, duc de Bourgogne, pourrait tirer de ses pays pour les frais de son voyage en Hongrie.

(Id. 1241.)

SUPPLÉMENT

LXXIII.

Habitation de la comtesse de Bar, Iolande, à Paris, appelée hôtel du Colombier ou de Cassel. — Autres hôtels d'Yolande.

L'*hôtel dit de Cassel*, à Paris, appartenant à Robert de Flandres, et puis à sa fille Iolande, était situé dans la *rue de Cassel ou du Colombier*. Un document de l'année 1453, cité par M. Carlier, le prouve aussi. Cet auteur dit dans son travail sur *Henry d'Oisy* que, suivant un procès-verbal du 21 avril 1636, il est constaté que *l'hôtel de Cassel*, s'étendant entre les rues de Vaugirard et du Vieux-Colombier, avait alors disparu depuis longtemps, et que le peuple avait par corruption donné à la rue de Cassel le nom de rue Cassette, qui en est la prononciation vicieuse. — Le même auteur dit aussi que le nom de Cassel, donné à cet hôtel, provenait de la qualification que se donnait Robert de Flandres de *dom de Casleto*, non-seulement sur son scel, mais qui aurait pu être placée sur les pannonceaux [1] de cette résidence princière. Nos recherches nous ont conduit à d'autres renseignements sur ce sujet. Nous allons les produire.

La comtesse Iolande, comme sa mère Jeanne de Bretagne, en un temps [2], avait à Paris un hôtel dit *du Coulombier ou de Cassel* [3], provenant de son père Robert de Cassel ; il était

---

[1] *Pannonceau*, bannière, étendard, pennon, panneau, noms indifféremment employés dans l'espèce, selon Froissart.

[2] Consulter à ce sujet l'ouvrage de Montfaucon, auteur distingué, et ne pas confondre cet hôtel d'Iolande, à Paris, avec ceux dits hôtels de *Flandre*, de *Bar*, de *Longueville*, etc., habités tour à tour par la comtesse Iolande, et dont nous dirons quelques mots à la fin de cet article.

[3] Dès l'année 1324, Jeanne, femme de Robert de Flandres, habitait parfois cet hôtel, et alors elle y fit travailler, comme l'attestent plusieurs pièces des archives de Lille, aux cartons B 596-612, etc. Des lettres de cette Jeanne de Bretagne ont aussi été datées de cet hôtel.

situé dans les environs de Saint-Germain-des-Prés, c'est-à-dire entre cette église et l'emplacement de Saint-Sulpice. Cet hôtel, près de la *Croix rouge*, s'appelait aussi *Maison du Colombier* [1], et les rues du Vieux-Colombier et de Cassel *(Cassellum)* ou Cassette *(Capsellum)* y aboutissaient.

Arrêtons-nous un instant sur le nom de ces rues. Les uns, comme Montfaucon, prétendent que c'est la rue même du *Vieux-Colombier*, qui s'appelait aussi *rue de Cassel* du temps de Robert de Flandres et d'Iolande ; d'autres veulent que l'ancienne rue *Cassette* fut nommée, au XIVe siècle, rue de Cassel. Ces derniers seraient plutôt dans le vrai si l'on peut admettre, avec Adrien de Valois (H. Valesius), que ces deux noms sont synonymes. Voici comme cet auteur du XVIIe siècle s'exprime à ce sujet dans sa *Notitia Galliarum* [2].

« Mænia Casselli pendentia vertici montis, quidam ob id
« le *Mont-Cassel ; Capsellum castrum forte valde*, Johannes
« parisiensis in memoriali historiarum ; ut *capsa*, nostri est
« chasse, Picardis casse ou quaisse, *Capsula*, Cassette. » En effet, le fort ou château de Cassel vu de loin, devait avoir l'apparence d'une boîte carrée, ou *Cassette* dominant le mont et la ville.

Il est certain que de Valois n'a cherché dans cette définition qu'à démontrer une assimilation ou synonymie entre les mots *Cassellum* ou *Capsellum*, mais il n'est pas moins vrai que la rue Cassette (moins longue alors qu'à présent, où elle s'étend de l'extrémité de la rue du Vieux-Colombier à la rue Vaugirard près du Luxembourg) aboutissait aussi à l'hôtel dit du Colombier, et il est très probable que cette demeure des seigneurs et dames de Cassel du XIVe et partie du XVe siècle, était située vers ce point central où les deux

---

1 Il y a, à la Chambre des comptes de Lille, un *inventaire de* 1389 *des titres concernant la maison du Colombier* de Paris, appartenant à la dame de Cassel. Une pièce du carton B. 1093 la concerne aussi.

2 Hadriani Valesii historiographi Regii, notitia Galliarum, in-folio imprimé en 1675.

rues venaient se joindre; c'est-à-dire à peu près à l'endroit où, il y a deux siècles, se voyait le couvent des filles du Saint-Sacrement [1]. Elles ont pu porter indifféremment, ensemble, ou tour à tour, le nom de Cassel. Cependant en 1453, on disait rue de *Cassel* ou du *Colombier* indistinctement.

Quoiqu'il en soit, Félibien [2], prouve par un document authentique que la rue Cassette actuelle et la petite rue Cassette, qui en est proche et dans la même direction, à peu près n'étaient, avant le XVIIe siècle, que des chemins non garnis de maisons : ils aboutissaient à l'hôtel du Vieux-Colombier.

Voici l'extrait d'un procès-verbal cité par l'auteur susnommé, se rapportant à ce sujet.

« Procez-verbail faict pour le nettoyement et pavaige de
« Paris en 1636.

« Visite du faulxbourg Saint-Germain. La *rue Cassette* a
« aussi été visitée et il a été constaté qu'avec plusieurs
« autres voisines [3] elle était malpropre, ainsi que la *petite*
« *rue Cassette* non loin de là. »

Il est dit aussi dans ce rapport : « Nous avons vu en
« ceste rue quantité de bouës et immondices, gravois et
« recouppes de pierres de taille laissés par les massons, à
« quoi les entrepreneurs du nettoyement des bouës nous
« ont dit n'estre tenuz de nettoyer, attendu que ce sont rues
« qui ont été faictes, formées et construites depuis leurs
« baulx et traictez. »

Quant à *l'ancien Colombier* lui-même, dont la rue et l'hôtel des seigneurs et dames de Cassel à Paris, ont d'abord tiré leur nom, il est inexact de dire, comme l'a fait le *Moniteur* du 17 novembre 1867, que ce Colombier avait été bâti par

---

[1] Voir les cartes de Paris des XVIe et XVIIe siècles.

[2] Felibien, *Histoire de la ville de Paris*, tome IV, p. 119.

[3] Quinze rues voisines étaient aussi *ordes, salles et pleines* d'immondices, au commencement du XVIIe siècle, suivant le même *procez-verbail*.

les religieux de Saint-Germain-des-Prés au XVe siècle, puisqu'il existait déjà *vieux* au commencement du XIVe.

Nous avons parcouru autrefois les rues environnant l'ancien emplacement de l'hôtel de Cassel [1] ou du Vieux-Colombier, pour nous pénétrer topographiquement de sa situation exacte, au temps du duc de Bar, Robert, et après Iolande ; mais, aujourd'hui, tout est devenu méconnaissable pour ainsi dire, les travaux de démolition se poursuivent là, pour préparer le débouché de la rue de Rennes, qui ne tardera pas à être ouverte vers l'endroit où existait naguère la voie publique du Vieux-Colombier. Ce percement modifiera profondément l'aspect et les conditions de viabilité de l'ancienne rue dont nous parlons. Elle était fort étroite, il y a peu d'années, dans presque la totalité de son parcours, et la circulation y était souvent encombrée.

Nous avons dit tout à l'heure que nous parlerions d'autres hôtels qu'a habités à Paris, en certains temps, la comtesse de Bar et de Longueville. En effet, elle logea parfois, après son mariage, avec le comte Henri IV, à l'hôtel de Bar, tenant au mur extérieur du couvent des Célestins au bord de la Seine, laissant provisoirement l'hôtel du Vieux-Colombier à sa mère Jeanne, dame douairière, en attendant que celle-ci allât habiter sa maison près le Pont-Perrin, dans le faubourg Saint-Antoine.

Iolande habita aussi quelque temps, lors de son second mariage, avec Philippe de Navarre, comte de Longueville, l'hôtel de ce nom [2]. Enfin il est prouvé que la comtesse, dame de Cassel, retourna, lors de ses séjours à Paris, postérieurs à son deuxième veuvage, à l'hôtel dit de Cassel ou du

---

[1] Nommée au XVe siècle, selon le *Moniteur* (à la date qui vient d'être mentionnée), *rue de Cassel*, parce qu'elle conduisait à l'hôtel de ce nom. — Le *Petit-Journal* du vendredi 17 juillet 1867 dit la même chose.

[2] Hôtel de Longueville-Navarre. — Voir l'historien Felibien, p. 662 (Histoire de la ville de Paris).

Vieux-Colombier, où était mort son premier mari ? Plusieurs de ses actes et lettres datés de cette résidence, après 1363, sont encore conservés aux archives du Nord.

Mais lors des dures conditions imposées à Iolande en 1373 pour sa mise en liberté, ou peu de temps après, elle fut obligée de vendre cet hôtel de Cassel. Nous avons vu que le duc de Bar, son fils, y consentit en accordant que le produit de cette vente ne viendrait point en déduction des 3,000 livrées de terre réservées par la comtesse.

Nous ignorons à quelle époque l'ancien hôtel de Robert de Cassel fut vendu par sa fille, mais nos recherches nous ont fait découvrir que depuis, Iolande eut un autre hôtel situé non loin de l'église de Saint-Nicolas, sur le quai des Bernardins, en face de la Seine. Il porta postérieurement le nom d'*hôtel de Bar*. Cet hôtel fut en partie payé par la munificence du Roi. Voici un sommaire qui le prouve.

1389, *juillet*. — Charles VI, roi de France, mande aux généraux des aides pour la guerre, de faire payer à Iolande, comtesse de Bar, dame de Cassel, par Jacques Hémon, receveur général des dites aides, une somme que le Roi lui a donnée pour l'acquisition d'*une maison à Paris*.

(Carton B. 1086.)

Cette demeure avait appartenu à Jean Serclainx ou T'Serclaes, évêque de Cambrai, décédé, et elle fut achetée à ses héritiers d'après les pièces déposées aux archives du Nord, dont les sommaires sont placés ici en note [1] :

[1] **1389**, *juillet*. — Iolande, dame de Cassel, assigne sur les revenus de la terre de Bornhem, le paiement d'une somme due à Jean, seigneur d'Asche, Evrard Serclaux et autres héritiers de l'évêque de Cambrai, dernier décédé, pour le prix d'une maison sise à Paris, sur la rivière de la Seine, en la rue de Bèvre (Bièvre).

1390, *juillet*. — Robert d'Asche, sire de Meullen, reconnaît avoir reçu du receveur de la dame de Cassel une somme à lui donnée par ladite dame, en récompense de ce qu'il lui a fait vendre une maison sise à Paris, appartenant à Jean, son fils, héritier, à cause de sa femme, du défunt évêque de Cambrai. (Carton B. 1097.)

1391, *décembre*. — Iolande, dame de Cassel, mande à Henri de

L'hôtel de Bar appartint, après la mort de la comtesse douairière, à son fils, puis à ses petits-fils [1]. Il fut confisqué lors des troubles politiques de 1412, à cause de ce que ces princes de Bar, suivaient le parti de Charles VI, leur cousin germain.

On voit qu'il est impossible de confondre les hôtels d'Iolande de Flandres, dame de Cassel, avec l'hôtel de Flandre proprement dit qui était situé rue Coquillière, même du temps de Guy de Dampierre, mari de la comtesse Marguerite (Felibien).

Quant à l'hôtel de Marle appartenant aux descendants du duc de Bar, Robert, et de son fils aîné, Henri d'Oisy, il en sera question lorsque nous traiterons des enfants de ce duc : Ils furent comtes de Marle. Vers 1418, un de ceux-ci avait rue Sale-le-Comte, un hôtel qui fut possédé par ses successeurs, seigneurs de Dunkerque, etc., ancêtres de la branche des Bourbons, rois de France. Cet hôtel tenait à une fontaine

---

Reinschervliete, châtelain de Bornhem, de se trouver à Gand, au terme fixé par elle, avec les receveurs dudit Bornhem et de Rodes, pour donner lettres de sûreté de l'acquisition faite, par ladite dame, du sire d'Asche et d'Everard Cherchaux, d'un hôtel à Paris.

(Carton B. 1149.)

1391, *janvier* (v. s.) — Pouvoir donné par Jean d'Asche, à cause de sa femme Béatrix T'Serclaes, Evrard T'Serclaes, frère de ladite Béatrix, fils aîné d'Evrard T'Serclaes, frère du feu Jean T'Serclaes, évêque de Cambrai, ledit Evrard, tant en son nom que comme tuteur de Venceslas, Jean, Marie et Jeanne T'Serclaes, ses frères et sœurs, pour mettre Iolande de Flandre, dame de Cassel, en possession d'une maison à Paris.

(Carton B. 1154.)

1392, *août*. — Quittances par Jean, seigneur d'Asche, à cause de Béatrix T'Serclaes, sa femme, et Edvrard T'Serclaes, tant pour eux que pour leurs cohéritiers, en leur succession de feu Jean T'Serclaes, évêque de Cambrai, des sommes reçues de la dame de Cassel, pour l'acquisition d'une maison à Paris.

(Carton B. 1182.)

[1] Voir aussi aux Archives départementales de Lille, la pièce datée de 1397, décembre. — Mandat de paiement au profit du boucher de l'hôtel de Bar, à Paris.

(Carton B. 1277.)

publique dite de Marle, où encore en 1578, on voyait gravés les vers suivants :

> « S'aucun de mon nom savoir, parle,
> « J'ai nom la fontaine de Marle
> « Priez Dieu qu'en Paradis aille,
> « Qui m'a fait faire et qui n'y faille. »

Nous allons citer un passage de M. V. Servais [1], concernant les demeures d'Iolande à Paris, et rectifierons ensuite ce qu'il y a d'erroné dans ce texte.

Iolande, dit ce savant auteur, avait en 1373, à Paris, deux hôtels ou maisons dont elle avait hérité de ses ancêtres. Le premier, situé au Pont-Perrin, faubourg Saint-Antoine, était connu sous le nom d'*hôtel de Cassel*, et le second, au faubourg Saint-Germain, se nommait *le Colombier*.

M. Servais, ajoute, d'après de Fourny [2], qu'Iolande de Flandre possédait déjà l'hôtel de Cassel ou du Pont-Perrin en 1344, car le comte Henri IV, son mari, mort à Paris cette année, y avait fait son testament, le 30 novembre précédent, et ce fut, suivant toute apparence, dans cette maison qu'il mourut. — Il y a là confusion de noms.

D'abord l'habitation, lez-Pont-Perrin, (avec grande ferme, grange, jardins, vergers et pièces de terre), avait été donnée par le comte Henri IV et sa femme, à Jeanne de Bretagne [3], lors de leur mariage, et elle l'habitait. La veuve de Robert de Cassel ne mourut qu'en 1355. Cette demeure revint à Iolande après cette année, et par conséquent elle la possédait évidemment en 1373 ; mais ce n'était pas un hôtel.

---

[1] *Annales historiques du Barrois*, t. I, p. 279.

[2] *Inventaire de Lorraine*, t. III, fol. 27.

[3] Voir à la partie traitant de Jeanne de Bretagne, pour cette donation, aux pièces justificatives sommaires qui suivront son texte historique, cet acte est copié sur l'original conservé au tome VII de l'*Inventaire des Chartes*, Archives du Nord.

LXXIV.

Détails supplémentaires sur la reprise d'Iolande en 1372.

1372. — Revenons à la reprise d'Iolande, la dame de Cassel, proche de ses domaines de Flandre, et non loin de son château de La Motte au bois de Nieppe, au Val de Cassel. Nous avons fait des recherches pour découvrir le lieu de cette arrestation de 1372, par de Longueval [1].

Nous pensons, jusqu'à preuve du contraire, que cet événement eut lieu sur les propriétés que possédait ce sire à

---

[1] Le sir de Longueval, dont il s'agit ici, devait être Alain I du nom ; mais *de la Chenaye Dubois*, dans son *Dictionnaire de la noblesse*, ne dit pas qu'il fut chambellan.

Il y a, dans les Archives du Nord, beaucoup de documents sur la famille noble de Longueval. On peut aussi consulter pour ce nom, *l'art de vérifier les dates*.

Le nom de Longueval est connu dans l'histoire des Pays-Bas depuis bien des siècles. Ainsi *Auberis de Longueval (Li Castellanis de Douai)*, fut tué à la bataille de Courtray, en 1302. Il était du côté des Français. (Dom Bouquet, t. XXI.)

Un de Longueval avait été châtelain de Péronne en 1253.

Un *seigneur de Longueval*, capitaine de Péronne, en 1413, s'opposa au passage du duc de Bourgogne, *Jean-sans-Peur*, voulant se rendre à Paris. (Monstrelet.)

Un de Longueval, seigneur de Vaux, *fut gouverneur d'Artois*.

En 1576, un Philippe de Longueval, seigneur de Haraucourt, fut employé par Henri IV à régir son domaine des Pays-Bas. Son fils Philippe, qualifié sieur de Manicamp, fut pourvu de la même charge par le Roi en 1593. (A. Galland, Mémoire sur le droit du Roi, 1648, in-folio.)

Il y eut aussi un *Charles de Longueval*, comte de Buquoy, qui figura, avec son régiment de *Wallons*, au siège d'Ostende par *l'archiduc Albert*, en 1601 ; *il lui fut baillé* le gouvernement du quartier de Bredené. (G. Chappuis, liv. XII, p. 48.)

A. Sanderus, *Flandria illustrata*, t. III, p. 88 (édition de La Haye), dans son article intitulé : *Steenfordia*, de la châtellenie de Cassel, cite un *Adrien de Longueval, seigneur de Vaux et Cappy*, qui épousa vers 1468, Anne de La Tour, fille d'*Egidius de Ghiselin* et d'*Ysabelle de Landas*. De ce mariage naquirent *Jean de Longueval*, seigneur de Vaux, etc. Voir la suite, même page généalogique. Puis, enfin Robert de Longueval, épousa Jeanne de Montmorency, fille de Philippe de Nevele et de Marie de Hornes, dame de Montigny, etc.

Haveskerke [1] et aux environs, frontières de l'Artois, près du village de ce nom.

Voici sur quoi se fonde cette supposition assez vraisemblable. Dans l'ancienne localité seigneuriale dont il s'agit, située au sud-ouest de la forêt de Nieppe et du château d'Iolande (et sur laquelle coule la Lys et la Nieppe, dans le voisinage de Saint-Venant), est un passage qui menait par un *pont* dit alors *Haesken-Brugghe* [2] au bois de Nieppe; il était à une lieue à peu près de distance du château de La Motte-au-Bois. Ce fut ce chemin que devait prendre la comtesse pour arriver de France, par l'Artois, à son manoir féodal, en évitant ainsi les grandes villes voisines d'où elle aurait pu être inquiétée et en traversant le Neuf-Fossé [3].

Ce fut sans doute vers ce point que de Longueval, était allé attendre en embuscade, sur ses propres terres, la comtesse de Bar, dont il s'empara par force, pour complaire, dit-on, à son maître.

Ce qui prouve que Haveskerque faisait partie des domaines du sire de Longueval, c'est que cette même terre fut cédée par lui à Iolande. En juin 1378, elle fit payer à ce seigneur, à Arras, le prix de cette acquisition. On trouve aux Archives de Flandre [4], un mandement de cette comtesse, à Tassart de la Fontaine, son receveur général en Flandres, de payer à messire Henri d'Antoing, chevalier, 3,000 fr. d'or de 37 sols

---

[1] *Haveskerke* ou *Haeskerque* (nom plus ancien), de même que *Hazebrouck* s'appelait auparavant Haesbrouc.

[2] Pont dit *Haesken* ou *Haseken-Brugghe* (et non *pont à Sequin*, Monnaie, comme on l'a dit), était situé sur le Neuf-Fossé, *den Niewen-Dick*. Il y passait encore en 1590. De ce pont (à cheval sur les Neufs-Fossés ou Fossés-Neufs) et vers le milieu de son trajet, entre Ruyscheure et Blarenghem, on se rendait de l'Artois en Flandre-Occidentale, à Cassel, etc., et du pays flamand à Térouane, etc.

[3] Le Neuf-Fossé, creusé pour la défense des pays voisins, était à plusieurs branches et se dirigeait de l'Aa et de Saint-Omer vers Aire. Maintenant le tout est canalisé.

[4] Extrait du registre X de l'inventaire des Archives du Nord.

la pièce, qui font 5,550 l. p., pour payer au sire de Longueval, pour la terre de Haveskerke qu'elle lui a achetée [1].

Il n'est, du reste, pas probable que la comtesse ait été arrêtée ailleurs et plus près de Saint-Omer, car, en se dirigeant de ce côté, elle se serait beaucoup trop détournée de son chemin, et en s'approchant davantage de cette dernière ville, elle aurait risqué de se faire prendre par les soldats de Madame d'Artois, qui y étaient en garnison. Iolande n'a donc pu être arrêtée à plus d'*une lieue de Saint-Omer*, vers sa demeure ordinaire, comme il est dit dans les excuses du comte de Flandre, dont nous reproduisons le texte, pris dans les registres du Parlement, à la pièce justificative n° 31. — Ces excuses du comte Louis de Mâle, sur la prise de la comtesse de Bar, sont datées du 12 décembre 1372 et adressées à Charles V, son cousin.

Nous rappellerons que la comtesse fut enfin rendue libre, et à cet effet, lors des arrangements et conditions posés par le Roi [2], elle lui promit de ne point rechercher le sire de Longueval de l'avoir reprise dans ses terres, etc., ainsi que le prouve aussi la pièce intitulée : *Pax Domine comitisse Barri, ratione captionis sue, cum domine de Longavalle*, citée dans dom Calmet.

Dans l'excuse du comte de Flandre au Roi, que nous venons de citer, il est aussi question de *Louis de Haze* [3], fils naturel du comte Louis de Mâle, qui s'en était allé de son propre mouvement sur les terres de Longueval, en Picardie, dans le Vermandois, et les avait dévastées pour se venger de l'injure, et le châtier de la prise arbitraire par lui faite de la comtesse de Bar.

---

[1] Ajoutons que ce territoire situé sur la rive gauche de la haute Lys méridionale fut, par cette circonstance, englobé dans la seigneurie de La Motte-au-Bois.

[2] Ces conditions sont mentionnées à la pièce justificative n° 32.

[3] Voir à la pièce justificative n° 75, pour des notes historiques sur **Louis de Haze** ou **le Haze**.

« Plusieurs des gens assemblés de l'hôtel de Monsieur de
« Flandre, est-il dit, et autres de son pouvoir, furent
« ès-terres du sieur de Longueval pour mesfaire : ils ardirent
« (incendièrent) aucuns de ses biens. »

Les ambassadeurs sus-nommés dirent à ce sujet au Roi, par la même lettre du comte de Flandre.

« Vous supplions très-haulte Majesté, il vous plaise à la
« supplication de M. le comte que veut vous servir et obéir
« comme à son souverain, remettre et pardonner audit bas-
« tard de Flandre et ceux que avec lui furent.

« Laquelle chose seut bien M. de Flandre (le comte) et
« ne l'empecha point (est-il ajouté), parce qu'il l'y aist et
« et l'eust bien empesché s'il eust voulu, mais il lui eut bien
« plu que l'injure fut chastiée sur la personne dudit sire. »

Louis, bâtard de Flandre, obtint aussi rémission de Charles V. (Ce fut au mois d'octobre 1373, selon le P. Anselme? [1]) Rémission des dommages qu'il avait faits sur les terres du seigneur de Longueval, en vengeance de ce que celui-ci avait arrêté la comtesse de Bar, cousine germaine du père du comte Louis II de Flandre.

Les Archives de la Chambre des comptes de Lille [2] possèdent ces lettres de pardon datées du château du Louvre, d'octobre 1374. Il y est dit : « Rémission accordée à Louis
« de Haze et à ses complices qui avaient pillé et mis le feu
« ès-villes de *Fauconvillers, (Duronvillers, Boinvilliers?) et de*
« *Longueval* [3], en haine du seigneur de Longueval, seigneur
« ès-lieux, etc. [4] »

1 *Hist. Gén. et Chron.*, t. II, p. 740.
2 *Inventaire*, t. X, p. 407.
3 Ces localités sont situées près de Péronne, en Vermandois (Oise). La maison picarde de haute antiquité dite de Longueval, tire son nom de ce dernier lieu, situé proche de la rivière de l'Oise.— Le Dictionnaire susdit de la noblesse donne beaucoup de détails sur cette famille.
4 Voir au Carton B. 944.

1374, *juillet-octobre*. — Jean Barreau, gouverneur du bailliage d'Amiens, commet son lieutenant pour informer contre Bernard Wyon,

En 1373, juillet ou octobre, Guillaume de Récourt, chevalier, et Aléaume Boistel, conseillers et maîtres des requêtes de l'hôtel du Roi, furent commis par lui pour informer sur les dommages essuyés par le seigneur et les habitants de Longueval, Boinvillers et Fauconvillers; ils déclarent ensuite qu'ils ont reçu, de la dame de Cassel, une somme pour avoir vaqué à cette besogne [1].

Nous voyons que la comtesse Iolande fut obligée à indemniser les susdites villes dévastées par le Haze.

On trouve à la date du 6 décembre 1373, lettres par lesquelles cette dame, voulant acquitter les dégâts qu'elle est tenue de réparer à Longueval, etc., vend pour 10,000 florins d'or, une maison située à Bruges [2].

Nous faisons suivre ce présent document de ce qui a rapport à *Louis de Haze*, dont il s'agit aussi dans la précédente affaire d'Yolande, de 1372.

LXXV.

Notes sur le nommé Le Haze, du temps de la comtesse Iolande.

On sait déjà que *Louis Le Haze*, dont il est question dans l'histoire d'Iolande, à propos de l'arrestation arbitraire de cette dame en 1372, par le sir de Longueval, est le personnage qui, après avoir tiré vengeance de celui-ci à cause de son procédé déloyal envers la comtesse de Bar, sa cousine,

prisonnier et accusé d'avoir aussi participé à l'incendie de la ville de Longueval.

(Carton B. 948.)

1374, *juillet-octobre*. — Les échevins de Douai certifient que Bernard Wyon, dit de Loiselet, chevalier, était à Douai lorsque la ville de Longueval a été brûlée.

(Carton B. 948.)

1 Carton B. 943. Archives départementales du Nord.
2 3e Cartulaire de la dame de Cassel, p. 29, Lille.

fut pardonné par le Roi : la pièce justificative qui précède mentionne assez clairement ce fait.

Le Haze était un des enfants illégitimes du comte Louis de Male ; c'était le premier bâtard de Flandre sur onze enfants naturels du comte, dont quatre filles.

Il existe encore aux archives de Flandre du département du Nord, une pièce officielle qui prouve l'affection que le comte Louis portait à ce fils : il lui fait don de tous les biens que tenait de lui, en Flandre, Gérard de Moor, banni pour meurtre. — (Carton B. 935.)

Louis de Male fait payer ensuite à son bâtard Le Haze certaines sommes pour sa dépense à Lille. Le document-ordonnance du carton B. 981, pour 1380, en fait foi.

Enfin le même comte reconnaît, en août 1380, que le receveur de Flandre a payé à Louis Le Haze, son fils bâtard, pour remettre à sa fille bâtarde, *Nonne à Peteghem*, une somme destinée à l'achat de six écuelles d'argent. — (Carton B. 984.)

On voit par ces quelques exemples que Louis Le Haze avait une origine certaine et que, grâce aux protections dont il était entouré, il pouvait se permettre certaines licences : nous venons de prouver qu'il en abusa dans l'affaire de Longueval.

Voici le sommaire de la pièce de pardon du Roi contenue dans le carton B. 944 des archives du Nord :

En 1373, février (v. s.), Charles V, roi de France, accorde rémission à Louis dit Le Haze, bâtard de Flandre, et à ses complices qui avaient pillé et mis le feu ès villes de Longueval, Fauconvillers et Buronvillers, en haine du seigneur de Longueval, lequel avait repris et ramené la dame de Cassel échappée de la tour du Temple où le Roi la tenait prisonnière.

Le Haze était chevalier ; il servit le Roi en ses guerres de Flandre de 1381. Il fut en dernier lieu chambellan du duc Philippe-le-Hardi, comte de Flandre.

Il partit en 1395 pour la Hongrie avec la noblesse française et flamande pour combattre le sultan Bajazet. Il fut tué à la bataille de Nicopolis, gagnée par les Turcs le 28 septembre 1396. A côté de lui se trouvait Philippe de Bar, petit-fils d'Iolande, qui fut massacré dans la même journée [1].

Quelque temps après la mort de Louis Le Haze, survenue le 7 septembre de l'année suivante, c'est-à-dire presque aussitôt que le décès fut connu, Philippe-le-Hardi, ordonna, par lettres datées de son hôtel de Conflans lès-Paris, de faire la saisie des biens délaissés par le défunt, mort sans enfants [2]. Aussi, le 25 décembre 1397, la Chambre des comptes de Lille fit-elle mettre, en la main ledit duc de Bourgogne, tous les biens meubles et immeubles qui appartenaient au bâtard de Flandre, Louis dit Le Haze.

On a supposé à tort que c'est de ce personnage qu'est venu le nom de la ville d'Hazebrouck. On a dit qu'il possédait un manoir sur ce territoire, alors très marécageux, auquel on a conservé son nom en ajoutant le terme teutonique de *brouck*, marécage. Mais Hazebrouck, quoique peu considérable alors, était connu bien avant l'existence du susdit Le Haze. Il est très probable, néanmoins, que le jeune Louis avait une propriété de ce nom [3] pas loin de là et proche aussi du château de la Motte, au bois de Nieppe, habité parfois par la comtesse de Iolande. Il est à croire même que ce furent les liaisons du voisinage avec cette parente qui lui

---

[1] Nous savons que *Henri d'Oisy*, son frère aîné, fils du duc de Bar Robert et de Marie de France, fut aussi présent à ce combat, mais il ne mourut que l'année d'ensuite, à son retour miraculeux de la Hongrie, étant tombé malade à Trévise, proche de Venise.

[2] **1397**, *septembre*. — Main mise, au nom et par ordre du duc de Bourgogne, sur les biens de Louis Le Haze, bâtard de Flandre, décédé en Hongrie sans enfants légitimes. — Carton B. 1274.)

1398, *mai*. — Affectation des biens de feu Louis Le Haze, bâtard de Flandre, au paiement de ses dettes. — (Id. 1282.)

[3] Il est même à supposer que Le Haze porta, au contraire, le nom de ce domaine donné par son père, comme cela arrive souvent dans ces cas dans les familles.

firent prendre si chaleureusement son parti contre de Longueval.

Ce qui du reste nous autorise à nier le fait d'étymologie du nom de la ville d'Hazebrouck, c'est une charte de l'année 1190 citée par Miræus [1]. Un Rodolphe (*Radulphus*) de Hazebrouck y paraît comme témoin lors d'une donation faite par *Sigerus,* châtelain de Gand, à l'Eglise-des-Bois (Hout-Kerke, *forestensis ecclesia,* de trente mesures de terre *in officio de Hasnede,* etc.

On voit par là qu'Hazebrouck était ainsi nommé en un temps bien antérieur au XIVe siècle. Il y a même une preuve précédant la fin du XIIe siècle : à l'époque où la reine Mathilde, veuve du comte de Flandre Philippe d'Alsace, habita cette contrée, au château de la Motte-au-Bois, elle avait une partie de son douaire sur des domaines du territoire dit d'Haesbrouck.

Nous pouvons dire aussi puisque nous nous arrêtons un instant sur le mot Haze ou Haes (*lièvre* en flamand), que ce nom était assez répandu dans ces parages, comme il y est encore conservé. Ainsi il y avait là Haeskerke (Haveskerque : carte géographique du XVIe siècle), Hazeken-Brugghe (pont du Levraut ou Petit-Lièvre) situé aux confins sud-ouest de la forêt de Nieppe ; *Hazewynde* (lévrier), *Haeslinde* (tilleul de Haze), etc. Ces localités appartenaient à un territoire ancien dit Haze ou Haeze, qui a dû être une seigneurie à part [2] indépendante de celle de la Motte-au-Bois, et dont les ancêtres de la famille de Hauweel héritèrent sans doute par alliance en un temps postérieur [3].

---

1 A. Miræus, t. I, p. 758.

2 A ce propos, nous demanderons si cette seigneurie n'a pas quelque rapport avec celle dite *Hasaca,* qui appartenait au XIe siècle aux de *Bette* ou *Beth* de la noble famille de Saint-Omer. On sait qu'ils furent seigneurs de Cassel et de territoires voisins avant les de *Harnes* de la fin du XIe siècle. — Voir mon travail historique sur ces anciens seigneurs et châtelains : les de *Beth* et les de *Harnes* des XIe et XIIe siècles.

3 Voir aux *Annales* du Comité flamand de France, année 1854-55, p. 278.

Terminons ce petit article en examinant si Louis Le Haze, quoique non marié, n'eut pas d'enfants ? Ce qui nous ferait supposer le contraire, c'est une pièce émanée d'Iolande, dame de Cassel, et datée d'avril 1390. Elle mande à Fournier de Metkerke, receveur de la forêt de Nieppe, de payer à Henri Le Haze, dit *Wittemauve*, la somme portée au marché qu'elle a fait avec lui pour parfaire ou compléter le canal de Nieppe, à mesure que les travaux avanceront. — (Carton B. 1094.)

Si nous nous étendons sur ces questions secondaires, c'est qu'elles intéressent singulièrement l'histoire de ce pays ; nous produisons ces notes afin d'aider à des recherches ultérieures, d'un intérêt local, il est vrai, mais chères aux cœurs patriotes.

LXXVI.

Quelques documents et notes sur la guerre de religion en West-Flandre entre les Urbanistes et les Clémentins, et ses suites.

Nous avons examiné sommairement, plus haut, l'origine de ces troubles religieux et le schisme qui donna lieu à la guerre de 1383 dans les parages de Cassel et ailleurs, et à une infinité de maux.

Nous avons vu qu'Urbain VI étant élu pape d'une manière violente et irrégulière en 1378, à la mort de Grégoire XI, quelques cardinaux protestèrent contre ces violences et élurent Clément VII. Tel fut le commencement du grand et long débat de la fin du XIV° siècle.

Clément VII était *l'anti-pape*. C'était Robert de Genève : il était évêque de Térouanne alors qu'il fut élu pape en 1378 par quinze cardinaux. La France le reconnut cependant.

Il n'était pas regardé par l'Église comme pape légitime. Il tenait sa cour à Avignon [1].

---

[1] On trouve de ce pape, aux archives du Nord, des lettres citatoires.

L'Angleterre tenait pour Urbain VI qui résidait à Rome. Par ce schisme qu'on nomma grand schisme d'occident, l'Eglise romaine fut partagée en deux obédiences : il hâta la réforme.

1383. — Les émeutes et une guerre à laquelle les Anglais prirent part en débarquant vers Dunkerque, le ravage et la destruction vinrent tout bouleverser et *mettre à sac* (pillage), dans les terres de l'obéissance de la comtesse en West-Flandre ; ses châtellenies furent dévastées : les *Clémentins* et les *Urbanistes* furent la cause de ces désastres. Iolande était *Clémentine*, il n'en fallait pas davantage pour l'attaquer et ruiner son pays, ce qui força Iolande à sauver à la hâte de son château ses objets précieux. En effet, on voit que, en juin, Jean de Châtillon, secrétaire de la comtesse de Bar, certifie que Pierre de Le Hole, receveur de ladite comtesse, lui a remis une somme pour être employée à payer à un charretier qui conduisit d'Aire à Tournai trois coffres remplis de joyaux appartenant à la comtesse, et les dépenses dudit Jean pour être allé à Tournai faire mettre lesdits coffres en la trésorerie de l'église de ladite ville, — lesquels en furent retirés et placés ensuite à celle de Saint-Pierre d'Aire [1].

Nous n'avons pas besoin de nous étendre ici sur les détails des hostilités en Flandre, à cette époque et par cette cause ; il en a été fait mention dans le texte précédent, pages 84 et suivantes. Ajoutons seulement ici les notes qui suivent :

Au 5 juillet 1383, à peine six semaines après la défaite et le départ de l'évêque urbaniste anglais et de sa troupe de ces contrées maritimes, le roi Charles VI accorde des lettres de répit aux habitants de ce pays qui avaient été obligés d'abandonner leurs biens et leurs maisons et de se retirer ès-bailliages d'Amiens, Tournai et Vermandois, de crainte des Anglais qui étaient entrés en armes, en Flandre.

---

[1] Archiv. du Nord à Lille, carton B. 1000.

(Ces lettres, déposées aux archives du Nord, sont datées de Saint-Germain-en-Laye.)

Orig. en parch.; scel tombé.

En 1384, le jeudi 28 avril, il y eut des lettres des échevins et communautés de la ville de Cassel [1] par lesquelles ils se soumettent à la grâce, pitié et ordonnance du duc de Bourgogne [2], comte de Flandre, pour tout ce qu'ils avaient fait contre le défunt comte de Flandre, pendant les derniers troubles.

Copie en papier. — (Invent. des archives du Nord, p. 209.)

(Une semblable lettre, des mêmes, est datée du 10 mai 1384, par nouvelle démarche sans doute.)

Peu après, le nouveau comte de Flandre Philippe-le-Hardi rend aux habitants de Dunkerque et de Cassel leurs franchises et priviléges. — (Carton B. 1020.)

1384, mai, à Lille. — Lettres par lesquelles Philippe-le-Hardi, duc de Bourgogne, et la comtesse Marguerite, sa femme, rendent aux bourgeois et aux habitants de la ville de Cassel les lois, priviléges et coutumes dont ils jouissaient avant les troubles et rébellions.

Copie en parchemin. [3]

Il y eut au même temps des lettres de créance données par le comte de Flandre à Robert de Stapple, *rewart* (officier de police) de Bergues, son envoyé près les villes et châtellenies de Bergues, Cassel, Bourbourg, Nieuport, Mardick et Gravelines. — (Carton B. 1019.)

Obs. On peut voir aux archives du Nord, à Lille, un mé-

---

[1] Registre XI de l'Invent. des archives du Nord, p. 204.

[2] Philippe-le-Hardi, gendre du comte Louis de Male et qui lui succéda après sa mort.

[3] Il y eut aussi en juillet 1397, des lettres du duc de Bourgogne portant restitution des biens confisqués sur ceux de ses sujets de Flandre et autres qui ont pris part à la dernière rébellion. — (Carton B. 1272.)

moire en flamand, daté du 2 février 1382 (v. s.), regardant des titres et priviléges des villes et châtellenies de Cassel et celles voisines, apportés au comte de Flandre à cause des troubles [1].

Une autre pièce du même mois concerne le résultat de l'examen par le Conseil dudit comte des titres et priviléges des villes et châtellenies de Cassel, Warneton, Bailleul, Poperingues, Bourbourg et châtellenie, Dunkerque, Bergues et châtellenie, Mardick, Loo, Ypres, Nieuport, Fieurnes et châtellenie, apportés à Lille lors des troubles.

(Archiv. départ. du Nord. Carton B. 1004.)

Un mémoire présenté au comte de Flandre, en son Conseil, constate aussi ce fait ; il fut rédigé le 20 février 1383 (n. s.), les ambacht de la Flandre occidentale et surtout Cassel ayant dû apporter à Lille tous leurs priviléges et franchises entre les mains du comte, comme forfaits par leurs rébellions et conspirations.

(Ce mémoire se trouve au t. II de l'invent. Ier, p. 90, 7e cartul. de Flandre.)

Autres notes sur la guerre de religion en Flandre en 1383 [2].

Ce fut peu après la bataille de Rosebecque, où les Flamands furent défaits par Charles VI, qu'une autre guerre survint, suscitée par le pape Urbain VI, qui envoya prêcher en Angleterre une espèce de croisade contre ceux qui tenaient le parti de Clément VII, son compétiteur, et qu'on appelait les *Clémentins* [3]. Henri Spenser, évêque de Nordvic (ou Nor-

---

[1] Invent. IV, p. 90, n° 7312.

[2] Extrait en partie de Montfaucon, t. III, p. 90.

[3] Froissart dit que les Flamands tenoyent opinion contraire à celle du pape Clément et se nommaient en créance Urbanistes, « dont les Français dirent qu'ils estoient incrédules et hors de foy ».

vich), se mit à la tête des troupes anglaises pour subjuguer la Flandre soumise au roi de France qui était Clémentin. Hue de Canrolée représenta à ce Spenser que s'il portait la guerre en Flandre, il attaquait les Flamands et leur comte qui étaient aussi bons urbanistes que lui, et qu'il valait mieux la porter en France qui était toute clémentine. Le comte de Flandre Louis lui envoya aussi des ambassadeurs lui représenter que lui et son comté étaient urbanistes, et qu'ainsi, selon l'intention du pape, il ne devait pas leur faire la guerre. « Le roi de France et le duc de Bourgogne, ré-
« pondit l'évêque, sont clémentins et seigneurs de Flandre;
« c'est à leurs sujets que nous faisons la guerre. »

L'évêque se rendit à Calais avec l'armée. Ayant appris qu'il y avait auprès de Dunkerque 12,000 Flamands conduits par le bâtard de Flandre [1], il alla les attaquer et les défit. Les Flamands s'enfuirent vers Dunkerque, et les Anglais y pénétrèrent pêle-mêle avec eux. Après résistance, les Flamands furent presque tous tués.

Le roi Charles assembla une armée fort nombreuse. Il vint avec elle en Flandre; l'avant-garde, où était le connétable, alla assiéger *Mont-Cassel* [2] que les Anglais occupaient. Il fit donner un assaut; la place fut emportée, les Anglais taillés en pièces, et la ville abandonnée au pillage des Français. Ceux qui purent se sauver s'enfuirent à Bergues. Hue de Canrolée, déjà mentionné et qui était là, ne jugeant pas la place tenable, l'abandonna et se retira vers Calais. Les autres Anglais s'en allèrent à Bourbourg d'où, après capitulation avec le Roi, ils retournèrent en Angleterre [3].

---

[1] Louis le Haze, sans doute ?

[2] Constubularius cum prima acie montem Castelli absedit quod occupabant Angli; vehementer oppugnatur oppidum et capitur.

[3] Voir aussi particulièrement aux « Chants historiques de la Flandre », de L. Debacker, p. 189 (chanson de Notre-Dame de Thuyne d'Ypres), les motifs du siège d'Ypres et l'abandon qu'en firent les Anglais le 10 août 1383, après deux mois de vains et valeureux efforts de part et d'autre.

LXXVII.

Extrait de l'« Histoire de Bourgogne » de Dom Plancher
(t. III, p. 72), *sur la même guerre.*

Les guerres de Flandre qu'on croyait finies lors de la trève après la bataille de Rosebecque, recommencèrent bientôt par les intrigues des Gantois qui eurent recours aux étrangers, pour avoir de l'aide contre les nouvelles attaques qu'on avait lieu de craindre, de la part du comte de Flandre assisté des forces du duc de Bourgogne et du roi de France. Les Anglais, avec qui ils avaient fait alliance, ne tardèrent pas à venir les secourir. En arrivant en Flandre, ils défirent une troupe de 12,000 Flamands et se saisirent de la ville de Dunkerque. Le comte de Flandre, qui était alors en la ville de Lille, en envoya donner avis au duc de Bourgogne [1] qui était à la cour de France auprès du Roi. Ce prince, voulant prévenir les suites de cette victoire inopinée des Anglais, envoya promptement ses capitaines avec des gens d'armes de Bourgogne en garnison dans les villes frontières de Flandre, à Saint-Omer, Aire, Saint-Venant, Cassel, et autres.

Ces précautions du duc ne furent pas suffisantes pour la défense des villes de Flandre. Les Anglais prirent en fort peu de temps Bourbourg, Cassel, Saint-Venant, Gravelines, Bergues, Bailleul, Poperinghe, Messine, etc. Après quoi ils mirent le siége devant Ypres où 20,000 Gantois les furent joindre. Sur la nouvelle de ce siége, le duc de Bourgogne,

---

Un grand tableau, placé dans l'église Notre-Dame d'Ypres, à l'entrée à droite, représente cette ville fortifiée d'alors et miraculeusement protégée, selon la légende, par la Vierge Marie (*vanden Thuyn*) qui plane dans les airs sur cette place entourée de palissades, clôture ou enceinte appelée *Thuyn* en flamand.

[1] Philippe-le-Hardi, le gendre de Louis de Male, lui succéda au gouvernement du comté de Flandre, et fut ainsi le premier comte de la maison de Bourgogne.

qui avait intérêt à garder les Flandres, pensa sérieusement à les secourir et à rassembler pour cela toutes ses forces.

Le roi de France vint aussi au secours du duc, ce qui fit lever le siége et retirer les troupes rebelles. Elles se portèrent vers les villes de Flandre occidentale dont elles s'étaient précédemment rendus maîtres. L'armée de France les y suivit et les obligea de les abandonner toutes.

— Le comte de Flandre Louis de Male trépassa le 30 janvier 1383 (v. s.), l'année finissant à Pâques. (A. LE GLAY.) [1]

LXXVIII.

Note sur cette guerre de religion, extraite de notre « topographie de Cassel » [2].

Lors de la guerre de 1383 en Flandre occidentale, les Anglais ravageaient la Flandre au point que les habitants consternés enfouissaient leurs effets précieux, et beaucoup cherchèrent leur salut dans la fuite. Le comte de Flandre Louis de Male, alarmé de la rapidité de ces conquêtes, s'arracha aux délices qui le retenaient à Lille : il arma les peuples de Bergues, Cassel, Bailleul, etc., mais ils furent taillés en pièces sur le chemin de Gravelines.

Alors Philippe-le-Hardi, duc de Bourgogne, gendre du comte, renforça les troupes des garnisons de Cassel et des autres villes des châtellenies voisines ; mais les troupes de l'Angleterre victorieuses fondirent sur Cassel, ravagèrent cette ville et y laissèrent une forte garnison ; ils se dirigèrent ensuite vers Ypres.

Dans la crainte de perdre la ville d'Ypres, le comte Louis

---

[1] Il mourut à Saint-Omer. Des auteurs disent qu'il fut enterré à Saint-Pierre à Lille et non dans l'église de Saint-Bertin à Saint-Omer.

[2] « Topographie historique, physique, statistique et médicale de la ville et des environs de Cassel », 1828.

implora le secours du roi Charles VI, intéressé à ne point souffrir que la Flandre tombât au pouvoir des Anglais. Ce roi se mit à la tête d'une armée de 100,000 hommes, et il ordonna à ses maréchaux de s'emparer de Cassel ; le général de cavalerie Clisson chassa les Anglais qui gardaient cette place forte : ceux-ci s'enfuirent à Bergues en l'abandonnant au pillage des Français qui y mirent le feu [1].

1 Voir Monstrelet, Froissart, de Mezerai, Juvenal des Ursins, de Barante et autres historiens distingués.

TABLE

DE

DOCUMENTS & PIÈCES JUSTIFICATIVES

CONCERNANT IOLANDE DE FLANDRE, ETC.

TABLE

DES

DOCUMENTS ET PIÈCES JUSTIFICATIVES DU PRÉSENT OUVRAGE

Pièces.	Dates.		Pages.
I.	1326.	Date authentique de la naissance d'Iolande, année 1326.	141
II.	1339.	Dispensation du mariage d'Iolande avec le comte Henri IV de Bar	142
III.	1339.	Bulle du pape Benoît XII pour ces dispenses.	142
III bis.	1339.	Lettre de dispense, pour le même, par l'évêque de Noyon	145
IV.	1352.	Pièce concernant Jeanne de Bar, comtesse de Garennes, gouvernante du comté.	146
V.	1352 et 1354.	Quittances de frais pour la guerre d'Iolande contre la comtesse de Garennes.	147
VI.	1352.	Le bailli de Sens chargé du gouvernement du Barrois	147
VI bis.	1353.	Prérogatives du comte de Longueville comme deuxième mari d'Iolande de Flandre	148
VII.	1354.	Pièce concernant Robert émancipé	149
VIII.	1355.	Lieutenance du Barrois donnée à Henri de Bar.	149
IX.	1355.	Paix entre Philippe de Navarre et Henri de Bar, lieutenant général du duc de Bar.	150
X.	1356.	Sauf-conduit pour Iolande et son fils	155
X bis.	1357.	Lettres de Robert, duc de Bar, à sa mère, pour la prier de prendre soin de son comté	156
XI.	1358.	Dispense accordée à Iolande pour son vœu.	156
XII.	1359.	Fondation, par la comtesse, d'une chapelle à l'occasion de ce vœu	157
XIII.	1358.	Lettres de Thiébaut de Blamont, conseiller du duc de Bar, Robert	158
XIV.	1360.	Le duc Robert s'engage à soutenir sa mère contre Henri de Bar.	159
XV.	1361.	Engagement de la couronne du Barrois par la comtesse Iolande.	160
XVI.	1362.	Sommaires de documents concernant des excommunications d'Iolande.	161

Pièces.	Dates.		Pages.
XVII.	1363.	Délivrance du chevalier de Moncel par la comtesse	162
XVIII et XIX.	1365.	Approbation des comptes du receveur des tailles de Cassel	164
XX.	1365.	Nouveaux engagements de la couronne	163
XXI.	1366.	Cessation des offices divins dans les terres d'Iolande en Flandre	164
XXII.	1366.	Mandement au sujet des dîmes, etc.	165
XXIII.	1367.	Ordres de l'official de Térouanne concernant Iolande.	166
XXIV.	1367.	Sommaires d'absoutes en faveur de la comtesse de Bar	167
XXV.	1368.	Restitution au comte de Flandre d'un malfaiteur réfugié dans le Barrois	167
XXVI.	1369.	Nomination à la mairie de Cassel, etc.	168
XXVII.	1370.	Inventaire de joyaux divers	169
XXVIII.	1370.	Mention de joyaux donnés par Madame ....?	172
XXIX.	1371.	Arrestation du duc Robert par sa mère	173
XXX.	1372.	Arrestation de la comtesse Iolande	173
XXXI.	1372.	Excuses au roi du comte de Flandre sur la prise de la comtesse de Bar	174
XXXI bis.	1372.	Le comte Louis de Male ordonne de refortifier Cassel	177
XXXI ter.	1372.	Autres lettres du comte de Flandre sur le même sujet pour la défense du pays	179
XXXII.	1373.	Libération d'Iolande, prisonnière au Temple, à Paris, et conditions ad hoc	179
XXXIII.	1373.	Pièces regardant la même libération	183
XXXIV.	1373.	Iolande accorde pardon au sire de Longueval qui l'avait arrêtée	184
XXXV.	1373.	Lettres de rémission du roi à la comtesse le jour de sa délivrance	185
XXXVI.	1373.	Cession des biens d'Iolande en Flandre à l'aîné des fils du duc Robert	187
XXXVII.	1373.	Lettre du duc concernant la même cession (Vidimus)	188
XXXVIII.	1373.	Mémoire de lettres, secrétaire du roi, pour Monsieur de Bar et Iolande, sa mère	190
XXXIX.	1374.	Lettres patentes de Charles V concernant Iolande et le duc, son fils	191
XL.	1373.	Emprunt d'argent par la comtesse. Effets mis en gage par elle	192
XLI.	1374.	Restitution à Iolande d'un signe d'or qu'elle donné en garde au duc son fils	193

Pièces.	Dates.		Pages.
XLII.	1377.	Ordre donné par l'official de Térouanne d'aller entendre la confession de la comtesse de Bar.	194
XLIII.	1377.	Le roi affranchit Iolande de retourner en prison.	194
XLIII bis.	1377.	Délivrance de Jean de Bar, prisonnier de la comtesse.	195
XLIV.	1377.	Conditions imposées par Charles V, concernant la reddition de Clermont, etc.	196
XLV.	1378.	Assignation à Iolande de 3.000 l. de rente.	199
XLVI.	1378.	Règlement donné par Iolande, dame de Cassel, en faveur de la bourgeoisie de cette ville. Droits d'issue.	200
XLVII.	1378.	Confirmation de ces lettres par Louis de Male.	202
XLVIII.	1517.	Confirmation des mêmes priviléges pour Cassel par Charles-Quint.	203
XLIX.	1378.	Lettres priviléges de la comtesse Iolande concernant la fabrication de drap à Cassel.	204
L.	1378.	Confirmation de ces lettres par le comte de Flandre	209
LI.	1517.	Charles-Quint confirme ces lettres priviléges.	211
LII.	1378.	Promesses des autorités de Cassel à Iolande.	212
LII bis.	1378.	Lettres des échevins et conseil portant promesse d'exécuter ces priviléges.	213
LIII.	1379.	Conditions pour fabrication et pose d'une horloge au château de la Motte-au-Bois.	216
LIII bis	1380.	Mandements d'Iolande pour payements de fournitures au chastel de Nieppe.	218
LIV.	1383.	Donations pieuses de la dame de Cassel.	219
LV	1384.	Lettres concernant recouvrement de sommes dues par ceux de Cassel.	220
LV bis.	1386.	Commission de la comtesse au bailli de Bourbourg pour procès.	221
LVI.	1391.	Jugement d'Iolande pour pacification entre partis	222
LVII.	1392.	Accord fait entre Iolande et le duc de Bourgogne, comte de Flandre, regardant Cassel, etc.	223
LVIII.	1392.	Suite de ces accords confirmant la comtesse comme dame de Cassel. — Renoncements.	225
LIX.	1392.	Sommaire de la cession de Bergues, Neuport, etc., au duc Philippe-le-Hardi.	226
LIX bis.	1393.	Requête adressée par Iolande au comte de Flandre	227
LX.		La dame de Cassel expose au comte de Flandre la situation déplorable de la châtellenie de Bourbourg.	228
LX bis.	1393.	Hommage de Robert, duc de Bar, au comte de Flandre, Philippe-le-Hardi.	231
LXI.	1394.	Hommage d'Iolande au même comte.	231

Pièces.	Dates.		Pages.
LXII.	1395.	Inventaire des biens de la comtesse en Flandre, tenus en fief, du duc Philippe-le-Hardi, comte de Flandre	233
LXIII.	1395.	Arrêt du parlement contre les hommes de fiefs de Cassel et en faveur d'Iolande.	234
LXIV.	1395.	Vidimus. — Lettres de Charles VI concernant Cassel et la comtesse	234
LXV.	1395.	Époque du décès d'Iolande de Flandre, 12 décembre, et indication du lieu de sa mort	237
LXV bis.	1395.	Notes sur le château de la Motte-au-Bois de Nieppe	238
LXVI.	1388.	Extraits du testament d'Iolande	241
LXVI bis.	1388.	Divers sommaires ayant trait à sa succession, etc.	247
LXVII.	1395.	Inventaire des biens de la comtesse en Flandre occidentale qu'elle tenait en fief.	250
LXVII bis.	1406.	Dénombrement des biens d'Iolande en Flandre orientale dévolus à son fils.	251
LXVIII.		Quelques sommaires supplémentaires regardant certaines questions religieuses pour la dame de Cassel	252
LXIX.		Autres sommaires de documents de nature surtout administrative	258
LXIX bis.		Quelques sommaires de pièces sans date regardant la même dame foncière	273
LXX.		Extraits des Cartulaires d'Iolande ; archives du Nord	276
LXXI.		Sommaires concernant Philippe de Navarre, deuxième mari d'Iolande, de 1353 à 1363	293
LXXII.		Sommaires concernant diverses affaires et différents, entre le comte de Flandre, Louis de Male, et Iolande	300
LXXII bis.		Sommaires de même nature entre la comtesse et Philippe-le-Hardi	301
LXXII ter.	1395.	Sommaires d'affaires concernant l'aide levée en 1394 en Flandre, pour la guerre de Hongrie contre les Turcs commandés par le sultan Bajazet	311
LXXIII.		Habitation de la comtesse de Bar à Paris, appelée hôtel du Colombier ou de Cassel, et autres hôtels d'Iolande	313
LXXIV.		Détails supplémentaires sur la reprise de la comtesse Iolande en 1372	320
LXXV.		Notes sur le nommé Haze, bâtard, du temps de la comtesse en Flandre.	324
LXXVI.		Quelques documents sur la guerre de religion en Flandre occidentale, 1383	328

LISTES DES PRINCIPAUX OUVRAGES
DE L'AUTEUR.

1° Ouvrages de Médecine et d'Histoire naturelle.

PHYTOLOGIE PHARMACEUTIQUE ET MÉDICALE, avec les figures caractéristiques des familles végétales. 1829, 1 vol. gr. in-8°.

TABLES SYNOPTIQUES DE L'HISTOIRE NATURELLE MÉDICALE DES ANIMAUX ET DES PLANTES, avec près de 600 figures gravées. 1829, 7 feuilles grand aigle. — Typographie de Moïssart, à Paris.

BOTANIQUE ET PHARMACOLOGIE ÉLÉMENTAIRES. Ouvrage demandé et adopté, pour l'enseignement, à l'Ecole d'accouchement de Paris, par le Conseil général de la Seine et l'administration supérieure des hôpitaux de Paris. 1837.

NOTICE STATISTIQUE, HISTORIQUE ET MÉDICALE de l'Asile public d'Aliénées de Lille.— Rédigée sur la demande de M. le Préfet et du Conseil général du département du Nord. 1847.

DISCOURS D'OUVERTURE DU COURS PUBLIC ET COMMUNAL D'HISTOIRE NATURELLE, fondé à Lille en 1840 et professé aussi à Auxerre en 1858, par le même auteur, ancien professeur de l'Ecole de médecine d'Amiens.

CONSIDÉRATIONS SUR LES ALIÉNÉS ET LEUR TRAITEMENT, 1862. — Cette brochure fut réimprimée à Hazebrouck, chez M. L. Guermonprez, peu de temps avant le transfèrement de l'Asile de Lille à Bailleul ; M. le D^r De Smyttère en était de nouveau alors, le médecin en chef. Il en avait été révoqué en 1848, par le citoyen Delecluze, mais réinstallé plus tard.

2° Ouvrages historiques.

TOPOGRAPHIE HISTORIQUE, PHYSIQUE, STATISTIQUE ET MÉDICALE de la ville et des environs de Cassel (Nord), 1828 et 1833, avec cartes et planches. — Médaille d'or décernée par la Société d'agriculture de l'arrondissement d'Hazebrouck.

OBS. — Les listes méthodiques des nombreuses productions zoologiques et surtout botaniques de ce pays, d'après les recherches de l'auteur, comprennent les 80 dernières pages de ce livre, auxquelles sont jointes des observations géologiques sur le *tertiaire éocène* du Mont-Cassel.

Discours historique sur Cassel, lu au Congrès archéologique de France, session de Dunkerque de 1860, séance de Cassel. — Imprimé à Caen, dans les *Annales du Congrès*. — Médaille d'honneur.

Fragments historiques sur les Pères Récollets de Cassel, édités dans le volume VIII des *Mémoires de la Société scientifique de Dunkerque*. 1862.

Notice historique sur les armoiries, scels et bannières de la ville de Cassel, de sa châtellenie et de ses seigneurs et dames, 1862, avec 12 planches héraldiques. — Imprimée dans les *Annales du Comité flamand de France*, tome VI.

Statistique archéologique du canton de Cassel. Travail qui a servi pour la *Statistique archéologique du Nord*, publiée par la Commission historique de ce département. — Lille, imprimerie de M. Danel. — Année 1863.

Notes sur d'anciens registres et des archives de la cour et de la ville de Cassel, 1864. — Imprimées dans le *Bulletin du Comité flamand de France*, tome II, N° 9.

Mémoire sur l'Apanage de Robert de Cassel de 1320, avec planches héraldiques et sceaux. — Imprimé en 1864 dans les *Annales du même Comité*. Tome VII.

La Bataille du Val de Cassel de 1677, ses préludes et ses suites, avec nombreuses planches, cartes, etc. 1865. — Imprimée à Hazebrouck.

Obs. — Cet ouvrage de 200 pages précéda de peu l'inauguration officielle du monument commémoratif près Cassel, en souvenir de ce fait d'armes glorieux pour la France; cet obélisque, élevé par souscription, eut M. le D^r De Smyttère pour promoteur. — Voir son *discours* prononcé lors de la cérémonie officielle d'inauguration du monument, cette année, imprimé dans le journal l'*Indicateur* d'Hazebrouck, avec celui de M. Fleury, recteur de l'Académie de Douai, et de M. le sous-préfet d'Hazebrouck, présents officiellement à cette solennité patriotique [1].

Recherches historiques sur les seigneurs, chatelains et gouverneurs de Cassel des XIe, XIIe et XIIIe siècles, 1866. Travail édité dans le *Bulletin de la Commission historique du Nord*. Tome IX.

Brochure intitulée : Cassel, son antique chateau-fort et sa terrasse, sa collégiale de Saint-Pierre, leurs ruines, etc. 1867. — Imprimée à Hazebrouck, chez M. Guermonprez.

Discours à l'occasion des distributions de prix du collège de Cassel, en août 1867 et 1871. — Imprimés dans l'*Indicateur* d'Hazebrouck.

---

[1] C'est à la suite de la fête d'inauguration de ce monument que M. le D^r De Smyttère fut promu au grade d'*Officier de l'Instruction publique*, sous le ministère de M. Duruy.

Discours historique prononcé lors de l'inauguration et de la bénédiction solennelles du monument pyramidal érigé au square de l'ancien castel de Cassel, le 21 septembre 1873.

Obs. — Cette grande pyramide, en pierres de calcaire carbonifère de Soignies, fut offerte pieusement par M. le D^r De Smyttere, à sa ville natale, en souvenir des faits principaux qui survinrent successivement à cette localité à partir du commencement de l'époque gallo-romaine jusqu'au XVIIIe siècle. L'auteur, promoteur de cette œuvre, a eu soin de faire graver la mention sommaire de ces divers événements au-dessous des figures héraldiques (sculptées en creux sur les faces de la pyramide) sur le socle massif de ce monument pesant, dans son ensemble, 35,000 kilogrammes. — Ce fut l'Administration communale de Cassel, aussi jalouse de la gloire de cette cité, qui fit les frais du transport de ces pierres et de leur pose, s'élevant jusqu'à 5 mètres depuis la base.— Ce *discours historique* fut imprimé, avec relation abrégée de cette fête de famille, chez M. A. David, à Hazebrouck. — 4 planches-plans y représentent les faces ornées de cette pyramide et ses légendes.

3° Publications concernant Auxerre et ses environs.

Traits-d'union entre la Bourgogne et la Flandre, du temps des ducs-comtes de Flandre, surtout. Avec notes et extraits des archives du Nord. Travail publié au *Bulletin des sciences historiques et naturelles de l'Yonne*, 3e trimestre, 1865.

Recherches historiques sur les écussons aux armoiries des villes d'Auxerre et de Nevers. — Imprimées dans le même Bulletin scientifique, 2e semestre de l'année 1866.

La Puisaye, Saint-Fargeau, Toucy et leurs seigneurs de la Maison de Bar, XIIIe, XIVe et XVe siècles, 1869. — Même Bulletin.

Suppléments historiques sur la Puisaye en Auxerrois et particulièrement sur la comtesse de Bar Iolande, dame douairière de cette contrée. — Année 1871. — Même Bulletin de la Société des sciences de l'Yonne, 1er trimestre.

4° Ouvrages publiés cette année 1877.

Etudes et Recherches historiques et archéologiques sur les églises collégiales de Saint-Pierre et de Notre-Dame de Cassel, ainsi que sur ses autres institutions et monuments religieux anciens, avec planches nombreuses. — Imp. A. David, éditeur de l'*Indicateur* à Hazebrouck.

Iolande de Flandres, sa vie et ses principaux actes administratifs comme comtesse de Bar, et dame de Cassel, etc.— 1326 à 1395, avec 14 planches et cartes. — Imp. Lefebvre-Ducrocq à Lille.

RECHERCHES HISTORIQUES SUR L'ANCIENNE ÉGLISE DE SAINT-NICOLAS DE CASSEL ET SUR SA CHAPELLE MODERNE, d'abord profanée et dégradée, puis restaurée après acquisition, par M. le D^r De Smyttère en 1876, et bénite l'année suivante.

5° Travaux achevés du même auteur devant paraître successivement dans l'ordre suivant.

ROBERT DE CASSEL. Ouvrage historique étendu, manuscrit couronné en 1870 par la Société des Sciences et Arts de Lille.

RECHERCHES HISTORIQUES SUR LES DUCS DE BAR, comme seigneurs de Cassel et lieux voisins, première moitié du XVe siècle.

ROBERT-LE-FRISON. — Son tombeau à Cassel, dont des fragments de pierres tumulaires se voient encore dans la crypte de Saint-Pierre au château, seul reste qui en subsiste.

GÉOLOGIE DU TERTIAIRE ÉOCÈNE DU MONT-CASSEL et des collines environnantes, avec planches.

NOTICES SUR LES VESTIGES D'UN CIMETIÈRE GALLO-ROMAIN ET D'UN CIMETIÈRE MÉROVINGIEN DÉCOUVERTS A CASSEL : l'un en 1826, l'autre en 1876, et lues, cette présente année, 1877, en séances de la Commission historique du Nord.

ETUDE HISTORIQUE ET ARCHÉOLOGIQUE CONCERNANT L'ÈRE GALLO-ROMAINE POUR CASSEL (le Castellum des Romains) et ses environs, avec planches archéologiques, etc.[1]

LES BATAILLES CÉLÈBRES DU VAL DE CASSEL de 1071 et de 1328, leurs préludes et leurs suites. Ouvrage orné de planches. Son texte est accompagné de notices sur ROBERT-LE-FRISON, victorieux à la première bataille, et sur ROBERT DE CASSEL, (l'apanagiste de la Flandre la plus occidentale, dès 1320), l'un des principaux acteurs à la bataille de 1328 où le Roi de France, Philippe de Valois, fut vainqueur.

HYGIÈNE POPULAIRE, par dialogues, à l'usage des habitants du Nord de la France.

QUÆRENDO :
PRO PATRIÁ....
ET AMICIS !

---

[1] Ces trois derniers ouvrages étaient d'abord pour être réunis sous le titre de : *Le Mont-Cassel géologique et préhistorique ; son château-fort, Castellum ; son archéologie et son histoire de l'Ère gallo-romaine*, etc.

ERRATA ET ADDITIONS

Page 11, lire *Durival* au lieu de Dorival.

Pages 13 et 14. Si l'incertitude sur l'époque du décès du comte Henri IV peut être levée par une épitaphe du temps, déposée au musée de Bar-le-Duc, et qui doit provenir de son monument funèbre de Saint-Maxe, ce prince serait mort à Paris, *l'an de grâce 1344, la vigile de Noeil* [1].

Page 18, au lieu de Thibaut de Bar, évêque de Liége, lire *Thiébaut de Bar, seigneur de Pierrepont* [2].

Page 57, en note, lire *Begraeven* au lieu de Begraeden.

Page 61, ajouter l'article *la* à la dernière ligne de la note.

Page 81, ligne 16, après les mots : Madame de France, ajouter : *Marie, duchesse de Bar* ; et après : *et de ses fils*, ajouter : *ce fut en 1381*.

Page 92, note 3, lire *Hénaut* au lieu de du Hainaut.

Page 94, deuxième paragraphe, lire *succédées* au lieu de s'étaient succédé.

Page 114, ligne 3, lire *mausolée en marbre* sans ajouter le mot *blanc*.

Page 114, erreur pour *Richard de Wassebourg* : il est né à *Saint-Mihiel*.

— Quant aux *planches*, le N° 1 de Bar représente des *faces* de monnaies de Iolande et du duc Robert, et non des faces et revers; c'est ainsi pour les N°s 1 et 2, elles sont doublement distinctes.

---

[1] Si M. Servais a conjecturé que le comte de Bar était mort en sa maison de Pont-Perrin, c'est à cause de son testament qu'il y fit 21 jours seulement avant son décès. Du reste, nous avouons ne posséder aucune preuve positive du contraire; l'habitation d'Iolande, *rue du Colombier*, a seule pu nous faire supposer que le comte Henri IV y mourut.

[2] Un auteur avait dit *Thibaut, évêque de Liége*, mais, selon M. Servais, notre ami, celui-ci ne vivait plus en 1345.

Le prince, qui a tenu tête à Iolande dans la querelle des parents de ses fils Edouard et Robert, était, à ce qu'il paraît, le neveu de l'évêque de Liége, et fils d'Evrard de Bar, seigneur de Pierrefitte, etc.

Lille, imp. Lefebvre Ducrocq.

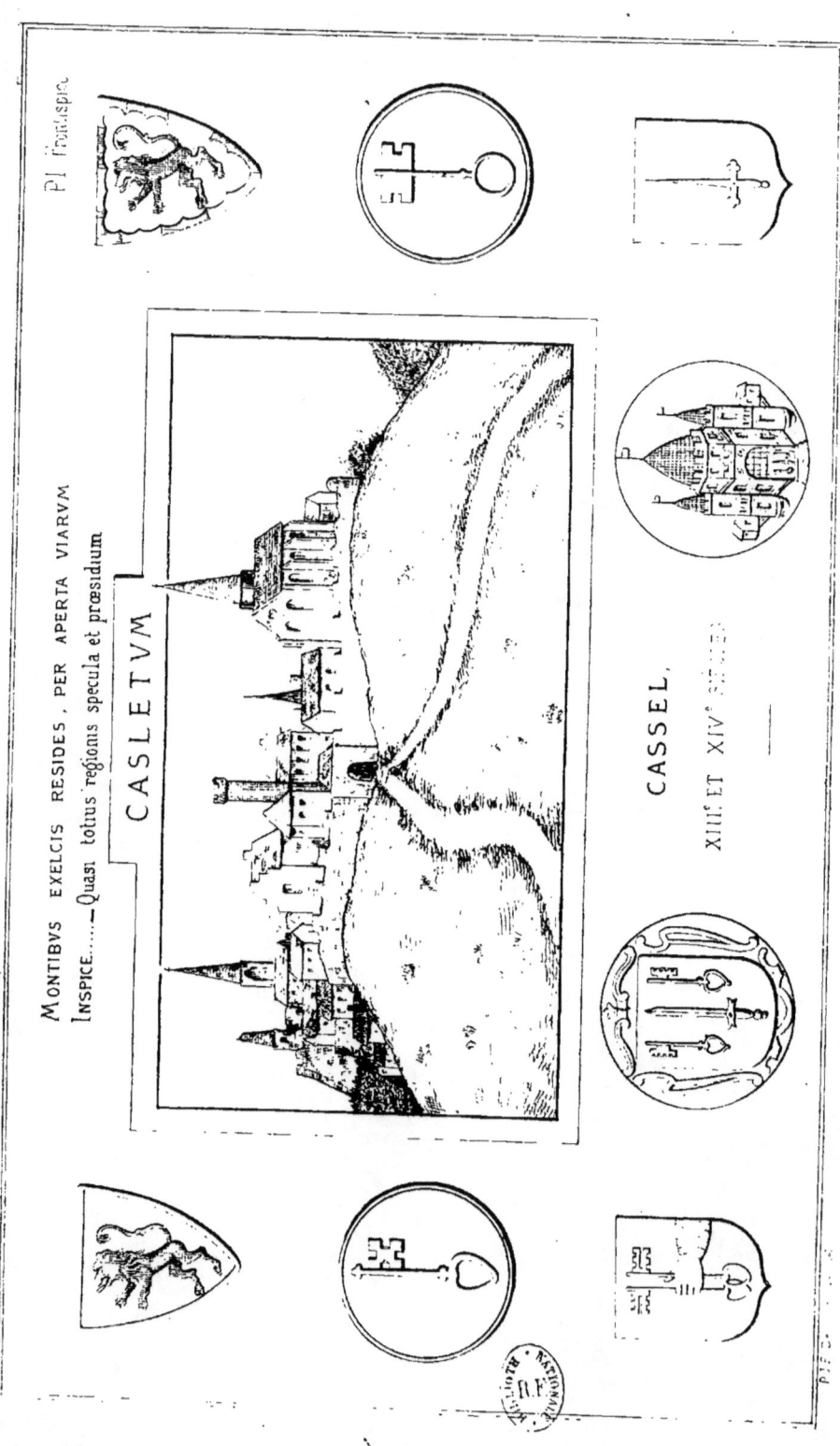

JEANNE DE BRETAGNE – Fl.e CASSEL.   Pl. 2

1. Scel de la Dame de Cassel — 1333

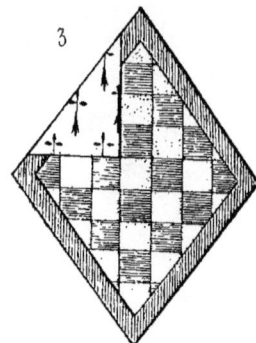

2. Contre scel de Jeanne — 1338

3. Dreux Bretagne

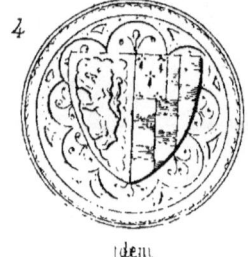

4. idem 1340

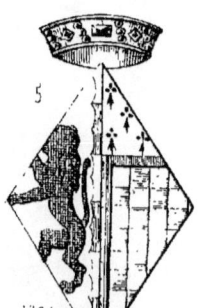

5. 1324

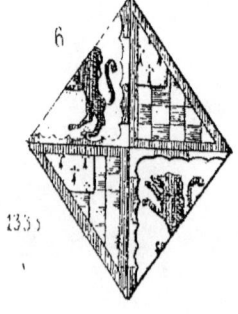

6. 1335

7. Petit scel de Jeanne

8. 1339

Jehane.   *polent*

SEIGNEURS ET DAMES DE CASSEL
des Comté et Duché
DE BAR.

SCEL DE JEHAN DE BAR.
MCCCV.

(1) Monnaies de la Comtesse Iolande, milieu du XIV° siècle

(2) Monnaies de Robert duc de Bar.

Iolande de Flandre

Marie de France

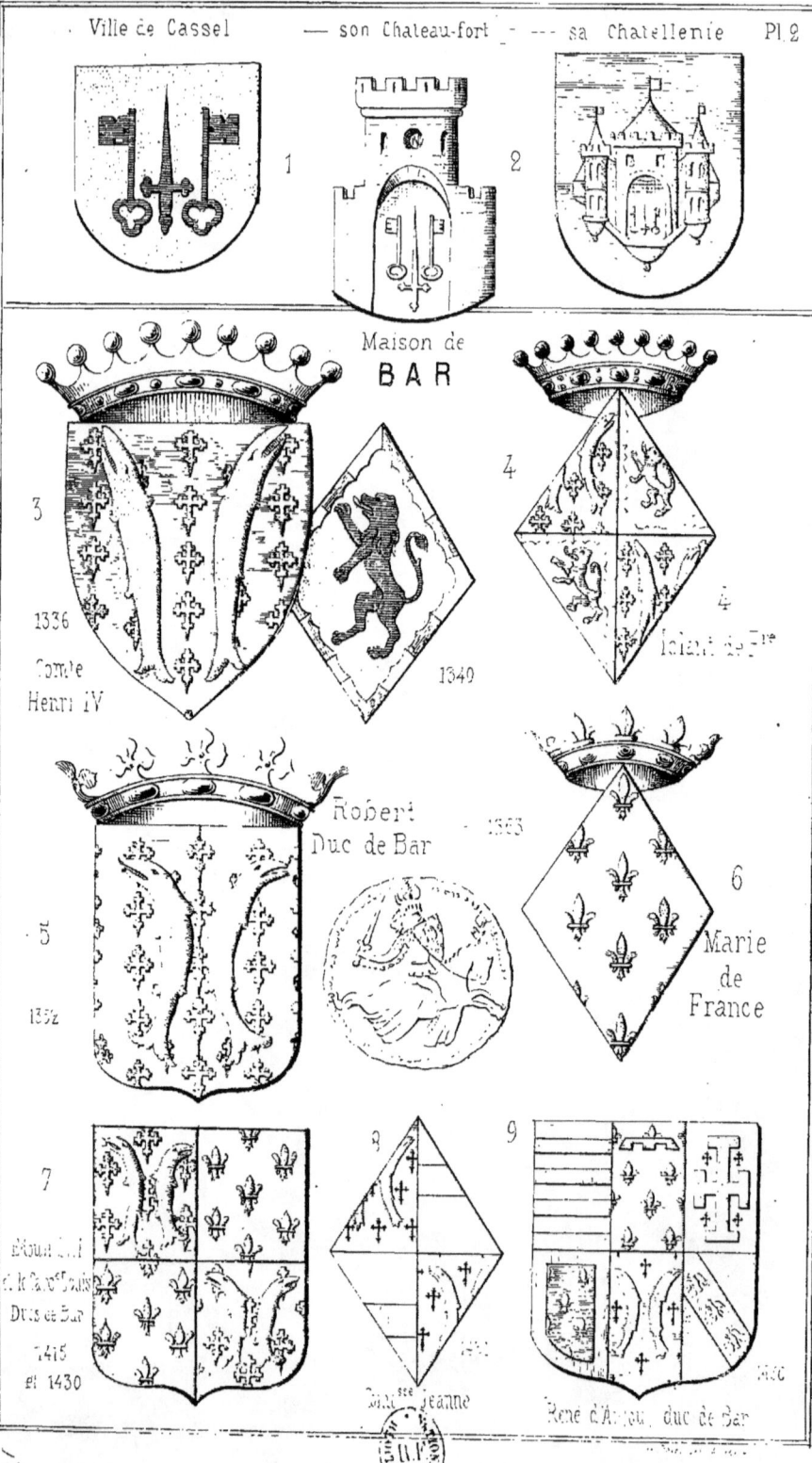

IOLANDE DE FLANDRES COMTESSE DE BAR ET DE LONGUEVILLE

C.-S. DE RENÉ

D'ANJOU

Loys de Luxembourc   René

Jeanne de b...   Vendôme

ACTES DE CESSION DE CASSEL

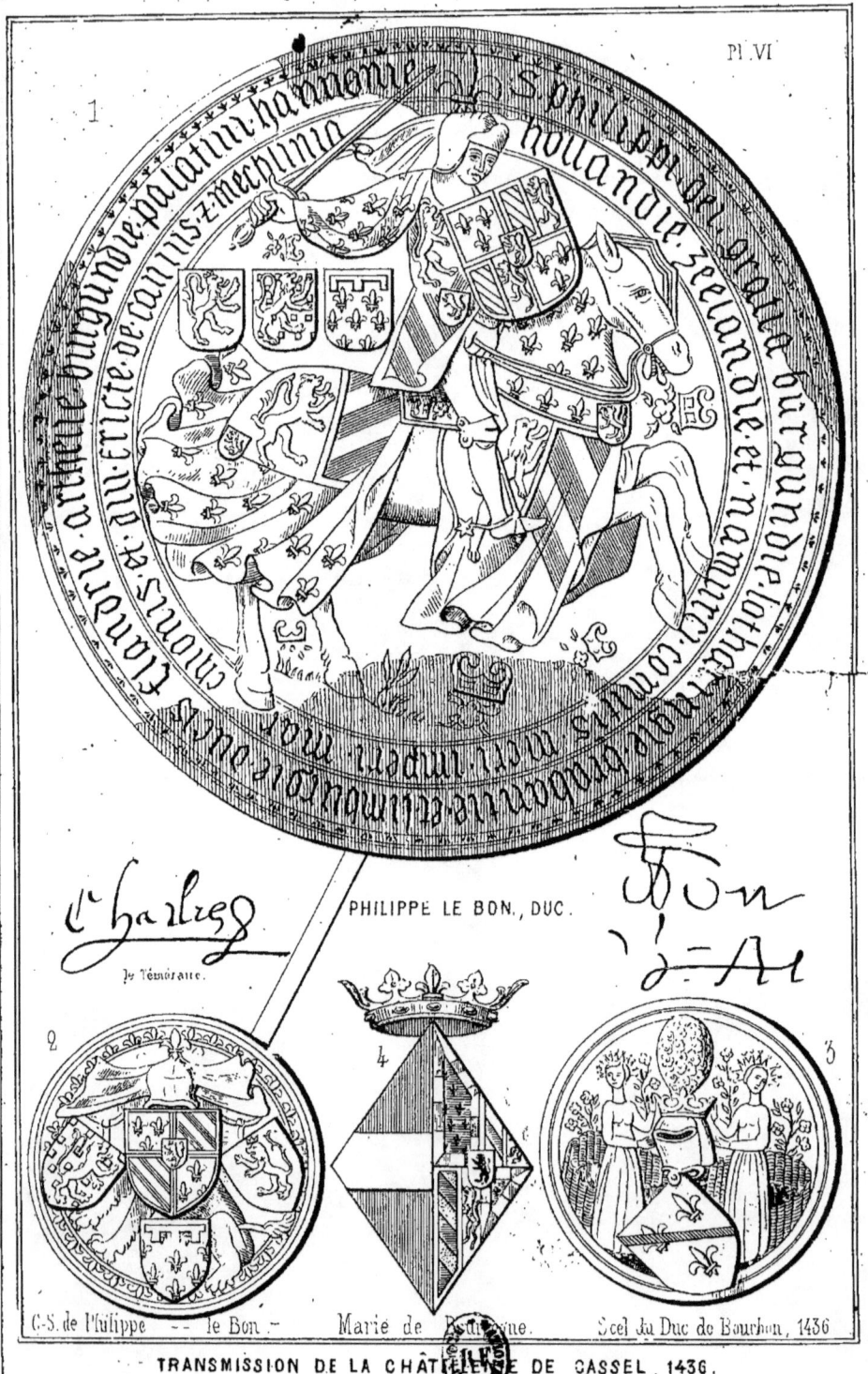

TRANSMISSION DE LA CHÂTELLENIE DE CASSEL, 1436.

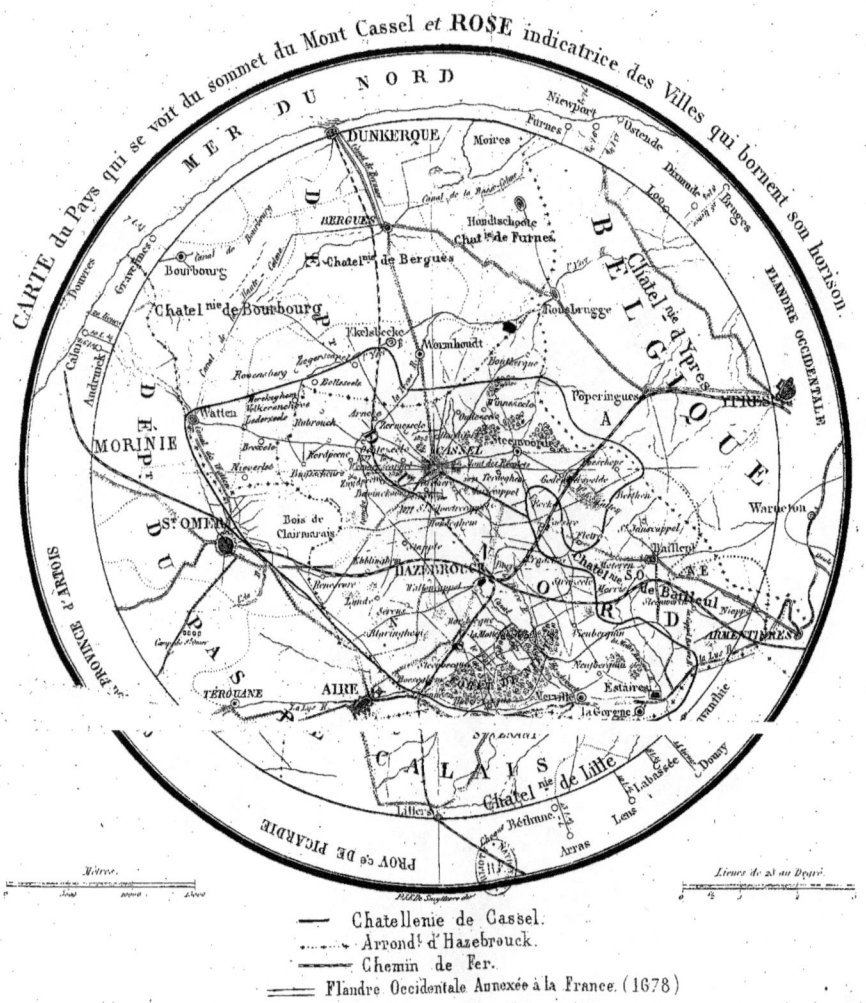

www.ingramcontent.com/pod-product-compliance
Lightning Source LLC
Chambersburg PA
CBHW070443170426
43201CB00010B/1202